GUIDE PRATIQUE

POUR

L'ÉTUDE ET L'EXÉCUTION

DES

CONSTRUCTIONS EN FER

GUIDE PRATIQUE

POUR

L'ÉTUDE ET L'EXÉCUTION

DES

CONSTRUCTIONS EN FER

A L'USAGE
DES ARCHITECTES, INGÉNIEURS, CONDUCTEURS DE TRAVAUX,
ÉLÈVES DES ÉCOLES, ETC.

PAR

L. CORNU, Ingénieur.

Nouvelle édition, revue et augmentée.

TEXTE

A PARIS	A NEUILLY s/
LIBRAIRIE PAUL DUPONT	Chez L'AUTEUR
41, rue Jean-Jacques-Rousseau.	Boulevard Richard-Wallace, n° 73.

1886

Tous droits réservés.

AVANT-PROPOS

Le but que nous nous sommes proposé dans ce travail a été de présenter des renseignements pratiques aux constructeurs que nous avons vu hésiter quelquefois à appliquer les calculs de la résistance des matériaux, peut-être parce que ceux-ci n'étaient pas à leur disposition sous une forme suffisamment commode.

En conséquence, nous nous sommes efforcé de condenser, autant que possible, les principales formules de résistance prises dans les ouvrages des maîtres (1). Nous avons, ensuite, passé en revue, en les éclairant par des exemples numériques simples, les travaux dits de *grosse serrurerie* (poitrails et planchers, combles et marquises, ponts et passerelles); nous y avons joint quelques données sur les formules de M. Love, pour les colonnes en fonte et en fer, et nous avons terminé par des tableaux destinés à faciliter les calculs, et un essai bibliographique qui pourra abréger les recherches.

Nous avons représenté, chemin faisant, par de

---

(1) Notamment dans le livre de M. Bélanger: *Théorie de la résistance des solides,* in-8° pl. Mallet Bachelier, 1862, 2° édition.

nombreux croquis, les assemblages et dispositions les plus généralement usités dans les ateliers, de façon à faire marcher de front, pour ainsi dire, la pratique et la théorie.

Les lignes précédentes se trouvaient en tête du premier tirage, à petit nombre et autographié par l'auteur, l'édition actuelle peut être considérée comme un ouvrage nouveau, tellement les remaniements ont été profonds et les additions considérables.

Nous citerons parmi les parties les plus modifiées : les chapitres I (établissement des formules fondamentales), III (détails sur les assemblages), V (charpentes Polonceau à plusieurs bielles, charpentes à contre-fiches obliques, droites et courbes, serres et jardins d'hiver), VI (ponts droits à plusieurs travées et ponts en arc). Le chapitre VII (chaudières, réservoirs et portes d'écluses) est nouveau.

Dans les notes : la 1re, sur les flèches des pièces appuyées et encastrées, est nouvelle; la 3e, la 4e et la 5e ont reçu des développements intéressants; la 7e, sur les charges réparties proportionnellement aux ordonnées d'une droite, et la 8e, sur une table graphique des valeurs de $\frac{1}{n}$, paraissent aussi pour la première fois.

Le nombre des sections de poutres contenues dans le 2e tableau a été élevé de 40 à 60; un 7e tableau sur les cornières égales a été ajouté à ceux qui existaient déjà.

Enfin, le nombre total des figures a été porté de 144 à 245.

En terminant, nous nous permettrons de recommander à nos lecteurs les tracés et tables graphiques contenus dans cet opuscule; nous persistons à croire que des représentations de ce genre sont indispensables lorsqu'il s'agit de sciences appliquées.

Août 1886.

GUIDE
DES CONSTRUCTIONS EN FER

CHAPITRE PREMIER

GÉNÉRALITÉS ET FORMULES APPLICABLES AUX CAS LES PLUS SIMPLES DES POUTRES DROITES.

Généralités. — Diverses natures de résistance. — Les corps solides soumis à l'action de forces extérieures subissent des déformations variables avec l'intensité de ces forces, et la façon dont elles leur sont appliquées ; il se produit alors dans l'intérieur des corps des réactions moléculaires qui s'opposent à la déformation, et lorsqu'il y a équilibre entre les forces intérieures et extérieures, on dit que le corps *résiste*.

Il y a différents genres de résistance :

La résistance à la *traction* est l'effort qu'opposent les molécules ou parties intégrantes d'une tige, par exemple, à une force longitudinale qui tend à l'allonger.

La résistance à la *compression* nous est offerte par une colonne ou un support que l'action à laquelle il est soumis tendrait, au contraire, à raccourcir.

La résistance au *cisaillement* ou *effort tranchant* est la résistance du corps à l'action de forces parallèles à ses sections transversales. S'il arrive parfois dans les poutres en tôle et cornières, que les rivets *se guillotinent*, cela prouve que ces rivets n'offrent pas assez de section, ou qu'ils sont trop écartés pour résister convenablement.

Dans ce qui va suivre, nous ne considérons pas l'action de la *torsion*.

Quant à la résistance à la *flexion*, elle se présente dans les poutres de ponts, les solives de planchers, les fermes de charpentes, etc.

Nous allons examiner successivement ces différents genres d'action des forces extérieures sur les corps solides.

Résistance à la traction. — De nombreuses expériences ont montré qu'une tige prismatique, soumise à un effort longitudinal, s'allonge de plus en plus, d'une façon graduelle, à mesure que l'on fait croître lentement la charge qui la sollicite.

Si l'on vient ensuite à diminuer le poids agissant sur la tige, sa longueur diminue aussi ; mais elle conserve généralement, même après la suppression totale de la charge, une certaine augmentation de longueur, dite *allongement permanent ;* la fraction de l'allongement total qui a disparu reçoit le nom *d'allongement élastique*.

Les expériences les plus récentes faites à ce sujet sur le fer, sont dues à M. Hodgkinson, et ont été insérées dans les *Leçons de Mécanique pratique* de M. Morin. D'après les résultats obtenus par le savant Anglais, on peut admettre que, tant que la charge n'excède pas 15 kilogrammes par millimètre carré de section, l'allongement permanent est peu sensible, puisqu'il est seulement environ un centième de l'allongement total ; mais au delà de 15 kilog., à mesure que la charge augmente, l'allongement permanent devient une fraction de plus en plus grande de l'allongement total. Ainsi, pour la charge de 22 k. 5 par millimètre carré, l'allongement permanent a été environ moitié de l'allongement total, c'est-à-dire égal à l'allongement élastique. De plus, jusqu'à la charge de 30 kilog. par milli. carré, l'allongement élastique est resté, à fort peu près, proportionnel à la charge.

De ce qui précède, on peut donc conclure, *pratiquement*, que l'allongement permanent jusqu'à la charge de 15 kilog. est nul, c'est-à-dire que le métal est complètement *élastique ;* au-dessus de cette limite, son élasticité est, évidemment, de plus en plus altérée.

Si nous appelons N la charge totale normale à la section de la tige, dont Ω est l'aire transversale ; $\frac{N}{\Omega}$, la charge par unité de surface de cette section ; L, la longueur de la tige en mètres, sans charge ; i, *l'allongement proportionnel* ou par unité de longueur primitive ; E, le *coefficient* ou *module d'élasticité* (quantité qui a pour le fer une valeur approximative égale à 20, lorsque N est exprimé en kilogrammes et Ω en millimètres carrés, c'est-à-dire qu'une charge de 20 kilog. par mill. carré est nécessaire pour allonger le fer de 1 $^m/_m$ par mètre) ; les résultats précédents pourront s'exprimer par la relation :

$$N = E \Omega i \quad \text{ou} \quad \frac{N}{\Omega} = E i;$$

ainsi, par exemple, pour N = 12 kilog. par mill. carré, on a $i = \frac{N}{E} = \frac{12}{20} = 0^m/_m, 6.$

En nommant R l'effort résistant par unité de section qu'oppose la tige aux forces extérieures, on aura

$$E i = \frac{N}{\Omega} = R,$$

de sorte que la relation $E i \Omega = R$, devient

(1) $$N = \Omega R$$

et représente la loi de résistance à la traction pour un solide quelconque.

Résistance à la compression. — L'expérience montre que la loi de la résistance à la compression est la même que celle de la résistance à la traction ; on peut donc appliquer encore la même formule

$$N = \Omega R,$$

N étant la force totale de compression perpendiculaire à la section Ω ; il en serait de même pour la résistance au cisaillement.

Résistance à la flexion. — Dans la flexion, les effets produits ne peuvent se représenter aussi simplement. En effet, considérons (fig. 1) une portion de solide prismatique AA'B, sollicité par des forces extérieures dont P est la résultante dirigée d'une façon quelconque dans le plan qui contient l'axe longitudinal du solide. Pour que l'équilibre existe, il faut que le solide primitivement droit se courbe d'une façon plus ou moins sensible; or, dans ce mouvement, toutes ses fibres ne ce comporteront pas de la même manière : celles de la partie supérieure, par exemple, seront allongées, celles de la partie inférieure raccourcies, tandis qu'une certaine ligne intermédiaire Oo, dite pour cela *ligne des fibres invariables* ou *axe neutre* (et, en général, différente de la *fibre moyenne* Gg qui contient le *centre de gravité*) n'aura éprouvé aucun changement. En outre, l'allongement des fibres de la partie supérieure ou le raccourcissement des fibres inférieures sera d'autant plus grand qu'elles seront plus éloignées du centre; mais les sections, primitivement normales au prisme, seront regardées comme restées normales à la courbe.

Or l'équilibre n'existera qu'autant que les forces P seront contrebalancées par les forces que reçoit la portion AA'B du solide dans le plan AA' de la part des molécules situées de l'autre côté. Ces *forces élastiques* ou *réactions moléculaires* peuvent être décomposées en forces parallèles au plan AA'Y, et en forces perpendiculaires à ce plan. Si donc nous prenons deux axes rectangulaires GX, GY passant par le centre de gravité G de la section AA', la composante F des forces P devra être égale et de signe contraire à la résultante des forces élastiques parallèles à la section et s'appellera *effort tranchant* ou *de cisaillement*; l'autre composante N devra être égale à la résultante des forces élastiques perpendiculaires à la section et s'appellera *force longitudinale* (tension ou pression, suivant le sens dans lequel elle agit); enfin la somme des moments des forces élastiques autour de l'axe projeté en G, ou le *moment de résistance* ou *d'élasticité* de la pièce devra être égal à la somme des moments des forces P autour du même axe, ou au *moment fléchissant* de ces forces, représenté habituellement par la lettre grecque μ (mu), et qui a encore reçu le nom de *moment de rupture*.

Dans le cas particulier où les forces P ont leur résultante parallèle à l'axe GY, la force longitudinale $N = o$, et il ne reste à considérer que le moment fléchissant et l'effort tranchant. Arrêtons-nous un peu sur ce cas qui se présente fréquemment dans la pratique.

Laissons de côté, pour le moment, l'effort tranchant et voyons à exprimer le moment de résistance de la pièce en fonction du plus grand effort auquel on veut soumettre les fibres les plus tendues ou les plus comprimées du corps.

Soit R le plus grand effort auquel doit résister la fibre la plus fatiguée ab, soit n la distance de cette fibre à l'axe neutre; l'effort R' exercé sur une fibre élémentaire $a'b'$, placée à la distance n' du même axe, ou sa résistance qui doit faire équilibre à cet effort, est donné par la proportion $\frac{R'}{R} = \frac{n'}{n}$, résultant de la similitude des triangles gab, $ga'b'$, regardés comme rectilignes et dans lesquels ab et $a'b'$ représentent les extensions produites par la flexion.

De là vient $R' = \frac{Rn'}{n}$; on en conclut que la résistance pour un élément de surface ω serait $\frac{Rn'}{n} \times \omega$, et le moment de cette résistance élémentaire deviendrait $\frac{Rn'^2}{n} \times \omega$; le moment de la résistance totale serait la somme de toutes ces résistances élémentaires qu'on représenterait par

$$\frac{R}{n} \sum n'^2 \omega.$$

On a donné à cette somme des moments élémentaires de la section considérée la dénomination de *moment d'inertie*, et on la représente par la lettre I; de sorte que la valeur définitive du moment de résistance de la section, ou la *somme des résistances élémentaires* de ses molécules s'écrira $\frac{RI}{n}$, et la relation d'équilibre entre le moment fléchissant et le moment de résistance prendra la forme consacrée

(2) $$\mu = \frac{RI}{n}.$$

Revenons actuellement à l'effort tranchant et à la force longitudinale. En général, on ne considère guère la valeur du premier effort F que dans les ponts ou poutres dont les charges sont considérables ; d'un autre côté, la force N ne se produit qu'avec des solides auxquels les actions extérieures sont obliques, comme dans les charpentes des combles ; dans les cas ordinaires de ponts et de planchers, où les pièces sont horizontales et supportent des poids verticaux, la force N est nulle, et l'axe neutre se confond avec la fibre moyenne, ou passe par le centre de gravité de la section.

La force N, nous l'avons déjà dit, peut être une pression ou une tension ; en tous cas, de l'équation (1), on tire :

$$R = \frac{N}{\Omega},$$

tandis que par la relation (2), on obtient :

$$R = \frac{\mu.\overline{n}}{I} ;$$

la somme de ces deux quantités, considérée en valeur absolue, c'est-à-dire :

$$(3) \qquad R' = \frac{\mu.n}{I} + \frac{N}{\Omega}$$

indiquera l'effort total exercé par unité de surface sur la fibre la plus fatiguée, dans le cas d'une pièce fléchie.

Si R'' est la résistance par unité de surface que la pièce doit présenter à l'effort tranchant dans la section Ω, nous aurons d'après la relation (1) :

$$R'' = \frac{F}{\Omega}.$$

Il faut remarquer que les forces R' et R'' agissent dans des plans différents formant entre eux un angle de 90°, par conséquent leur résultante (qui sera l'hypoténuse du triangle rectangle dont R' et R'' sont les côtés) ne doit pas dépasser la résistance totale R''' par unité de surface applicable à la pièce ; on a donc finalement :

$$(4) \qquad R''' = \sqrt{R'^2 + R''^2}.$$

Nous emploierons indistinctement, dans ce qui va suivre, les expressions $\frac{RI}{n}$ et μ, l'une pour l'autre ; en effet, au point de vue de l'équilibre, elles sont équivalentes, mais il ne faut pas oublier que μ est le moment des forces extérieures qui tendent à fléchir le solide, et $\frac{RI}{n}$ le moment des forces élastiques qui s'opposent à cette action.

Nous verrons, dans le chapitre II, à déterminer la valeur de I et de n, pour les sections les plus en usage ; nous allons examiner rapidement ici les valeurs de μ relatives aux cas les plus fréquents d'une pièce droite à section prismatique.

Moments fléchissants des pièces droites. — Dans les formules suivantes, P et ses similaires indiquent les charges distinctes ou *non réparties*, c'est-à-dire appliquées en un seul et même point de la pièce ; p, p_1, p_2... les poids *uniformément répartis* par mètre courant de longueur ; F_0, F_1, F_2, etc., les efforts tranchants près des appuis ; Q_0, Q_1, Q_2... les réactions de ces mêmes appuis ; μ_0, μ_1, μ_2... les moments fléchissants correspondant à ces appuis ; l, l_1, l_2... les longueurs ou les *portées* des pièces ; l', l''.., les distances d'application des charges P ; x, les abscisses des points quelconques considérés dans la pièce, par rapport à un de ses points d'appui.

Aux extrémités des pièces simplement appuyées, les moments fléchissants sont toujours nuls, et les efforts tranchants sont égaux aux réactions des appuis. Pour obtenir l'effort tranchant en un point quelconque d'une travée, chargée uniformément, on pourrait se servir de la formule générale

$$(5) \qquad F = F_n - px.$$

F étant l'effort tranchant dans une section quelconque de la travée, F_n l'effort tranchant sur l'appui le plus voisin, à partir duquel est comptée l'abscisse x correspondante, et p la charge par unité de longueur.

Les efforts s'exerçant de *haut en bas*, comme les poids dont sont chargées les pièces, seront regardés comme *positifs* ; les efforts en sens contraire, comme les réactions des appuis, seront donc *négatifs* ; mais cette convention n'influe en rien sur leur valeur absolue.

1° Pièce droite encastrée à une extrémité, libre à l'autre. — Lorsqu'une pièce est assujettie, en un ou plusieurs de ses points, à rester dans une direction déterminée, quelles que soient d'ailleurs les forces qui tendent à la fléchir, ont dit qu'elle est *encastrée;* dans ce qui va suivre, les encastrements seront toujours supposés horizontaux.

a. — Soient (fig. 2) l la longueur AB de la pièce, et P un poids distinct appliqué à l'extrémité B ; l'encastrement ayant lieu en AA', il est évident que le point de plus grande fatigue sera en A, où l'on doit avoir

(6) $$\mu_0 = Pl.$$

On a évidemment aussi, pour l'effort tranchant $F_0 = P$, il est donc constant pour toute l'étendue de la pièce.

En tout autre point m, le moment fléchissant serait plus petit, le bras de levier de la charge devenant moindre, de sorte que, d'une façon générale, on a

(6') $$\mu = P(l - x);$$

pour $x = o$, on a le moment maximum μ_0; pour $x = l$, on a $\mu = o$, ce qui doit être, le solide se terminant au point B.

b. — Si en outre du poids P, appliqué à l'extrémité B, il y avait une charge répartie uniformément sur toute la longueur de la pièce, c'est-à-dire si celle-ci était chargée de p kilog. par mètre courant, nous aurions pour l'effort tranchant à l'extrémité A, $F_0 = P + pl$, et, par analogie avec ce qui précède, pour le moment fléchissant en A (le poids réparti pl pouvant être supposé concentré au point milieu de AB)

(7) $$\mu_0 = Pl + \frac{pl^2}{2} = \left(P + \frac{pl}{2}\right)l$$

comme si le poids $1/2\, pl$ était appliqué en B avec le poids P.

De même le moment fléchissant, en un point quelconque, est,

(7') $$\mu = P(l - x) + \frac{p}{2}(l - x)^2.$$

Si nous faisons $x = o$, nous trouvons $\mu = \mu_0$; si nous faisons $x = l$, $\mu = o$; c'est donc toujours à l'encastrement que le moment fléchissant est le plus considérable, et par suite c'est là que la résistance doit être maximum.

Si l'on fait $P = o$, il ne reste plus que la charge répartie, et l'on a, par exemple, à l'encastrement,

(8) $$\mu_0 = \frac{pl^2}{2}.$$

2° Pièce encastrée à ses deux extrémités. — a. — Soit AB (fig. 3) un solide chargé d'un poids P, au milieu de sa longueur l; nous admettons d'abord que l'on fasse abstraction de son poids propre.

Par le fait de la charge P en M, la tangente à la pièce fléchie est encore horizontale en ce point, comme aux extrémités A et B, de sorte que l'on peut regarder le milieu comme un troisième encastrement. De plus, les efforts tranchants F_0 aux extrémités étant égaux tous deux à $\frac{P}{2}$, il est permis de considérer chaque moitié de la pièce comme sollicitée à ses extrémités par deux efforts $\frac{P}{2}$ égaux et de signes contraires, qui doivent se faire équilibre autour du point milieu de AM; en sorte que les moments fléchissants, aux points A et M, doivent être

(9) $$\mu_0 = -\mu_M = \frac{P}{2} \times \frac{l}{4} = \frac{Pl}{8}.$$

Au point M', la courbure de la pièce fléchie change de sens, c'est-à-dire, éprouve une *inflexion*, et le moment fléchissant est évidemment nul, de sorte que l'on assimilera la moitié AM du solide à la réunion de deux parties AM', M'M, encastrées en A et M, et chargées chacune à leur autre extrémité d'un poids $\frac{P}{2}$.

Le moment fléchissant étant nul au 1/4 de la longueur, à partir de chaque encastrement, son équation générale est

(9') $$\mu = \frac{P}{2}\left(\frac{l}{4} - x\right).$$

b. — Si, dans le cas précédent, on fait $P = o$, et qu'on remplace cette charge par le poids uniformément réparti pl, les efforts tranchants en A et B ont pour valeur $\frac{pl}{2}$, et la pièce peut encore être regardée comme encastrée en M sous l'action du poids pl. Les moments fléchissants extrêmes doivent être encore égaux entre eux, mais ils sont doubles du moment au milieu, parce que la charge répartie pl, à égalité de bras de levier, ne peut donner qu'un moment moitié de celui que produirait cette charge distincte ; on aura donc pour le point m, situé à la distance x de A :

$$(10') \qquad \mu = -\frac{1}{2} plx + \frac{1}{2} px^2 + \mu_0.$$

Au milieu,

$$x = \frac{l}{2},$$

et

$$\mu_M = -\frac{pl^2}{8} + \mu_0.$$

Comme nous posons $\mu_0 = -2\mu_M$, il vient :

$$\mu_M = -\frac{pl^2}{8} - 2\mu_M \quad \text{ou} \quad 3\mu_M = -\frac{pl^2}{8};$$

et par suite :

$$(10) \quad \mu_M = -\frac{pl^2}{24}, \quad \text{et} \quad (11) \quad \mu_0 = \frac{pl^2}{12}.$$

Si la pièce supportait, à la fois, le poids P et la charge pl, ce qui est le cas général, on ajouterait ensemble les valeurs de μ et de F, correspondantes dans chacun des cas particuliers.

3° Pièce appuyée à ses deux extrémités. — a. — Supposons (fig. 4) un poids P au point quelconque M', le poids pl étant uniformément réparti sur toute la longueur, soit $AM' = l'$, $M'B = l''$.

Les réactions des appuis qui, nous l'avons dit déjà, sont égales aux efforts tranchants en ces points, sont respectivement

$$F_0 = P\frac{l''}{l} + \frac{pl}{2} \quad \text{et} \quad F'_0 = P\frac{l'}{l} + \frac{pl}{2}.$$

De là, on déduit le moment fléchissant pour un point quelconque situé entre A et M', dont l'abscisse est égale à x,

$$(12) \quad \mu = -F_0 x + \frac{1}{2} px^2 = -\left(\frac{pl}{2} + \frac{Pl''}{l}\right)x + \frac{1}{2}px^2 = \frac{1}{2}px\left(l + \frac{2Pl''}{pl} - x\right).$$

Nous avons supposé sur la figure l' plus grand que l'' ; si nous posons, pour abréger $l + \dfrac{2Pl''}{pl} = \lambda$, la valeur générale du moment fléchissant prend la forme

$$\mu = -\frac{1}{2} px\,(\lambda - x).$$

Deux hypothèses peuvent se présenter, à savoir $l' < \dfrac{\lambda}{2}$ ou $l' > \dfrac{\lambda}{2}$.

Dans le premier cas, le moment maximum est situé en M', et devient alors en faisant $x = l'$,

$$(12') \quad \mu = -\frac{1}{2}pl'\,(\lambda - l') = -\frac{l'l''}{l}\left(\frac{pl}{2} + P\right)$$

comme si $\dfrac{1}{2} pl$ était réuni au point M' à la force P.

Dans le deuxième cas, le moment maximum correspond à $x = \dfrac{\lambda}{2} = \dfrac{1}{2}\left(\dfrac{l + 2Pl''}{pl}\right)$, et l'on a :

$$(12'') \quad \mu = -\frac{p\lambda}{4}\left(\lambda - \frac{\lambda}{2}\right) = -\frac{p\lambda^2}{8} = -\frac{p}{2}\left(\frac{l}{2} + \frac{Pl''}{pl}\right)^2.$$

Quand on fait $pl = 0$, en conservant seulement la force P, il vient pour le moment fléchissant, maximum en M',

$$(13) \quad \mu = -\frac{Pl'l''}{l}.$$

b. — Si le poids P était appliqué au milieu exact de la pièce, les réactions des extrémités seraient égales toutes deux à

$$F_0 = \frac{1}{2} P + \frac{1}{2} pl.$$

Le plus grand moment fléchissant aurait lieu au milieu, et aurait pour valeur :

$$(14) \quad \mu_M = -\left(\frac{Pl}{4} + \frac{pl^2}{8}\right) = -\left(\frac{pl}{2} + P\right)\frac{l}{4}.$$

Le moment fléchissant en un point quelconque de la travée est, dans ce cas, donné par la relation générale :

$$(14') \quad \mu = -\left(\frac{P+pl}{2}\right)x + \frac{px^2}{2}$$

dont l'équation (14) n'est qu'un cas particulier.

En posant $pl = o$, on n'a plus à considérer que la charge distincte P appliquée au milieu M, où le moment devient :

$$(15) \quad \mu_M = -\frac{Pl}{4}.$$

L'effort tranchant est constant dans toute l'étendue de la pièce, puisque $F_0 = \frac{P}{2}$.

c. — Si le solide n'est plus soumis qu'à la charge pl répartie uniformément, on a en faisant $P = o$, $F_0 = \frac{pl}{2}$, et le moment fléchissant, encore maximum au milieu M, devient

$$(16) \quad \mu_M = -\frac{pl^2}{8}.$$

Pour avoir le moment fléchissant en un point quelconque m, répondant à une abscisse x, par rapport à l'appui dont la réaction est F_0, on se servirait de la formule générale

$$(16') \quad \mu = -F_0 x + \frac{px^2}{2} = -\frac{plx}{2} + \frac{px^2}{2} = -\frac{px}{2}(l-x)$$

qui, pour $x = \frac{l}{2}$, nous redonnerait la valeur $\mu_M = -\frac{pl^2}{8}$, obtenue plus haut.

d. — Lorsque l'on suppose, outre le poids pl, deux forces P symétriques, non réparties, mais égales (fig. 5), la réaction des appuis sera la même pour tous les deux, $F_0 = \frac{pl}{2} + P$, et le moment fléchissant sera encore maximum au milieu où nous aurons

$$\mu_M = -\left(\frac{pl}{2} + P\right)\frac{l}{2} + \frac{pl^2}{8} + P\left(\frac{l}{2} - v\right);$$

valeur qui, en réduisant, devient

(17) $$\mu_M = -\left(\frac{pl^2}{8} + Pl\right).$$

4° **Pièce appuyée à deux travées égales.** — Admettons d'abord les deux travées également chargées de p kilogrammes par mètre de longueur. Par suite de sa continuité dans l'étendue des deux travées (fig. 6), la pièce est obligée de rester horizontale à son passage sur l'appui central B, de sorte qu'elle doit être considérée comme encastrée en son milieu, et seulement appuyée aux extrémités A et C.

Ceci posé, les efforts tranchants ne peuvent plus être égaux en A et B, comme dans les pièces examinées ci-dessus ; ainsi l'effort tranchant à l'encastrement F_1 est égal à 5/8 pl, tandis que les réactions extrêmes F_0 ou F_2 sont égales à 3/8 pl seulement ; par conséquent, la réaction Q_1 de l'appui milieu est le double de F_1 ou égale à 6/4 pl.

Nous avons alors pour équation générale du moment fléchissant, (les x sont comptés à partir de l'encastrement, et les moments pris par rapport à A),

$$\mu = -F_0(l-x) + \frac{p}{2}(l-x)^2 = -\frac{3}{8}pl(l-x) + \frac{p}{2}(l-x)^2$$

en remplaçant F_0 par sa valeur ; ou, plus simplement,

(18') $$\mu = \frac{1}{2}p(l-x)\left(\frac{1}{4}l - x\right).$$

Si l'on fait $x = \frac{l}{4}$, on a $\mu = 0$, comme pour $x = l$; le moment doit donc avoir un maximum relatif pour $x = 5/8\, l$, à partir de l'encastrement, ce qui donne

(18) $$\mu' = -\frac{9}{128}pl^2 = -\frac{9}{16}\frac{pl^2}{8}.$$

Si l'on fait $x = 0$, il vient, pour le moment à l'encastrement,

(19) $$\mu_1 = \frac{pl^2}{8} = \frac{pL^2}{32},$$

en appelant L la longueur totale de la pièce entre ses appuis ; c'est donc en ce point qu'il est maximum.

Lorsque, tout en restant égales, les travées sont chargées de p_1 et p_2 kilog. par mètre courant, le moment fléchissant, encore maximum sur l'appui milieu, devient

$$(20) \qquad \mu_1 = \frac{(p_1 + p_2)\, l^2}{16};$$

mais alors on ne peut plus dire qu'il y a encastrement en B.

Si la pièce AB, toujours encastrée en B, et appuyée seulement en A, supportait au milieu M de sa longueur l un poids distinct P (pl étant supposé nul) on aurait pour réaction en A, $F_0 = \frac{5}{16}$ P ; le moment fléchissant à l'encastrement serait, par suite,

$$(21) \qquad \mu_0 = \frac{3}{16}\, Pl\, ;$$

tandis qu'au milieu on n'aurait que

$$(22) \qquad \mu_M = -\frac{5}{32}\, Pl.$$

Le point d'inflexion pour lequel le moment fléchissant s'annule est, par conséquent, situé à 3/11 l, à partir de l'encastrement.

5° Pièce appuyée à trois travées égales. — Supposons (fig. 7) les travées également chargées ; à cause de la symétrie $\mu_1 = \mu_2$ (μ_1 et μ_2 étant les moments sur les appuis intermédiaires).

Or, dans les travées latérales AB, CD, la pièce est une espèce de poutre encastrée sur les appuis B et C seulement (le moment fléchissant en ces points devrait donc se rapprocher de $\frac{pl^2}{8}$), tandis que la travée centrale est encastrée à ses deux extrémités (moments fléchissants correspondants $\frac{pl^2}{12}$). Les moments ne pouvant être différents sur le même appui devront donc être une moyenne de ceux indiqués plus haut, c'est-à-dire que l'on aura

$$(23) \qquad \mu_1 = \mu_2 = \frac{pl^2}{10}.$$

Nous avons pour les réactions des appuis, $F_0 = Q_0$, $F_3 = Q_3$,

$$F_0 + Q_1 + Q_2 + F_3 = 3\, pl$$

$$F_0 = F_3 = \frac{4}{10}\, pl \quad \text{et} \quad Q_1 = Q_2 = \frac{11}{10}\, pl.$$

Dans la première travée, le moment fléchissant a pour valeur générale

$$(24') \qquad \mu = -\frac{4}{10}\,plx + \frac{1}{2}\,px^2;$$

le maximum correspond à $x = \frac{4}{10}\,l$, ce qui donne

$$(24) \qquad \mu' = -\frac{8}{100}\,pl^2.$$

Le moment est nul au point pour lequel $x = \frac{8}{10}\,l$.

Pour la travée du milieu, comme $F_1 = \frac{pl}{2}$, on a, pour le moment fléchissant en un point quelconque,

$$(25') \qquad \mu = -\frac{1}{2}\,plx + \frac{1}{2}\,px^2 + \mu_1;$$

et le maximum correspond à $x = \frac{l}{2}$, ce qui donne

$$(25) \qquad \mu_M = -\frac{pl^2}{8} + \frac{pl^2}{10} = -\frac{pl^2}{40}.$$

6° **Pièce appuyée à quatre travées égales.** — Nous devons évidemment avoir, en supposant toujours les travées également chargées par mètre courant, $\mu_1 = \mu_3$; ces moments seront un peu plus élevés que le moment μ_2 sur l'appui central qui (par suite de l'encastrement plus ou moins parfait de la poutre sur ses appuis intermédiaires) sera plus faible que dans une pièce encastrée aux deux extrémités.

On calculerait, du reste, ces trois moments à l'aide de la *formule de Clapeyron*, que nous développerons en parlant des ponts à plusieurs travées.

On a ici simplement, vu la symétrie de l'ensemble,

$$(26) \quad \mu_1 = \frac{3}{28}\,pl^2 \qquad (27) \quad \mu_2 = \frac{1}{14}\,pl^2.$$

Si nous prenons, par rapport au deuxième appui, les moments des forces agissant dans la première travée, nous avons,

$$- F_0\, l + \frac{1}{2}\, pl^2 = \mu_1;$$

remplaçant μ_1 par sa valeur, il vient

$$F_0 = \frac{11}{28}\, pl.$$

On obtient de même, par rapport au troisième appui, l'équation,

$$- 2\, F_0 l + 2\, pl^2 - Q_1\, l = \mu_2;$$

remplaçant F_0 et μ_2 par leurs valeurs respectives, on obtient

$$Q_1 = Q_3 = \frac{8}{7}\, pl.$$

Il est évident que l'on a aussi,

$$2\, F_0 + 2\, Q_1 + Q_2 = 4pl;$$

mettant pour F_0 et Q_1 les valeurs qui leur conviennent, on tire

$$Q_2 = \frac{13}{14}\, pl.$$

De même, on trouve $F_1 = \frac{15}{28}\, pl$, et $F_2 = \frac{13}{28}\, pl$.

Si nous appelons L la longueur totale $4\, l$, on a

$$F_0 = \frac{11}{112}\, pL, \quad Q_1 = \frac{32}{112}\, pL, \quad Q_2 = \frac{26}{112}\, pL.$$

Dans la première travée, la valeur du moment fléchissant, en un point quelconque, est

(28) $$\mu = -\frac{11}{28}\, plx + \frac{px^2}{2};$$

dans la deuxième, on a, de même,

(29) $$\mu = -\frac{15}{28}\, plx + \frac{3\, pl^2}{28} + \frac{px^2}{2}.$$

Nous nous arrêterons là, et nous allons terminer le chapitre en donnant les valeurs de R généralement usitées dans les calculs.

Valeurs généralement employées pour l'expression R. — On conçoit que ces valeurs n'ont rien d'absolu, et qu'il faut surtout, dans le choix d'un coefficient de résistance, avoir égard à la nature du travail auquel sont soumises les pièces dont on s'occupe.

L'expérience a démontré qu'au delà de 36 kilogrammes de charge par unité de section, les tiges en fer soumises à un effort de traction se rompaient après s'être allongées, d'une quantité variable avec leur nature et leurs dimensions.

Mais, dans les constructions auxquelles on se propose d'assurer une certaine durée, on ne peut évidemment appliquer ce chiffre de 36 kilog. par millimètre carré ; on est convenu alors d'adopter un *coefficient de sécurité*, qui est généralement le *sixième* de la charge de rupture, de sorte que, pour le fer, on supposerait R égal à 6 kilogrammes, par millimètre carré de section, ou R égal à 6,000,000 kilog. par mètre carré.

Assez souvent, dans les planchers, pour tenir compte du scellement des pièces dans les murs, qui, en réalité, constitue pour elles une position mixte entre l'appui simple et l'encastrement, ou bien évaluer la résistance des assemblages, on prend $R = 10$ kilog. par millimètre carré.

Il n'en est pas ainsi des combles qui, outre les charges qu'ils sont destinés à supporter, sont exposés à des variations atmosphériques qu'il est toujours délicat d'apprécier et qui peuvent diminuer la résistance du métal dans une proportion sensible ; il importe alors de ne pas choisir un coefficient de travail trop élevé, par exemple, $R = 8$ kilog.

En résumé, on peut regarder le coefficient $R = 10$ kilog. par millimètre carré, comme un maximum et le coefficient $R = 6$ kilog. comme un minimum, qu'on peut appliqué également à la compression ; dans les cas ordinaires, on fait le coefficient de résistance au cisaillement égal aux 4/5 de la résistance à la traction.

Voici du reste, d'après M. Morin, les valeurs moyennes de la résistance à la traction pour différentes natures de matériaux :

	Densités	VALEURS DE R POUR	
		Matériaux ordinaires	Matériaux de choix
	kil.	kil.	kil.
Fonte. { Ponts pour chemins de fer.	7,207	2,000,000	»
— ordinaires et arbres de roues	en moyenne		
— hydrauliques	le mètre	3,000,000	7,500,000
Pièces de machines	cube	7,500,000	»
Fer forgé	7,788	6,000,000	8,000,000
Acier première qualité	7,840	16,660,000	22,000,000
— qualité moyenne	à 7,719	12,500,000	16,633,000
Bois de chêne ou de sapin	900 ch.–600 s.	600,000	800,000

Nous verrons dans le chapitre VIII, les formules qu'il convient d'employer pour calculer le diamètre des colonnes en fer ou en fonte, parce qu'alors il faut faire entrer en considération le rapport de ce diamètre à leur longueur, qui a une influence majeure sur la résistance à la compression.

Il n'est pas besoin de dire qu'en présence d'un ouvrage important à établir, le constructeur sérieux doit se rendre exactement compte, par des expériences directes, de la ténacité des différents échantillons employés.

Parmi les formules précédemment exposées, nous n'avons pas mentionné celles qui permettent de trouver les *flèches* que prennent les solides sous les charges qui leur sont appliquées, par la raison que le cintre en sens contraire qu'on donne aux pièces en les construisant est toujours notablement supérieur. Néanmoins, dans la première des notes qui terminent ce travail, nous donnerons quelques indications sommaires sur les flèches des pièces appuyées à leurs deux extrémités, et de celles encastrées d'un bout et libres à l'autre.

On néglige habituellement les effets de la dilatation sur les fers employés à des constructions ordinaires, au moins dans les climats tempérés analogues à celui de la France.

CHAPITRE II

DÉTERMINATION DES CENTRES DE GRAVITÉ ET DES VALEURS DE $\frac{I}{n}$ POUR LES PRINCIPALES SECTIONS EMPLOYÉES.

Centre de gravité des sections les plus usuelles. — L'axe neutre d'un solide, passant dans les cas les plus ordinaires de la pratique par le centre de gravité de la section, on conçoit l'importance qui s'attache à la recherche de ce point.

On sait qu'en mécanique le *produit d'une surface par sa distance à un axe fixe*, a reçu le nom de *moment de la surface par rapport à l'axe*, et que *le centre de gravité de la surface est un point tel que le produit de sa distance à l'axe des moments par la surface totale est égale à la somme des moments des surfaces élémentaires.*

En d'autres termes, si l'on appelle S les surfaces élémentaires composant la surface totale, et M les moments de ces surfaces élémentaires par rapport à l'axe choisi, la distance n du centre de gravité à cet axe sera donnée par la relation

$$n = \frac{\Sigma M}{\Sigma S}$$

le signe Σ signifiant somme.

Cette formule est générale, mais comme les calculs auxquels elle conduit sont un peu longs et que nous nous proposons de présenter ici des résultats pratiques, nous allons examiner les cas particuliers qui se rencontrent le plus fréquemment et qui peuvent se résoudre graphiquement.

Il est évident, tout d'abord, que si la section dont on s'occupe offre un axe de symétrie, le centre de gravité doit se trouver sur cet axe; de même, si la section est un peu compliquée, il est souvent commode, pour obtenir le point que l'on cherche, de la décomposer en surfaces partielles, dont on sait trouver les centres, pour de là remonter au centre de gravité final.

Triangle. — Dans le triangle quelconque ABC (fig. 8), chacune des trois médianes Am, Bm', Cm'' est une sorte d'axe de symétrie; par conséquent, leur point d'intersection G sera le centre de gravité cherché. On le trouvera autrement sur l'horizontale située aux deux tiers de la hauteur à partir du sommet B.

Rectangle ou parallélogramme. — Le parallélogramme ABCD (fig. 9), étant décomposable en triangles égaux, son centre de gravité G est immédiatement déterminé par la rencontre de deux diagonales AC, DB; ce point est également à la moitié de la hauteur.

Trapèze. — Pour obtenir le centre de gravité du trapèze (fig. 10), décomposons-le en deux triangles ACD et DCB, dont les centres de gravité sont respectivement g et g'; le centre total doit se trouver à l'intersection de la ligne gg', avec la droite cd qui joint les milieux des bases parallèles.

La droite gg' est divisée au point G, dans le rapport inverse des surfaces des deux triangles; comme ceux-ci ont la même hauteur, la droite gg' est donc divisée dans le rapport inverse des bases du trapèze.

Quadrilatère. — En menant d'abord la diagonale CB (fig. 11), on divise le quadrilatère ABDC, en deux triangles CAB et CBD, dont les centres de gravité respectifs sont g et g' que l'on joint ensemble. On cherche ensuite les centres g_1 et g_2 des triangles CAD et ABD, déterminés par la deuxième diagonale AD; ayant joint g_1 et g_2, l'intersection des droites $g_1 g_2$ et gg' donne le centre de gravité définitif G.

En examinant la figure attentivement, on reconnaît qu'en réalité le tracé consiste seulement à joindre les quatre sommets A,B,C,D aux milieux E,F des côtés opposés, à marquer sur ces lignes quatre points g, g_2, g_1, g' au tiers, à partir de E, F et à joindre ces quatre points par des diagonales dont la rencontre est le point G cherché.

Polygone quelconque. — On décompose le polygone donné en triangles, et l'on opère d'une façon analogue à celle dont nous venons de faire usage pour le quadrilatère.

Section en T simple. — La surface actuelle est constituée (fig. 12) par la juxtaposition des deux rectangles (1) et (2), dont les centres de gravité partiels sont g et g' sur l'axe de symétrie de l'ensemble. Le centre définitif s'obtiendra alors en divisant la distance gg' inversement aux surfaces S_1 et S_2 des rectangles.

Supposant d'abord les épaisseurs a' et b' égales, comme cela arrive souvent, il n'y aura, pour obtenir graphiquement G, qu'à porter, sur les horizontales menées par g et g', des longueurs $gA = b - b'$, et $g'A' = a$, comme l'indique la figure précitée.

Si l'on voulait opérer tout à fait rigoureusement, on calculerait la position du point G, au moyen des triangles semblables gGA, g'GA', qui nous donnent

$$\frac{g'G}{gG} = \frac{g'A'}{gA};$$

d'où

$$g'G = \frac{g'A'}{gA} \times gG.$$

De plus, on a,

$$gg' = g'G + gG;$$

ce qui nous conduit, tous calculs faits, à

$$gG = \frac{gg' \times gA}{g'A' + gA}.$$

Ayant trouvé gG, on obtiendra n par la relation

$$n = gG + \frac{b'}{2};$$

les notations de la fig. 12 nous donnent, de plus,

$$g'A' = a, \quad gA = b - b', \quad gg' = \frac{b}{2},$$

et le calcul s'exécute très rapidement (Voir la note II, à la fin).

Section en cornière. — La marche à suivre est absolument identique; nous cherchons encore les centres de gravité g et g' des rectangles (1) et (2) provenant de la décomposition de la section, joignant g, g' et composant à l'aide des dimensions a, $b - b'$, nous obtenons le point G (fig. 13).

Si la cornière était à branches égales, elle posséderait un axe de symétrie dans la bissectrice de l'angle droit des deux branches, et alors la ligne gg' viendrait couper cet axe au point G qui serait ainsi tout déterminé.

Ces tracés graphiques se font sans aucune espèce de difficulté, puisque les albums des forges représentent les profils des fers en grandeur d'exécution.

Moments d'inertie des sections précédentes. — Dans la pratique, le rectangle et ses dérivés (la forme en T, simple ou double, celle en croix ou en U, les cornières à branches égales ou inégales), sont destinés à résister à la flexion; les sections se rattachant au triangle ou au trapèze, comme les fers Zorès coniques ou tronqués, sont d'un emploi plus restreint. Le cercle est plutôt réservé aux pièces tirées ou comprimées, telles qu'entraits, colonnes, etc.

Nous savons déjà que le moment d'inertie d'une surface par rapport à un axe tracé dans son plan, est égal à la somme des produits de chacun de ses éléments par le carré de sa distance à l'axe.

Les moments d'inertie qui entrent dans les formules fondamentales (2) et (3) sont pris autour de droites passant par le centre de gravité des sections transversales. Lorsque celles-ci sont symétriques, il suffit de ne considérer que la moitié de la surface située d'un côté de cet axe et de doubler le résultat. En d'autres circonstances, il peut être commode de prendre d'abord le moment d'inertie autour d'un axe ne passant pas par le centre de gravité, mais parallèle à celui qui y passe.

Dans les formules suivantes, b et ses similaires désigneront toujours les dimensions verticales des sections, a et ses similaires les dimensions horizontales.

Section rectangulaire. — Commençons par supposer le rectangle ou parallélogramme ABCD dans la situation de la fig. 14; divisons sa hauteur b en un certain nombre de parties égales par des horizontales, et calculons les moments successifs $n'^2\omega$ des différents éléments en lesquels le rectangle vient d'être ainsi partagé, en prenant la base CD pour axe des moments.

Remarquons aussi que tous ces éléments ont pour largeur commune à la largeur même de la pièce, tandis que leur hauteur β est une fraction infiniment petite de la hauteur b; de sorte que $n'^2\omega$ est égal à $an'^2\beta$.

Nous pouvons donc représenter ces moments élémentaires par l'aire d'une suite de rectangles ayant β pour base et pour hauteur les différentes valeurs d'an'^2, depuis $n' = \beta$ jusqu'à $n' = b$; en conséquence, sur une longueur ON représentant b, à une certaine échelle, élevons une série d'ordonnées également distantes de la quantité β, sur lesquelles nous portons les valeurs $a\beta^2$, $4a\beta^2$... ab^2, ci-dessus (fig. 15).

Nous formerons ainsi une ligne en escalier $mm'm''$P. Or, à mesure que l'on multiplie de plus en plus les points de division sur la droite ON, β diminue indéfiniment, et les petits rectangles en question tendent à se confondre avec les ordonnées élevées par ces points de division l', l'', etc.; de sorte que si l'on joint les sommets des ordonnées par une courbe continue, l'aire du triangle curviligne OPN représentera exactement la valeur de $\Sigma\, n'^2\omega$.

Mais cette courbe Om'P est évidemment une parabole du deuxième degré, puisque les ordonnées sont proportionnelles aux carrés des abscisses; par suite, l'aire en question doit être le *tiers* du rectangle OMPN, qui a même base ON $= b$, et même hauteur PN $= ab^2$; donc on obtient finalement

$$\Sigma\, n'^2\omega = \frac{1}{3}\, ab^3.$$

Par rapport à l'axe neutre, chaque moitié de la section donnerait, en remplaçant b^3 par $n^3 = \frac{b^3}{8}$,

$$I' = \frac{ab^3}{24};$$

de façon que l'ensemble de l'aire du rectangle a pour moment d'inertie

$$I = 2\, I' = \frac{2\, ab^3}{24} = \frac{ab^3}{12}.$$

D'où, en définitive,

(30) $$\frac{I}{n} = \frac{ab^2}{6}.$$

Si la section rectangulaire était placée obliquement de manière que l'axe neutre fût une des diagonales AC (fig. 9), on déterminerait par une méthode analogue (Voir note III), le moment d'inertie, par rapport à AC, de chacun des triangles ABC, ADC et l'on doublerait le résultat. On trouve ainsi pour l'un d'eux

$$I' = \frac{ab^3}{12}.$$

Le moment total du rectangle est :

$$I = \frac{ab^3}{6}$$

et, par suite, comme $n = b$,

(30')
$$\frac{I}{n} = \frac{ab^2}{6}.$$

Section carrée. — Dans la formule (30) faisons $b = a$, alors :

$$I = \frac{a^4}{12}, \quad \text{et comme} \quad n = \frac{a}{2}$$

(31)
$$\frac{I}{n} = \frac{a^3}{6}.$$

Si la section carrée était disposée de façon que la charge agit dans le sens d'une diagonale, on aurait encore $I = \frac{a^4}{12}$, mais n devient $a\frac{\sqrt{2}}{2}$, et

(31')
$$\frac{I}{n} = \frac{a^3}{6\sqrt{2}}$$

Section circulaire. — Appelant r le rayon du cercle, on a

$$I = \frac{\pi r^4}{4}, \quad n = r,$$

(32)
$$\frac{I}{n} = \frac{\pi r^3}{4}.$$

Si la section circulaire était évidée, r' étant le rayon de l'évidement, la valeur totale de I serait la différence des valeurs partielles pour les cercles de rayon r et r', c'est-à-dire

$$I = \frac{\pi}{4}(r^4 - r'^4), \quad n = r,$$

(32') $$\frac{I}{n} = \frac{\pi(r^4 - r'^4)}{4r}.$$

Section rectangulaire évidée. — La section peut être évidée en forme de coffre ou de double **I** (fig. 16 et 17) ; dans les deux cas la valeur est la même,

$$I = \frac{ab^3 - a'b'^3}{12}.$$

Comme $n = \dfrac{b}{2}$, on a

(33) $$\frac{I}{n} = \frac{ab^3 - a'b'^3}{6b};$$

on voit que le moment d'inertie de la pièce est égal à la différence des moments d'inertie des rectangles qui la constituent (Voir note II pour le fer en ⊔).

Section rectangulaire en forme de poutre. — La formule est plus longue, mais la valeur de I offre la même marche de formation (fig. 18), et l'on a, en supposant toujours $n = \dfrac{b}{2}$,

(34) $$\frac{I}{n} = \frac{ab^3 - (a'b'^3 + a''b''^3 + a'''b'''^3)}{6b}.$$

Si la poutre était en treillis (fig. 56), il y aurait un terme soustractif de plus, $a^{IV}b^{IV3}$, à introduire dans la parenthèse pour tenir compte de l'évidement de l'âme ; si, au contraire, la pièce était en coffre (fig. 53), en modifiant a', il n'y aurait qu'à appliquer l'équation (34).

Section rectangulaire non symétrique. — Si la pièce n'a pas ses semelles de même largeur ou épaisseur, ou si son âme n'est pas évidée symétriquement, on n'a plus $n = \dfrac{b}{2}$, et alors il faut chercher le centre de gravité, soit graphiquement, soit par la formule $n = \dfrac{\Sigma\,M}{\Sigma\,S}$ (fig. 19). (Voir le chapitre des ponts et passerelles pour une section évidée non symétriquement).

Section en croix. — Supposons encore $n = \dfrac{b}{2}$, on a (fig. 20)

$$I = \frac{ab^3 + a'b'^3}{12} \quad \text{et} \quad (35) \quad \frac{I}{n} = \frac{ab^3 + a'b'^3}{6\,b};$$

au lieu de se retrancher l'un de l'autre, comme dans les cas précédents, les moments des deux rectangles viennent s'ajouter.

Si la section en croix était composée de plusieurs parties rivées, (fig. 21), l'expression serait un peu plus compliquée :

$$(35') \quad \frac{I}{n} = \frac{ab^3 + a'b'^3 + a''b''^3 + a'''b'''^3}{6\,b}.$$

Section en simple ⊤. — Dans ce cas (fig. 22), n étant déterminé, la formule générale de la section rectangulaire devient

$$I = \frac{an^3 - a_1 n_1^3 + a'n'^3}{3};$$

car le moment d'inertie total est égal à la somme des moments des deux surfaces séparées par l'axe neutre, et la partie supérieure est la différence des deux rectangles an et $a_1 n_1$; on a ensuite

$$(36) \quad \frac{I}{n} = \frac{an^3 - a_1 n_1^3 + a'n'^3}{3\,n'}$$

en supposant $n' > n$.

Section en cornière. — On a de même

$$(36) \quad \frac{I}{n} = \frac{an^3 - a_1 n_1^3 + a'n'^3}{3\,n'}.$$

On doit toujours prendre pour dénominateur celle des fractions n' de la hauteur qui est la plus grande, afin que l'effort auquel est soumise la fibre la plus fatiguée ne dépasse pas le coefficient R assigné.

Dans les calculs pratiques, on néglige la valeur des congés et parties arrondies, ainsi que celle des inclinaisons données, pour faciliter la fabrication, à certaines parties droites des fers spéciaux.

Si l'on avait à opérer sur des sections plus complexes, on les ramènerait à des surfaces partielles rectangulaires ou triangulaires, ce qu'il sera généralement possible de faire (Voir la note III).

Étude comparative des sections rectangulaires. — Comme application des formules précédentes, examinons les différentes valeurs de $\frac{I}{n}$ correspondant aux formes dérivées du rectangle, de même aire transversale, c'est-à-dire de même poids par mètre courant de longueur, pour une substance donnée.

Prenons d'abord la surface rectangulaire de base a et de hauteur b (fig. 23); l'aire constante étant ab, si, pour simplifier, nous posons $a = 1/5\, b$, la valeur de $\frac{I}{n}$ sera

$$\frac{I}{n} = \frac{ab^2}{6} = \frac{b^3}{30} = 0{,}0334\, b^3.$$

Transformons ensuite ce premier profil en un double I, ayant toujours la même hauteur b, $\frac{a}{2}$ pour épaisseur d'âme, l'autre moitié servant à former les nervures horizontales (fig. 24); nous avons

$$\frac{I}{n} = \frac{ab^3 - a'b'^3}{6b} = \frac{\frac{6}{10}b \times b^3 - \frac{b}{2}\left(\frac{4}{5}b\right)^3}{6b}$$

ou, toutes réductions faites,

$$\frac{I}{n} = \frac{43}{750} b^3 = 0{,}0573\, b^3.$$

Maintenant, si l'on change la section originaire en croix ayant toujours la même hauteur b (fig. 25), il vient

$$\frac{I}{n} = \frac{ab^3 + a'b'^3}{6b} = \frac{\frac{b}{10} \times b^3 + b \times \frac{b^3}{1000}}{6b} = \frac{101}{6000} b^3 = 0{,}0168\, b^3.$$

Enfin, le rectangle primitif devenant un ⊤ simple, on trouve successivement pour déterminer le centre de gravité (fig. 26)

$$g\mathrm{G} = \frac{\frac{b}{2} \times \frac{9}{10} b}{\frac{11}{10} b + \frac{9}{10} b} = \frac{\frac{9}{20} b^2}{2b} = \frac{9}{40} b,$$

par suite $n = g\mathrm{G} + \frac{b}{20} = \frac{11}{40} b$, et $n' = \frac{29}{40} b$; et

$$\frac{\mathrm{I}}{n} = \frac{an^3 - a_1 n_1^3 + a' n'^3}{3n'} = \frac{\frac{11}{10} b \times \left(\frac{11\,b}{40}\right)^3 - b \times \left(\frac{7\,b}{40}\right)^3 + \frac{b}{10}\left(\frac{29b}{40}\right)^3}{3 \times \frac{29\,b}{40}}$$

ou, en réduisant,

$$\frac{\mathrm{I}}{n} = \frac{89}{3480} b^3 = 0{,}0256\, b^3.$$

En comparant ces diverses valeurs de $\frac{\mathrm{I}}{n}$ à celle du rectangle prise comme unité, on obtient

Rectangle $\frac{\mathrm{I}}{n}$ = 0,0334 1,000

I double 0,0573 1,715

Croix 0,0168 0,503

⊤ simple 0,0256 0,766

et l'on voit immédiatement l'avantage énorme que présente la section en I double sur les autres formes congénères.

CHAPITRE III

ASSEMBLAGES OU MOYENS PRATIQUES DE RÉALISER LA RÉUNION DES PIÈCES MÉTALLIQUES. — FORMES GÉNÉRALES.

Principaux moyens d'assemblage. — On peut réunir les pièce métalliques au moyen de *rivets*, de *boulons* ou de *vis*, et de *clavettes*.

On fait usage des rivets pour rendre étroitement solidaires des pièces qu'on n'aura jamais à séparer; on construit ainsi par parties de grandes fermes qu'on unit au moment de mettre l'ouvrage en place.

Les boulons s'emploient lorsque les pièces s'assemblent avec d'autres déjà posées, que l'on veut avoir de la mobilité dans les assemblages, ou lorsque la commodité du travail oblige à sacrifier un peu de la solidité pour faciliter les manœuvres.

Quant aux vis, on ne les utilise guère que dans les petits travaux de *marquises* ou *lanternes* et de *rampes* ou *balcons*; les *goujons* et *goupilles*, qu'on emploie dans les travaux analogues, ont habituellement leurs têtes mattées, ce qui les fait rentrer, plus ou moins, dans la catégorie des rivets.

On ne se sert couramment des clavettes que dans les chaînages; quelquefois cependant, des tirants de combles en sont munis, au lieu de porter un taraudage.

Les rivets généralement usités dans les constructions en fer sont à têtes rondes (fig. 27), ils peuvent être saillants ou *bouterollés a*, *fraisés* d'un côté *c*, ou des deux, *b*, selon les circonstances. Les rivets se placent suivant des files parallèles à la longueur des pièces qu'il s'agit de réunir ; on les dispose tantôt en carré, tantôt en quinconce ; ces deux modes de rivure paraissent équivalents sous le rapport de la solidité.

La grosseur des rivets se détermine d'après l'épaisseur des tôles en œuvre, et la résistance qu'on se propose d'obtenir dans la construction projetée. En général, pour les diamètres de rivets compris entre 8 et 20 $^{m/m}$, les épaisseurs à serrer en totalité varient de une à trois fois le diamètre ; les rivets de 25 $^{m/m}$, le plus fort échantillon en usage courant, sont souvent employés pour assembler des épaisseurs égales à quatre et six fois leur diamètre. Mais il faut ajouter que ces règles n'ont rien d'absolu, parce que les exigences du travail obligent souvent à s'en départir.

L'écartement longitudinal des rivets varie également suivant leur force et la nature des pièces qu'ils relient ; on peut le regarder comme compris, pour les constructions ordinaires, entre cinq et sept fois le diamètre du corps ; on peut le prendre, en moyenne, égal à six fois ce diamètre. Du reste on dépasse rarement, pour les rivets courants des semelles de poutres, l'écartement de $0^m,125$ d'axe en axe, soit huit rivets par mètre.

Quant aux chaudières ou réservoirs, la nécessité d'obtenir des appareils étanches conduit à espacer les rivets de 3 diamètres seulement, d'axe en axe.

Les trous pour rivets, toujours un peu plus grands (de $0^m,001$ environ) que le diamètre de ceux-ci, sont obtenus à la poinçonneuse ; leur écartement se détermine mécaniquement, et la rivure s'opère à la main ou à la machine. Le perçage dans les cornières se fait, la plupart du temps, de façon que l'axe des rivets se trouve au milieu du vide $a - a'$ ou $b - b'$ (fig. 13) ; les trous sont chevauchés d'une aile sur l'autre.

Proportions des rivets et boulons. — Les proportions des têtes de rivets s'établissent en fonction du diamètre d du corps (fig. 28). On fait habituellement dans les ateliers $s = 0,33\ d$, $e = 0,66\ d$, $r = 0,85\ d$; de sorte que le volume de la tête est environ :

$$V = \frac{1}{6} \pi \times 0,66\ d \left[\frac{3}{4} \overline{(1,66)\ d}^2 + \overline{(0,66\ d)}^2 \right]$$

$$= 0,11\ \pi\ d^3 \times 2,50 = 0,864\ d^3.$$

Ce volume est égal à celui du cylindre de diamètre d et de hauteur $x = 1,10\,d$, en chiffres ronds; en effet,

$$0,7854 \times 1,10\,d^3 = 0,864\,d^3.$$

Pour obtenir la longueur sous tête d'un rivet, il faut ajouter à la somme des épaisseurs à serrer : 1° un petit excédent pour tenir compte de l'adhérence incomplète des tôles, environ 1^m/^{m} par joint; 2° une longueur additionnelle pour former une tête nourrie, déduction faite des *bavures*, c'est-à-dire une fois et demie le diamètre du rivet.

Si, par exemple, on avait à serrer six tôles de 10 ^{m}/^{m} avec un rivet de 20 ^{m}/^{m}, la longueur de celui-ci serait :

$$l = 6 \times 10 + 5 + 1,5 \times 20 = 65 + 30 = 95^m/^m.$$

Quand il n'y a pas plus de 3 fers à réunir, on ajoute simplement à leur épaisseur totale, la quantité nécessaire pour faire la rivure.

Les rivets fraisés offrent à la tête la même largeur que les rivets bouterollés, soit $1,66\,d$; la hauteur h de la fraisure est $0,50\,d$.

Les proportions des boulons s'établissent de même en fonction du diamètre d : l'épaisseur e de la tête est $0,75d$, celle e' de l'écrou est d, l'hexagone de la tête et de l'écrou est inscrit dans un cercle de diamètre $D = 2d$, le diamètre D' du cercle inscrit est $1,732d$ (fig. 29). L'épaisseur de la rondelle sous l'écrou est $0,15d$, en moyenne.

Dans ces conditions, il est facile de déterminer le volume et le poids de la tête et de l'écrou, par rapport à la tige. En effet, le volume de la tête est $\dfrac{6d^2}{4}\sqrt{3} \times 0,75d$, celui de l'écrou, trou déduit, $\dfrac{6d^2}{4}\sqrt{3} \times d - \dfrac{\pi d^2}{4} \times d$; la somme de ces deux quantités est

$$V = d^3\,(1,5 \times 1,732 \times 1,75 - 0,7854) = 3,7611\,d^3.$$

La hauteur x du cylindre ayant le diamètre d et le volume V, sera évidemment

$$\frac{\pi d^2}{4}\,x = 3,7611\,d^2\,;$$

d'où l'on tire, en nombres ronds,

$$x = \frac{3,7611\,d}{0,7854} = 4,8d.$$

Soit $0^m,400$ la longueur l sous tête d'un boulon de $30^{m/m}$, la longueur totale sera :

$$l' = l + 4,8d = 0,400 + 0,144 = 0^m,544.$$

Le fer rond de $30^{m/m}$ pèse, par mètre courant, $5^k,505$; le poids du boulon est donc approximativement

$$5,505 \times 0,544 = 2^k,995.$$

Pour les boulons à tête carrée qui servent surtout à l'assemblage des bois, soit entre eux, soit avec des fers, le côté c du carré est habituellement égal à $1,66d$; le filet, dans tous les cas, reste triangulaire.

On peut déterminer le diamètre d d'un boulon par une relation de la forme (P étant l'effort qui le sollicite)

$$d = K\sqrt{P};$$

voici les valeurs de K usitées dans les ateliers du chemin de fer du Nord :

Boulons de bâtiments (fer de qualité inférieure)   0,70
    Id.   en bon fer 0,60
    Id.   en acier corroyé. 0,50
    Id.   en acier fondu et trempé. 0,40

Pour empêcher le boulon de tourner, on fait venir de forge sur la pièce un ergot simple ou double (fig. 30), ou bien l'on rapporte un prisonnier sous la tête du boulon ordinaire ; on a recours à un contre-écrou b, dont l'épaisseur est la moitié de celle de l'écrou ordinaire a, afin de combattre le desserrage de celui-ci.

On emploie, surtout quand il faut traverser des massifs épais, soit des boulons à deux écrous, simples tiges taraudées à leurs extrémités (fig. 84), soit des boulons à clavettes et bagues en fonte (fig. 31).

Quand il s'agit de fixer des pièces métalliques sur de la maçonnerie, et principalement sur de la pierre, on se sert de boulons à scellement, dont l'extrémité est fendue en queue de carpe (fig. 32) et porte, en outre, des entailles barbelées. On s'établirait sur une pièce de charpente, qu'on ne peut traverser, à l'aide de grosses vis à bois, dites *tire-fond*, à tête carrée ou hexagonale (fig. 33) ; mais les boulons ordinaires sont généralement préférables, parce qu'ils sont plus solides.

Types des assemblages les plus usités. — Le cas le plus simple, pour la réunion de pièces bout à bout, est celui des *chaînes* qui servent à rendre solidaires les différentes parties du périmètre d'un étage, dans un bâtiment. Les fers plats, destinés à cet objet, portent des mentonnets soudés a, a', entrant dans les bagues b, b', et serrés au moyen de coins ou clavettes c, c' (fig. 34 et 35).

S'il s'agissait de l'assemblage longitudinal de deux tôles sans grande fatigue, on placerait un couvrejoint rivé, en fer plat, ou mieux, en fer à T simple, de chaque côté (fig. 36 et 37).

La plupart du temps, pour assurer la rigidité de l'ensemble, il faut employer deux plaques de tôle comme couvrejoints ; nous y reviendrons tout à l'heure, en parlant du nombre des rivets nécessaires à la résistance du joint.

Lorsque les tôles sont perpendiculaires entre elles, mais ne se traversent pas (fig. 38 et 39) on peut, avec les cornières d'assemblage, faire usage de couvrejoints, soit en fer à T, soit en fer plat ; quand les rivets sont posés en quinconce, l'écartement transversal E' entre les files est les 0,66, en moyenne, de l'écartement longitudinal E.

Si les tôles se traversaient de part en part, on emploierait la disposition (fig. 40 et 41) qui consiste en quatre cornières avec couvrejoints en fer plat.

Souvent, au lieu de tôles ou de poutres d'une certaine hauteur, ce sont des fers à I qui se rencontrent ; on les assemble alors au moyen d'équerres, soit en cornières, soit en fer plat coudé à la forge (fig. 42). Ces équerres sont droites ou biaises, selon la position des fers à réunir.

Quand une poutre doit recevoir une série de *solives* en fer à I, comme dans un plancher, on supporte celles-ci, soit par de simples tasseaux en cornière isolés, soit, et plus généralement, par une cornière continue A, dite *lambourde*, qui vient soulager le travail des boulons d'assemblage, et disposée à la hauteur convenable pour que les fers viennent s'affleurer à la partie supérieure (fig. 43).

Dans les ponts, les *pièces de pont* ou *poutrelles*, qui jouent le rôle des solives dans les planchers, sont disposées différemment.

Ainsi la fig. 44 montre la poutrelle A assemblée avec la poutre B par un *gousset* g en tôle, pincé entre les cornières du montant intérieur de la poutre, comme entre les cornières courantes de la poutrelle ; d'autres fois, au contraire (fig. 45), la poutrelle A s'élargit dans le voisinage de la poutre B, de façon à venir porter sur la semelle inférieure de celle-ci, et à offrir une plus grande surface de fixation.

La fig. 46 représente l'assemblage d'un fer Zorès ou en ∧, destiné à porter des voûtes en briques soutenant la chaussée ; on voit que ce fer est supporté par une sorte de console en tôle et cornières, rivée sur la poutre.

Pour faire un coude, d'équerre ou non, avec de la cornière, on découpe dans une des côtes à l'endroit choisi, un triangle isocèle *abc* (fig. 47) et en rapprochant les bords *ab*, *bc* de la section, on obtient l'angle qu'on peut renforcer par une soudure ou mieux en le rivant sur un gousset.

Les goussets, de formes diverses, sont très employés, comme intermédiaires, pour assembler des pièces que leurs dimensions ou leurs positions ne permettent pas de réunir directement d'une façon suffisamment rigide.

Ainsi (fig. 48), l'assemblage d'une barre D inclinée en fer à ⊤, dans l'angle extrême d'une poutre évidée, est facilité par l'interposition du gousset rectangulaire C.

La fig. 49 représente un fer plat vertical assemblé, ainsi qu'une diagonale B, à l'aide de la même pièce polygonale C, sur les deux cornières horizontales courantes.

Les divers éléments d'un garde-corps, d'un balcon ou d'une grille, sont réunis au moyen de *tenons* ou de *goujons*. Le *montant a* (fig. 50) porte un goujon brasé *gg'*, sur lequel est goupillée la *traverse t*, ainsi que sa symétrique ; les *barreaux b,b'*, sont embrevés et vissés dans les traverses. La *main-courante c* est également reliée aux montants par des vis.

Dans les marquises ou lanternes vitrées sur plan circulaire ou polygonal, les chevrons qui concourent au sommet sont assemblés au moyen d'un manchon cylindrique *m*, dit *poinçon*, qui est percé d'autant d'entailles rectangulaires *a* qu'il y a de fers ; ceux-ci portent, à leur extrémité où l'on a enlevé la nervure pour ne laisser que l'âme, une encoche b, dans laquelle on fait entrer à force une bague m' concentrique au manchon ; le tout est maintenu en place par une plaque inférieure p et un boulon vissé dans une boule à pointe servant d'ornement (fig. 51).

Pour la couverture d'une salle de spectacle, cirque ou panorama, on a recours à un certain nombre de fermes rayonnantes qui viennent porter sur une couronne ou ceinture polygonale, comme dans la fig. 80.

Formes générales des poutres. — Les poutres métalliques (quand elle ne sont pas en fer laminé des forges) se divisent en *poutres pleines* et en *poutres évidées*, selon la nature de leur paroi verticale. Les premières offrent peu de variété dans leur construction ; elles sont composées de deux *plates-bandes* ou *semelles*, en une ou plusieurs épaisseurs, d'une *âme* perpendiculaire à celles-ci, et de quatre *cornières* réunissant le tout ensemble.

Dans les petites poutres, on supprime quelquefois les semelles, comme, quelquefois aussi, on remplace les cornières par deux fers à T simple, sur lesquels la tôle d'âme est rivée extérieurement.

La plupart du temps, les semelles et cornières se retournent d'équerre aux extrémités, en formant une sorte de cadre (fig. 48).

On peut être obligé de construire la paroi pleine en deux parties, pour se servir de fers plats, au lieu de tôles qui sont toujours plus chères ; l'âme comporte alors, à la fois, des couvrejoints longitudinaux et des couvrejoints transversaux (fig. 52).

Dans certains cas, pour rendre les fermes plus rigides, on a donné de la courbure à leurs semelles (ponts de Saltash et de Windsor), mais cette disposition coûteuse est peu employée en France ; cependant le pont de Clichy, près Paris, sur le chemin de fer de l'Ouest, est ainsi construit.

On a encore employé des poutres tubulaires à cellules rectangulaires ou trapézoïdales, réunies par deux ou plusieurs âmes planes ; mais on préfère aujourd'hui à ces formes compliquées la section ordinaire en double I, convenablement nervée.

Quand on dispose d'une hauteur limitée, on assemble deux poutres pleines, côte à côte, de façon à former un coffre, comme dans la fig. 53.

Les semelles des poutres un peu larges sont quelquefois raidies par des cornières longitudinales placées sur les rives (pont de la place de l'Europe), mais plus souvent par des rangées de rivets supplémentaires (fig. 44).

Les *poutres en treillis* ou *évidées* présentent moins d'uniformité. Elles peuvent (fig. 54 et 55) être constituées par deux semelles et quatre cornières, sans âme pleine ; c'est le treillis qui en tient lieu et entre dans le vide laissé par les cornières.

On peut employer deux âmes pleines en fer plat de même hauteur (fig. 56 et 57), sur lesquelles est rivé le treillis.

On remplace fréquemment les semelles et cornières par deux fers à T (fig. 58, 59, 60) sur lesquels se fixent les barres obliques, système très convenable pour les petites portées.

Enfin (fig. 61 et 62) la ferme peut être *mixte*, c'est-à-dire que sa partie inférieure est pleine, tandis que le haut est évidé ; une poutre de ce genre n'est plus symétrique autour de son point milieu, mais elle offre plus de résistance que les précédentes.

On a également assemblé deux âmes en treillis ou croisillons sur les mêmes semelles, dans le genre des poutres pleines en coffre (fig. 63 et 64).

Le treillis peut être établi avec du fer plat, du fer à T, de la cornière ou du fer en U. Si le fer plat est peu résistant, il a pour lui d'être le plus commode des remplissages.

Les barres sont généralement inclinées à 45°, ou environ ; le treillis à mailles serrées est le plus solide. Il est avantageux, tout en laissant aux fers une largeur uniforme, de faire croître leur épaisseur à partir du milieu jusqu'aux extrémités de la pièce. En effet, on a remarqué en Allemagne, où l'on a construit beaucoup de ponts américains, que la rupture du treillis avait toujours lieu dans le voisinage des appuis, et le calcul confirme ce résultat.

Dans les grandes poutres, quand on emploie le fer à T ou en U, on le dispose simplement en croisillons ou croix de Saint-André c,c', réunis au milieu par un gousset polygonal, de façon à entretoiser les panneaux formés par les *montants* verticaux m, m, (fig. 65) ; le fer à T horizontal d est destiné à nerver la paroi pleine qui, sous l'influence des diagonales c,c', pourrait avoir une tendance au *voilement*.

Les montants ci-dessus s'emploient non seulement dans les poutres évidées pour les raidir, mais encore dans toutes les poutres hautes et chargées. On les construit tantôt en fers à T, tantôt en cornières (fig. 66) ; ce dernier mode est préférable lorsqu'on veut les armer d'une tôle b pour augmenter leur résistance, ou encore pour les montants intérieurs, parce qu'il facilite l'assemblage des poutrelles.

Proportions des poutres. — D'après les formules données dans le chapitre Ier, les moments fléchissants sur les appuis intermédiaires d'une pièce à plusieurs travées sont plus considérables que dans tous les autres points, il faut donc renforcer la section à ces endroits, d'autant plus que les efforts tranchants et réactions verticales ne sont plus négligeables dans les grandes fermes.

Lorsque celles-ci sont en treillis, on dispose des panneaux pleins sur les piles ou colonnes et les culées ; dans les poutres pleines, on augmente l'épaisseur de l'âme et on lui ajoute des armatures de façon à combattre l'écrasement.

On pourrait objecter, il est vrai, qu'à l'endroit des appuis extrêmes, le moment fléchissant étant nul, l'effort tranchant agit seul ; mais, comme dans le premier cas, il faut principalement de la hauteur, tandis que le second ne demande absolument que de la section, une poutre pourrait résister convenablement à l'un des efforts, et être faible pour l'autre (Voir notes V et VI).

La hauteur et la largeur des poutres n'ont pas de relations bien fixes ; généralement la hauteur d'une poutre étant donnée, on prend la largeur entre la moitié et le tiers de cette dimension, au moins pour les pièces de dimensions ordinaires ; car, pour les grandes, cette proportion pourrait ne plus donner de résultats satisfaisants.

MM. Molinos et Pronnier (*Traité des Ponts métalliques*) indiquent comme la hauteur de poutres la plus favorable aux ponts droits ordinaires, celle d'environ $1/10$ à $1/12$ de la portée ou ouverture libre ; pour les petits ponts à plusieurs poutres, cette hauteur n'est pas moindre de $1/20$.

Dans la construction des édifices, lorsqu'on emploie des poutres en tôle et cornières, comme la hauteur dont on dispose est souvent assez restreinte, on leur donne la largeur nécessaire pour que, établies avec toute la hauteur possible, elles offrent une rigidité suffisante.

On trouve, indiqués dans l'*Aide-Mémoire de mécanique pratique* de Morin, et dans les *Annales du Conservatoire des Arts et Métiers,* pour les *poutres pleines,* les rapports suivants :

$$a = 0{,}330\,b \qquad b = 1{,}000$$
$$\frac{a'}{2} = 0{,}082\,b \qquad b' = 0{,}967\,b$$
$$\frac{a''}{2} = 0{,}066\,b \qquad b'' = 0{,}943\,b \qquad \text{(fig. 18)}.$$
$$\frac{a'''}{2} = 0{,}012\,b \qquad b''' = 0{,}811\,b.$$
$$a^{\text{IV}} = 0{,}010\,b \qquad \frac{b-b'}{2} = 0{,}0165\,b. \qquad \frac{a''+a'''}{2} = 0{,}078\,b.$$

Si nous cherchons la valeur de $\dfrac{\mathrm{I}}{n}$ d'une pareille section, nous obtenons

$$\frac{\mathrm{I}}{n} = \frac{b^4\left(0{,}33 \times \overline{1}^3 - 0{,}164 \times \overline{0{,}967}^3 - 0{,}132 \times \overline{0{,}943}^3 - 0{,}024 \times \overline{0{,}811}^3\right)}{6\,b}$$

ou, tous calculs effectués,

$$\frac{\mathrm{I}}{n} = 0{,}009702344\,b^3.$$

On trouve dans les mêmes ouvrages, pour les *poutres en treillis*.

$$a = 0{,}200\,b \qquad b = 1{,}00$$
$$\frac{a'}{2} = 0{,}050\,b \qquad b' = 0{,}980\,b$$
$$\frac{a''}{2} = 0{,}035\,b \qquad b'' = 0{,}960\,b \qquad \text{(fig. 56)}.$$
$$\frac{a'''}{2} = 0{,}010\,b \qquad b''' = 0{,}890\,b$$
$$a^{\text{IV}} = 0{,}010\,b. \qquad b^{\text{iv}} = 0{,}600\,b. \qquad \frac{a''+a'''}{2} = 0{,}045\,b.$$

La valeur de $\dfrac{\mathrm{I}}{n}$ correspondante est

$$\frac{\mathrm{I}}{n} = \frac{b^4\left(0{,}200 \times \overline{1}^3 - 0{,}10 \times \overline{0{,}980}^3 - 0{,}07 \times \overline{0{,}960}^3 - 0{,}02 \times \overline{0{,}890}^3 - 0{,}01 \times \overline{0{,}60}^3\right)}{6\,b}$$

ou, en fin de compte,

$$\frac{I}{n} = 0{,}004614983\, b^3.$$

Ces proportions sont plus applicables aux grandes poutres qu'aux petites, car pour une poutre pleine de 1 mètre de hauteur, par exemple, les cornières n'auraient pas 80$^{m/m}$ de branches. Il semblerait préférable, tout en conservant les autres chiffres, de faire $\frac{a'' + a'''}{2} = 0{,}10\, b$, au moins quand il s'agit des planchers de bâtiments ; on aurait ainsi

$$\frac{I}{n} = \frac{b^4(0{,}33 \times \overline{1{,}00}^3 - 0{,}120 \times \overline{0{,}967}^3 - 0{,}176 \times \overline{0{,}943}^3 - 0{,}024 \times \overline{0{,}767}^3)}{6\, b}$$

ou

$$\frac{1}{n} = 0{,}010512695\, b^3.$$

Ici $\quad \frac{a'}{2} = 0{,}060\, b, \quad \frac{a'''}{2} = 0{,}012\, b, \quad \frac{b - b'}{2} = 0{,}0165\, b.$

(Voir la fin de la note VIII et la fig. 245, pl. 20).

Quant à la longueur d'appui (qu'on appelle encore *portée*) des pièces à leurs extrémités, il ne peut y avoir, non plus, de règles absolues pour la déterminer ; il s'agit de donner une base telle que la pression, par unité de surface, transmise à la maçonnerie, soit assez modérée pour ne pas écraser la pierre qui la compose. On peut admettre, comme une approximation très applicable aux bâtiments que la *portée* d'une pièce doit être égale à sa hauteur ; dans les ponts, on ne descend guère au-dessous des 0,50 de la hauteur.

Tout ce qui précède a seulement trait aux poutres droites ; les fermes courbes se construisent suivant des dispositions analogues ; elles se font généralement en treillis, parce que le cintrage d'une âme pleine sur champ serait trop difficultueux et que le découpage dans la tôle donnerait un déchet considérable.

Le surbaissement des arcs n'a pas de proportions bien réglées ; le rapport de $\frac{1}{10}$ entre la flèche et l'ouverture paraît être un des plus convenables pour les constructions en fer.

Nous devons rappeler que, quand une poutre un peu longue et construite rigoureusement rectiligne vient à être chargée, elle prend toujours une légère courbure sous l'effort qu'elle subit.

Pour remédier à cet effet, on a généralement la précaution, dans les ateliers, de donner, en sens contraire, à la pièce un cintre dit *de montage*, que l'on fait habituellement égal à $0^m,004$ ou $0^m,005$, au plus, par mètre de longueur. Ainsi, pour une poutre de 15 mètres, on aurait au milieu une flèche totale d'environ $0^m,004 \times 15 = 0^m,060$.

Les fers à I qu'on emploie pour les planchers sont presque toujours expédiés par les forges avec une courbure plus ou moins grande qui, ordinairement, est d'environ 1/200 de la longueur, ou de $0^m,005$ par mètre.

L'emploi de solives trop cintrées est loin d'être un avantage, puisqu'il faut augmenter la charge de plâtre des plafonds pour les rendre horizontaux.

De plus, pour pouvoir attribuer une augmentation notable de résistance au cintre prononcé qu'on donne aux solives, il faudrait les considérer comme des arcs invariablement butés ; si cette condition n'est pas remplie, ainsi que l'a constaté l'expérience, la courbure est sans influence sur la rigidité de la pièce. C'est pourquoi bien des constructeurs pensent qu'il serait préférable de ne donner aux fers qu'une flèche de 1/300, soit $0^m,0033$ par mètre ; ce qui correspond, du reste, à un coefficient de résistance R égal à 10,000,000 kil., qui est celui que l'on admet la plupart du temps dans les bâtiments (Joly, *Études sur les planchers*). Voir à ce sujet la fin de la note 1.

Nombre des rivets d'un joint. — Il est très important d'assurer l'égalité de résistance entre les rivets d'un joint et les feuilles de tôle qu'ils réunissent ; voici comment on peut arriver à ce résultat d'une manière simple.

Appelons e l'épaisseur des tôles à assembler ; l leur largeur ; R la résistance par millimètre carré de ces tôles à la traction ; R'' la résistance des rivets au cisaillement que nous supposerons encore égale aux 4/5 de R ; soient de plus, d le diamètre de ces rivets, et N leur nombre de chaque côté du joint.

La largeur nette de la tôle, défalcation faite des n rivets situés sur une même parallèle au joint, est $l - nd$; sa résistance peut donc être exprimée par $R (l - nd) e$.

ASSEMBLAGES ET FORMES GÉNÉRALES

Les rivets offrant deux sections de cisaillement, la résistance qu'ils présentent est :

$$2 \, R'' \times \frac{\pi d^2}{4} \, N = 2 \times 0{,}80 \, R \times 0{,}7854 \, d^2 \, N.$$

Cette quantité doit être égale à la précédente pour que le joint soit le meilleur possible ; donc il reste

$$(l - nd) \, e = 1{,}60 \times 0{,}7854 \, d^2 \, N.$$

On tire de là, en nombres ronds :

$$N = \frac{(l - nd) \, e}{1{,}25 \, d^2}.$$

Considérons comme premier exemple (fig. 67) le joint d'âme d'une poutre, avec les données suivantes : la largeur l est de $0^m{,}500$, l'épaisseur $e = 0^m{,}011$, le diamètre des rivets $d = 0^m{,}018$.

Nous obtenons tout d'abord par un tracé $l - nd = l - 5d$, puisque l'on peut placer, en se basant sur l'écartement des rivets courants de la poutre, 5 trous sur la même verticale ; on a donc

$$N = \frac{(500 - 90) \, 11}{1{,}25 \times 324} = \frac{4510}{405} = 11{,}13 \text{ rivets,}$$

soit, en nombres ronds, 12 de chaque côté. Comme nous avons 5 rivets par file, nous serons obligé d'employer trois de ces files de chaque côté du joint, ou 15 rivets ; ce qui, en supposant l'espacement horizontal de ceux-ci à $0^m{,}10$, d'axe en axe, nous conduit à une longueur de $0^m{,}600$ pour le couvrejoint. Si les rivets étaient disposés en quinconce, comme dans la moitié droite de la figure, il n'y en aurait plus que 14 de chaque côté.

Passons au joint de plate-bande dans la même poutre. La formule ci-dessus serait encore applicable ; mais alors, on aurait, par exemple : $l = 0^m{,}200$, $e = 0^m{,}015$, d ne changeant pas. Comme il n'y a plus que deux rangées de rivets, $l - nd = l - 2d$; de sorte que (fig. 68)

$$N = \frac{(200 - 36) \, 15}{1{,}25 \times 324} = \frac{2460}{405} = 6{,}07 \text{ rivets.}$$

On mettrait donc, dans le cas actuel, 6 rivets sur chacune des deux files, soit 12 rivets en totalité, ce qui donnera un couvrejoint de $0^m{,}60$.

Détails sur les couvrejoints. — Lorsque les semelles des poutres sont composées de plusieurs tôles superposées, on croise leurs extrémités, comme le représente la fig. 27, de façon à les serrer sous les mêmes couvrejoints ; quel que soit le nombre de feuilles à unir, les rivets des parties extrêmes, *a* et *b*, n'offrent que deux sections de cisaillement, tandis que ceux de la partie centrale, *c*, en ont trois.

La distance de l'axe des rivets aux bords des tôles ou des plaques d'assemblage ne doit pas descendre au-dessous de $50^{m/m}$, pour la bonne utilisation de l'adhérence.

D'habitude, dans la construction ordinaire, on donne aux couvrejoints de $0^m,50$ à $0^m,80$, suivant la force des fers, et l'on y dispose les rivets à un écartement voisin de celui des rivets courants.

Mais, dans les grandes poutres, il est indispensable de calculer le nombre des rivets nécessaires ; souvent, même, pour ne pas trop affaiblir les tôles, on augmente le diamètre des rivets de joint, pour obtenir le plus de sections possible avec le moins de trous. Les couvrejoints, cales ou fourrures et les têtes représentent en moyenne $1/10$ à $1/12$ du poids élémentaire de la poutre.

Pour assurer le cisaillement des rivets, on donne aux couvrejoints d'âme une épaisseur égale à la moitié, *au moins*, de l'épaisseur de la tôle qu'ils réunissent ; comme nous avions ci-dessus $e = 0^m,011$, les couvrejoints auraient $6^{m/m}$.

Les couvrejoints de plates-bandes, étant simples, ont la même épaisseur que celles-ci ; on les prend généralement dans les chutes des barres.

Quant aux couvrejoints de cornières, ils se font avec des cornières plus petites, dont le dos est arrondi à la meule pour épouser la courbure intérieure de la cornière courante (fig. 69). Les joints de cornières sont chevauchés dans les poutres bien construites ; ainsi, le joint de la cornière antérieure supérieure, par exemple, est sur la même verticale que celui de la cornière postérieure inférieure, et réciproquement. On laisse, en général, au moins 1 mètre d'écartement horizontal entre les différents joints d'une ferme.

On calculerait le nombre de rivets nécessaires à un joint de cornières par la formule donnée plus haut, en ne comptant que sur une seule section de cisaillement.

Passons maintenant à l'application des notions précédentes aux cas ordinaires des constructions en fer.

CHAPITRE IV

POITRAILS ET PLANCHERS.

Poitrails. — Les *poitrails* sont des pièces horizontales destinées à supporter des murs ou des façades de construction, de façon à obtenir au-dessous de grands espaces libres, ou des ouvertures de baies considérables.

Les poitrails se font en fers à **I** ou en poutres, selon l'importance qu'ils offrent; généralement les poitrails des planchers hauts de rez-de-chaussée à Paris se font en fer à **I**, à *larges ailes*, avec deux ou trois lames.

On sait qu'on entend par fers à **I** *ordinaires* ou *à planchers*, les fers à ailes étroites qui ont été les premiers types établis par les forges; les fers à **I**, dits *à larges ailes*, sont généralement plus épais d'âme que les précédents et leurs semelles ont une largeur presque double de celle du profil ordinaire correspondant, ce qui leur a valu leur nom.

On sait également que les forges peuvent faire varier à la demande dans chaque profil de fer à **I**, l'épaisseur des semelles et de l'âme, entre deux limites auxquelles on donne habituellement les noms de fers *minimum* et *maximum*.

Dans tout ce travail, il ne sera guère question que des fers dits *minimum* qui sont les plus généralement employés.

Les poitrails se construisent de différentes façons. L'assemblage e plus commun consiste à réunir les fers qui doivent constituer un poitrail, à l'aide de *brides* en fer plat (fig. 70), disposées à 90 cent. ou 1 mètre les unes des autres ; pour opérer le serrage de l'ensemble, on place des *croisillons* en fer carré à l'intérieur, au droit des brides, et on les force à coups de marteau. On peut compter moyennement que, pour des brides en 45×9, les croisillons seraient en 20 carré ; pour des brides en 60×11, les croisillons seraient en 25.

Dans les travaux soignés ou dans les grands bâtiments, on préfère (peut-être même à tort) employer, à la place des croisillons, des *entretoises* ou *fourrures* en fonte (fig. 71 et 72), avec ou sans brides ; dans ce dernier cas, l'entretoise est percée d'une lumière a venue de fonte que traverse le boulon reliant les deux fers ; on remplace quelquefois les fontes par des déchets de fers à **I** coupés de longueur.

D'autres fois, comme dans les petits poitrails ou *filets*, placés sous les cloisons, qui ne laissent que 2 à 4 centimètres de jour entre les fers, on prend comme serrage des rognures de fer carré ou méplat, enfoncées verticalement (fig. 73).

On emploie encore des boulons à embase, ou mieux, des boulons ordinaires, qu'on enfile dans un manchon, pour maintenir les lames du poitrail à l'écartement voulu (fig. 74).

A leurs extrémités, les pièces qui nous occupent sont munies de semelles en fer plat, destinées à mieux répartir la pression qu'elles transmettent à la pierre, tout en régularisant l'assiette de l'ensemble ; la *portée* des poitrails est généralement de 0^m, 30, quand ils sont en fer laminé.

Les poitrails formés par des poutres rivées peuvent être simples ou doubles ; s'ils sont simples, ils ont besoin d'être fortement nervés par des montants en fers à **T** ou en cornières, écartés à $1^m,00$ ou $1^m,25$ l'un de l'autre, pour ne pas se déformer sous la charge ; s'ils sont doubles, ils constituent une espèce de coffre ou d'auget, que l'on remplit de maçonnerie de briques, comme on le fait, du reste, pour les poitrails en fer à **I**, quand ils sont un peu larges (fig. 75).

Dans tous les cas, les poitrails sont arrêtés sur les murs au moyen de *tirants* et d'*ancres*. Si le poitrail est simple, on l'ancre comme une solive, nous y reviendrons plus loin ; s'il est double ou triple, on l'arme à son extrémité d'un tirant dit *en V*, dont chacune des deux branches est fixée sur une lame du poitrail à l'aide de boulons. L'*œil* du tirant est traversé par une broche B ou *ancre* qui entre dans la maçonnerie, et dont la longueur varie de 0^m,65 à 0^m,80 (fig. 76) ; A représente la semelle en fer indiquée ci-dessus. Les poitrails consécutifs d'un même étage de façade sont souvent réunis par des plates-bandes boulonnées.

Nous verrons au chapitre des colonnes, comment on relie ces pièces aux poitrails qui sont posés dessus.

Les dimensions des poitrails varient avec les charges qu'on les destine à porter ; les poids provenant des maçonneries peuvent être regardés comme répartis uniformément, mais souvent un poitrail s'assemblant avec un autre, exerce sur celui-ci, à l'endroit de l'assemblage, l'action d'une charge non répartie.

Dans les bâtiments ordinaires, on peut admettre que l'effet total produit dans toute la hauteur d'une façade, en y comprenant le poids des planchers et des combles, représente, au niveau du 1er étage, une charge d'environ 10,000 kilogrammes par mètre courant. MM. Joly estiment cette charge à 25,000 kilogrammes, mais ce ne peut être que pour de vastes constructions sortant des limites habituelles ; car il est certain, qu'à Paris, les maisons de rapport sont loin de comporter des poitrails calculés avec le chiffre de 10,000 kilogr. indiqué ci-dessus. On peut, du reste, consulter à ce sujet le supplément donné par M. Barré au traité de *charpenterie* d'Émy, sous le titre d'*Éléments de charpenterie métallique*.

Exemple numérique. — Supposons un poitrail de 6^m,50 de portée libre, séparé en deux travées égales de 3^m,25 par une colonne placée au milieu, et devant supporter une charge de 10,000 kilogrammes uniformément répartie par mètre courant de longueur. La formule à appliquer nous donne le moment fléchissant maximum sur l'appui central ; remplaçant les lettres par leurs valeurs, on obtient

$$(19) \qquad \frac{RI}{n} = \frac{pl^2}{8} = \frac{10000 \times \overline{3{,}25}^2}{8}$$

ou, en effectuant,

$$\frac{RI}{n} = 13203^{km}{,}125.$$

Si l'on emploie 3 lames pour le poitrail, chacune d'elles aura pour sa part

$$\frac{13203}{3} = 4401 \text{ km} ;$$

et en admettant que l'échantillon adopté soit du fer à **I** de 260$^{m/m}$ de hauteur, dit à larges ailes, dont la valeur $\frac{I}{n}$ est 0,000568, on s'assurera qu'il ne travaille pas tout à fait à raison de 8 kil. par millimètre carré de section, car on trouve ici

$$R = \frac{4401}{568} = 7^k,75.$$

Dans ces calculs, on n'arrive généralement pas du premier coup à un résultat convenable pour R, mais il suffit d'un ou deux tâtonnements, au plus ; ces tâtonnements seront, du reste, abrégés en consultant les tableaux I et II, à la fin, ainsi que les observations qui les précèdent.

Si la charge répartie était accompagnée d'une autre charge qui ne le fût pas, les formules du chapitre Ier permettraient de résoudre le problème aussi facilement que ci-dessus.

Les divers poitrails d'un étage peuvent être situés au même niveau : dans ce cas, s'ils viennent à se rencontrer, on les assemble avec équerres et boulons ; mais, le plus souvent, ils sont à des niveaux différents, le dessous des uns affleurant le dessus des autres, de façon que s'ils se rencontrent, il n'y a pas lieu à assemblage ; celui du dessous sert d'appui à celui du dessus, en formant ce que l'on appelle un *soffite*.

Il en est de même des travées de plancher ; dans certaines parties, les solives viennent porter par leurs extrémités sur les poitrails ; dans d'autres, elles s'assemblent avec eux ; cela dépend de la destination des locaux et de la disposition du plan.

Au-dessus des baies dans les murs de refend, en moellons, on place des *linteaux-poitrails* pour supporter les planchers.

Les *linteaux en fer carré* ne s'emploient guère que dans les ouvertures de baies en pierre de taille, fermées par des claveaux dont on veut soulager la poussée ; ils peuvent être droits ou cintrés.

Planchers. — Les planchers se divisent en deux grandes catégories : **a**, les *planchers ordinaires*, et **b**, les *planchers avec poutres*.

a. — Les *planchers ordinaires* se composent de solives dont les bouts s'appuient sur les murs, qui sont presque toujours arasés pour permettre la pose de l'ensemble; la *portée* des solives varie de 20 à 25 centimètres, suivant leur échantillon.

Lorsque l'extrémité d'une solive E tombe dans une baie de croisée, sur un mur de façade, ou dans un coffre de cheminée, sur un mur de refend, on la diminue de longueur et on l'assemble avec des équerres sur une solive transversale D, reposant sur les deux solives voisines.

La solive D est un *chevêtre*, les solives B, B' sont des *enchevêtrures*; la solive E est dite *de remplissage* ou *boiteuse* (fig. 77).

Lorsqu'une cloison est établie dans le sens des solives, on la soutient, en général, par deux fers accouplés et bridés, qui prennent le nom commun de *filet*. Si la cloison est perpendiculaire aux solives, on se contente assez souvent de mettre, en dessous, des *entretoises* plus fortes que les entretoises courantes; on néglige même habituellement son poids dans les calculs, sous prétexte que l'adhérence des plâtres fait qu'elle *se porte toute seule*. En réalité, il serait nécessaire de tenir compte de ces séparations lorsque leur épaisseur atteint $0^m,08$; on peut supposer que le mètre carré de cloison de $0^m,08$ pèse 110 kilog. et celui de cloison de $0^m,14$, 200 kilog. environ.

On voit donc que, dans l'établissement d'un plancher ordinaire, il se présente plusieurs cas pour le calcul des solives, savoir (fig. 77) :

1° Solive courante A ;

2° Solive d'enchevêtrure B portant un chevêtre D ;

3° Solive d'enchevêtrure C portant 2 chevêtres symétriques D', D'' ;

4° Chevêtre D.

Nous les examinerons succinctement :

1° — La solive est chargée d'un poids pl uniformément réparti sur sa longueur l; on calcule sa résistance par la formule (16); c'est le cas le plus fréquent et le plus simple.

2° — La solive est chargée d'un poids pl réparti et d'un poids P, provenant du chevêtre D, à des distances l' et l'' des appuis; de sorte que nous avons à appliquer les formules (12') et (12'').

3° — La solive supporte 2 chevêtres symétriques D', D'', lui transmettant 2 poids P, outre le poids réparti pl qu'elle supporte, on a le moment fléchissant au milieu par la formule (17)

4° — Enfin, le chevêtre D supporte en son milieu la solive E qui lui transmet une charge P, outre son poids réparti pl, il faut employer l'équation (14).

S'il y avait, comme dans la travée gauche de la figure 79, un plus grand nombre de solives de remplissage, portées par le même chevêtre, on regarderait les actions transmises par les solives au chevêtre comme uniformément réparties sur sa longueur, parce qu'une fois le hourdis du plancher terminé, les points de contact sont assez multipliés pour rendre cette hypothèse admissible.

Exemples numériques. — Nous n'en donnerons que pour les 3 premiers cas, le troisième exemple étant, en réalité, une généralisation du cas correspondant.

1er Exemple. — Supposons, pour fixer les idées, que la charge totale du plancher soit évaluée à 300 kilog. par mètre carré de surface, et que les solives soient espacées de 0^m,60, les unes des autres (fig. 77).

Soit $l = 5^m$; nous avons, pour la charge par mètre courant de la solive que nous considérons,

$$p = 300^k \times 0^m,60 = 180^k.$$

De sorte que le moment fléchissant au milieu est

(16) $$\frac{Rl}{n} = \frac{pl^2}{8} = \frac{180 \times 25}{8} = 562^{km},5;$$

si nous prenons du fer à **I** de 16 centimètres, comme ce fer a pour valeur $\frac{1}{n} = 0{,}00007512$, il travaille ici à raison de

$$\frac{56250}{7512} = 7^k,49$$

par millimètre carré; taux très rassurant.

Dans la plupart des cas ordinaires, pour déterminer l'échantillon des solives courantes, les constructeurs se contentent de multiplier par 3 la portée l de celles-ci, et le produit exprime leur hauteur b, en *centimètres*. Ici nous aurions

$$b = 3\,l = 3 \times 5 = 15 \text{ cent.};$$

comme il n'y a pas de I de $0^m,15$ de hauteur, on prendra celui de $0^m,16$, ce qui concorde avec le résultat calculé plus haut.

Il faut remarquer que cette formule, empruntée à l'ancienne pratique des serruriers, ne tient compte ni de la charge, ni de l'espacement, c'est-à-dire de deux éléments qui peuvent faire varier, dans des limites fort étendues, la résistance à exiger des pièces.

On peut néanmoins s'en servir avantageusement dans un avant-projet, en ajoutant certaines conditions auxiliaires.

En effet, on a d'une façon générale pour une section en I double,

$$\frac{I}{n} = mb^3, \quad \text{d'où} \quad m = \frac{I}{nb^3};$$

l'on en tire, avec les hauteurs ordinairement employées dans les planchers (forges de la Providence) :

$b = 0^m,08 \quad 0,10 \quad 0,12 \quad 0,14 \quad 0,16 \quad 0,18 \quad 0,20 \quad 0,22$
$m = 0,0389 \quad 0,0285 \quad 0,022 \quad 0,0204 \quad 0,01834 \quad 0,0192 \quad 0,01775 \quad 0,0166.$

D'un autre côté, supposant la charge uniformément répartie,

$$mb^3 = \frac{pl^2}{8R};$$

à cause de $l = \frac{b}{0,03} = 33,3b$, il vient en réduisant,

$$mb = \frac{1108,89p}{8R} \quad \text{et} \quad p = \frac{mb}{0,00001386},$$

si l'on fait $R = 10{,}000{,}000$ kilog.

Cette relation permet de trouver, pour chacun des fers sus-indiqués, les limites de portée et de charge répartie que l'on peut appliquer avec sécurité, eu égard aux conditions imposées.

On trouve ainsi successivement en chiffres ronds :

$l = 2^m,66 \quad 3,33 \quad 4,00 \quad 4,66 \quad 5,33 \quad 6,00 \quad 6,66 \quad 7,33.$
$p = 225$ kil. $\quad 206 \quad 190 \quad 206 \quad 212 \quad 249 \quad 256 \quad 263.$

Si l'on voulait faire travailler le métal à un coefficient moindre, 8 kil. par exemple, on multiplierait les valeurs ci-dessus par 0,8.

Dans cette hypothèse, le fer de 12 cent. ne pourrait supporter que

$$p = 190 \times 0,8 = 152 \text{ kil.}$$

par mètre courant de longueur.

CHAPITRE IV

Comme vérification, cherchons à rapprocher les chiffres ci-dessus de ceux contenus dans le tableau n° I, à la fin.

Prenons le fer à **I** de 20 cent., qui, d'après ce qui précède, porterait 256 kil. par mètre courant, pour $l = 6^m,66$ (R = 10 kil. par millimètre carré de section).

Ce fer supporterait donc $256 \times 6,66 = 1705$ kil. en chiffres ronds, uniformément répartis sur sa longueur totale; et par conséquent encore,

$$1705 \times 6,66 = 11,355 \text{ kil.}$$

pour une portée libre de 1 mètre entre ses extrémités.

Il en supportera donc la moitié, le tiers, le quart, le cinquième, etc., sur des portées de 2, 3, 4, 5 mètres, etc.; cela nous donne, en fin de compte, les valeurs

$$5,678 \text{ kil.} \quad 3,785 \quad 2,839 \quad 2,271,$$

très rapprochées de celles du tableau en question,

$$5,680 \quad 3,786 \quad 2,840 \quad 2,272.$$

2° Exemple. — Nous avons toujours $l = 5^m$, $p = 180$ kilog. mais, de plus, nous posons $l' = 4,50$ et $l'' = 0,50$.

La charge provenant du chevêtre est

$$P = \frac{300 \times 0,60 \times 4,50}{4} = 202^k,5 ;$$

(La solive E supporte $300 \times 0,60 \times 4,50 = 810$ kil.; chacune de ses extrémités est donc chargée de la moitié de ce poids, ce qui fait pour une des portées du chevêtre le *quart* de la charge primitive).

Nous avons d'abord le moment

$$(12') \quad \frac{RI}{n} = \frac{l'l''}{l}\left(P + \frac{pl}{2}\right) = \frac{4,50 \times 0,50}{5}(202,5 + 450)$$

à l'endroit de l'assemblage de la solive et du chevêtre; ou en effectuant :

$$\frac{RI}{n} = 293^{km},625.$$

Tandis que, pour le point situé à la distance de l'appui

$$x = \frac{l}{2} + \frac{Pl''}{pl} = 2^m,6125,$$

on obtient, puisque $l'' > x$,

(12″) $\dfrac{RI}{n} = \dfrac{px^2}{2} = \dfrac{180 \times \overline{2,6125}^2}{2} = 614^{km},27$

en nombre ronds; de sorte que c'est à $1^m,8875$ du chevêtre que le moment fléchissant est le plus grand.

Le fer à **I** de 16 cent., employé pour des solives courantes, nous donnerait un travail

$$R = \frac{61427}{7512} = 8^k,18,$$

chiffre qui dépasse un peu celui de $7^k,49$ obtenu plus haut; cependant, comme on admet pour les planchers un taux maximum de 10^k par millimètre carré de section, il n'y a pas trop à dire encore.

Du reste, il est de règle dans la construction des bâtiments, lorsque les solives d'enchevêtrure portent plusieurs solives de remplissage assemblées sur le même chevêtre, de leur donner la hauteur immédiatement supérieure à celle des solives ordinaires. Ainsi, dans un plancher en fer à **I** de 16 cent., on donnerait aux enchevêtrures importantes, ainsi qu'à leurs chevêtres, $0^m,18$ de hauteur.

Cela est préférable à l'emploi des fers dits *maximum* de 16 cent. de hauteur, dans lesquels l'âme, au lieu d'avoir 8 ᵐ/ᵐ d'épaisseur, est portée à 12 ᵐ/ᵐ; la largeur des semelles étant devenue 53ᵐ/ᵐ au lieu de 48. En effet, ces fers ont pour valeur :

(33) $\dfrac{I}{n} = \dfrac{0,053 \times \overline{0,16}^3 - 0,041 \times \overline{0,144}^3}{6 \times 0,16} = 0,00009860;$

ils pèsent 25 kil. le mètre courant, tandis que le fer à **I** de 18 cent. ordinaire donne

$$\frac{I}{n} = 0,00011197,$$

valeur notablement supérieure à la précédente, et ne pèse que 20 kil. le mètre courant, soit 5 kil. en moins, différence qui ne laisse pas d'être importante dans les travaux où elle se répète un certain nombre de fois.

En général, l'emploi des fers maximum est défectueux, parce que le surcroît d'épaisseur est principalement reporté sur l'âme, qui est la partie qui en a le moins besoin.

Les boulons d'assemblage ne se calculent pas d'ordinaire ; dans les planchers et dans les combles, les constructeurs ont l'habitude de leur donner un diamètre égal au *dixième* environ de la hauteur des fers qu'ils réunissent ; cette proportion est généralement suffisante.

Ainsi, supposons qu'il s'agisse de la retombée de la solive E sur le chevêtre D (fig. 77) et admettons, pour nous placer dans le cas le plus défavorable, que cet assemblage soit représenté par la fig. 42, où les fers s'affleurent par en haut, au lieu de s'affleurer par en bas, pour former plafond.

Le poids P de 405 kil. égal à la demi-charge de la solive se reporte sur son boulon A et tend à disloquer le système, en le faisant tourner autour de l'arête B pour arracher les deux boulons C avec une traction T, composante horizontale de la résultante N, dont P est la composante verticale. Nous avons alors,

$$\frac{T}{x} = \frac{P}{y} \quad \text{d'où} \quad T = P\frac{x}{y}.$$

Si nous supposons que l'équerre d'assemblage soit en cornière de $\frac{80 \times 80}{10}$, x sera égal à 45 m/m, y à 80 m/m et, par suite :

$$T = 405 \times \frac{45}{80} = 227{,}8.$$

Les deux boulons C donnent, pour R = 6 kil. :

$$\frac{2\pi d^2}{4} \times 6 = 228 \quad \text{d'où} \quad \frac{\pi d^2}{4} = \frac{228}{12} = 19 \text{m/m},$$

ou

$$d = 5^{m}/^{m}.$$

Dans le cas où l'assemblage serait double, comme cela arrive assez souvent, il faudrait multiplier par 2 la section, ou prendre $d = 7^{m}/^{m}$.

Le boulon A offre deux sections, pour une résistance au cisaillement égale à environ 5 kil. par millimètre carré, donc

$$\frac{2\pi d'^2}{4} \times 5 = 405 \quad \text{d'où} \quad \frac{\pi d'^2}{4} = 40,5,$$

c'est-à-dire

$$d' = 7^{m}/^{m},2.$$

On voit qu'en tous cas, le diamètre des boulons ainsi calculé ne serait pas le 1/20ᵉ de la hauteur des fers.

3ᵉ Exemple. — On a proposé de généraliser l'emploi des chevêtres dans les planchers, comme l'indique la fig. 78, de manière à utiliser l'excès de force que possède toute solive appuyée vers ses portées. Ainsi, avec les cotes de la figure, on arrive à obtenir les hauteurs de fers indiquées, par la règle pratique que nous avons mentionnée plus haut, à la page 48. Mais il n'est pas vrai de dire que l'on reporte ainsi tout le poids du plancher sur les extrémités des enchevêtrures qui posent sur les murs.

En effet, supposons le poids du plancher égal à 350 kilogr. par mètre carré ; on a sur chacune des enchevêtrures en **I** de 20 c.,

$$\frac{4,80}{2} \times 6,50 \times 350^k = 5460^k \ldots \ldots \ldots 5460^k$$

à déduire pour charge portée par les murs 1123ᵏ environ
— — répartie sur la solive,
$0,60 \times 6,50 \times 350^k = 1365^k \ldots \ldots 1365^k$

Total à déduire. . . 2488ᵏ . . . . 2488ᵏ ;

c.-à-d. que le poids réel agissant aux assemblages A, B, est 2972ᵏ, soit la moitié pour chacun de ces points ou 1486ᵏ. L'enchevêtrure se trouve alors dans les conditions d'une pièce appuyée à ses deux extrémités, supportant une charge répartie de 1365 kilog., plus deux charges non réparties, égales et symétriquement placées de 1486ᵏ ; si nous appliquons la formule (17) avec les données de la question, nous avons, pour le *moment fléchissant au milieu, où il est maximum,*

$$(17) \quad \frac{RI}{n} = \frac{pl^2}{8} + Pl' = \frac{1365 \times 6,50}{8} + 1486 \times 0,60 = 1109,03 + 891,6 = 2000^{km},66.$$

Or, le fer à **I** de 20 c. a pour valeur $\frac{I}{n} = 0,00014204$; dans le cas présent, il travaille donc à raison de

$$\frac{200066}{14204} = 14^k,08,$$

chiffre qui nous paraît beaucoup trop fort, bien que le coefficient de 350 kilogr. par mètre carré de plancher, n'ait rien que de modéré pour une travée de 6^m,50 de longueur.

On voit qu'il ne faut pas abuser des charges non réparties aux extrémités des solives, sous prétexte d'utiliser leur excédent de résistance en ces points, attendu qu'en réalité cela n'empêche pas le milieu d'être surchargé. De plus, l'effort tranchant que nous avons négligé, comme on le fait habituellement, acquiert aux extrémités des pièces des valeurs appréciables, tandis que la résistance du fer s'y trouve notablement diminuée par le percement des trous que nécessitent les assemblages.

b. — *Les planchers avec poutres* (fig. 79) diffèrent des précédents en ce que les solives, au lieu de poser sur les murs de façade, portent généralement sur les murs de refend et sur des poutres A, A', parallèles à ces murs, c'est-à-dire perpendiculaires aux façades. Cette disposition permet d'obtenir de vastes salles, libres de toute séparation, et convient parfaitement aux constructions destinées à contenir un grand nombre de personnes assemblées.

Les cas déjà examinés pour les solives des planchers ordinaires se reproduiraient encore ici, nous n'avons pas besoin d'y insister ; une application fera mieux saisir la manière de procéder au calcul de l'ensemble.

Exemple numérique. — Comme cas simple de ce genre, supposons qu'il s'agisse de couvrir un espace rectangulaire de 15 mèt. sur 12 (fig. 79) ; l'idée qui s'offre tout d'abord est de diviser en trois la surface, au moyen de deux poutres transversales A et A' qui auront 12 mètres de portée, tandis que les solives auront 5 mètres de longueur.

Examinons cette première hypothèse, en admettant que le poids total par mètre carré soit de 500 kilogrammes, toutes surcharges comprises.

Chacune des poutres en question supporte une travée de plancher représentant

$$5 \times 12 \times 500 = 30000 \text{ kilogr.}$$

Le moment fléchissant maximum au milieu, puisque nous ne supposons pas d'appui intermédiaire, est

(16) $\qquad \dfrac{\text{R}\,\text{I}}{n} = \dfrac{pl^2}{8} = \dfrac{30000 \times 12}{8} = 45000^{\text{km}}.$

Consultant le tableau n° II, ou la table graphique (note VIII), on voit qu'il faut (pourvu qu'on ne soit pas gêné pour la hauteur) une poutre de $0^\text{m},55$ à 60; prenons donc une section composée de : 1 âme en 550×11, 2 semelles en 300×15, et 4 cornières de $\dfrac{100 \times 100}{12}$; elle nous donne

$$\dfrac{\text{I}}{n} = \dfrac{0,\overline{58}^3 \times 0,30 - 0,\overline{55}^3 \times 0,089 - 0,\overline{526}^3 \times 0,176 - 0,\overline{35}^3 \times 0,024}{6 \times 0,58}$$

ou, tous calculs faits,

$$\dfrac{\text{I}}{n} = 0{,}004909.$$

Nous en tirons, pour le taux réel du travail,

$$\text{R} = \dfrac{45000}{4909} = 9^\text{k},16.$$

La poutre pèse $185^\text{k},21$ le mètre courant, soit en totalité, $2222^\text{k},5$; les solives d'une travée extrême, qui sont les plus longues, ont à supporter le poids de cette travée, moins la moitié de celui de la poutre précitée, c'est-à-dire

$$30000 - 1110 = 28890 \text{ kil.}$$

En les supposant écartées de $0^\text{m},706$, à peu près, d'axe en axe, elles seront au nombre de 16; ce qui fait pour chacune d'elles un poids réparti d'environ

$$\dfrac{28890}{16} = 1806 \text{ kil.}$$

Alors, leur moment fléchissant maximum est

$$(16) \qquad \frac{RI}{n} = \frac{1806 \times 5}{8} = 1128^{km},75;$$

en prenant du fer à **I** de 20 cent., il travaillera à raison de

$$\frac{112875}{14204} = {}_{(}7^{k},94$$

par unité de surface.

De sorte que l'ossature du plancher pèsera, en chiffres ronds, non compris les entretoises, fentons, équerres et pièces d'assemblage:

Poids des 2 poutres A et A'.	4445 kil.
Poids des 48 solives de 5^m à 22 kil. le mètre. .	5280
Total.	9725 kil.

En second lieu, supposons que, tout en conservant la poutre A, on remplace sa parallèle A' par les poutres boiteuses B, B', espacées à 4 mètres l'une de l'autre.

Dans ces conditions, le poids qui agit sur l'une d'elles, B, par exemple, est égal à

$$10 \times 4 \times 500 = 20000 \text{ kil.}$$

Le moment maximum, au milieu, est

$$(16) \qquad \frac{RI}{n} = \frac{20000 \times 10}{8} = 25000^{km};]$$

pour une poutre composée d'une âme de 450×8, deux semelles de 220×14, quatre cornières de $\dfrac{80 \times 80}{10}$, on aura

$$\frac{I}{n} = 0{,}002674$$

et le taux du travail sera, par millimètre carré,

$$R = \frac{25000}{2674} = 9^k,35.$$

La poutre actuelle pesant environ 122 kil. le mètre courant, son poids total sera 1220 kil. Les solives d'une travée extrême de 4 mètres auront à supporter

$$\frac{20000 - \frac{1220}{2}}{12} = \frac{19390^k}{12} = 1616 \text{ kil.} ;$$

en les supposant écartées à $0^m,77$ à peu près, cela nous conduit à un fer de 18 cent., pesant 20 kil. le mètre courant.

Par suite, la partie A supporte, *à droite*, une demi-travée de plancher de 15,000 kil., uniformément répartis sur sa longueur ; plus, *à gauche*, deux poids distincts de 10,000 kil. chacun, provenant des poutres B et B', et appliqués à 4 mètres de ses points d'appui.

Alors le moment fléchissant maximum est

(17) $\quad \dfrac{Rl}{n} = \dfrac{15000 \times 12}{8} + 10000 \times 4 = 62500^{km}.$

Si nous choisissons la poutre du tableau n° II, qui a $0^m,644$ de hauteur pour $\dfrac{1}{n} = 0,006827$, elle travaille à

$$R = \frac{62500}{6827} = 9^k,15.$$

Comme elle pèse $236^k,22$ par mètre courant, ou 2835 kil. en totalité, le poids du plancher dans cette seconde hypothèse se décompose ainsi :

Poutre A....................	2835 kil.	
Poutres B et B'................	2440	
Poids des poutres....	5275 kil.	
16 solives de la travée A........	1760 kil.	
36 solives des travées B et B'.....	2880	
Poids des solives...	4640 kil. —	4640 kil.
Poids total du plancher......		9915 kil.

On voit que, pour le même poids, ou à peu près, la première solution est plus avantageuse, puisqu'elle emploie 830 kil. de poutres de moins ; et les poutres sont toujours beaucoup plus chères que les solives.

CHAPITRE IV

Si l'on était forcé, par des considérations particulières, de diminuer l'épaisseur du plancher (ce qui obligerait à constituer des poutres plus basses et, par conséquent, plus lourdes), la seconde solution serait encore plus défectueuse, car elle conduirait probablement à employer, pour le chevêtre A, deux poutres jumelées, ce qui n'est jamais économique.

Le plancher circulaire de la salle du nouvel Opéra n'a rien de commun avec ceux dont nous venons de faire mention. Il est composé de 16 poutres rayonnantes venant s'assembler sur un noyau central au moyen d'équerres et de semelles de renfort; ces poutres sont rampantes, ainsi que l'indiquent les croquis (fig. 80 et 81) et leur poussée est contre-balancée par la tension d'une chaîne polygonale qui entoure leurs retombées. Les solives sont en fer à **I** larges ailes de 26 centimètres; les fermes ont $0^m,653$ de hauteur à la base, et $0^m,360$ seulement au sommet. Cet agencement, qui n'est autre chose qu'un comble polygonal très aplati, peut être élégant, mais il est certainement plus coûteux que les poutres droites dont l'emploi eût été possible, malgré la faible épaisseur à la clef dont on disposait. (Voir la note VII, sur les charges non uniformément réparties.)

Détails pratiques. — Après tout ce qui précède, nous avons peu de choses à ajouter sur la construction des planchers.

Nous avons déjà parlé des assemblages, soit des solives entre elles, soit avec les poutres ; nous dirons donc un mot, seulement, des hourdis et des chaînages.

Si le plancher est hourdé en plâtre, on dispose habituellement sur les solives, tous les $0^m,75$ ou 1 mètre environ, des *entretoises* coudées en fer carré aa, de 14 à $20^{m}/m$ de côté, contournant le profil des fers à **I**, et l'on remplit l'intervalle entre ceux-ci, dit *entrevous*, par deux cours de *carillons* ou *fentons* longitudinaux b, b', de 7 à $11\ ^{m}/m$, reposant sur les entretoises (fig. 82). Lorsque ces pièces portent d'un côté sur une solive et de l'autre sur un mur, elles n'offrent qu'un crochet, et l'on donne $0^m,10$ de longueur au scellement.

MM. Joly ont proposé de remplacer ce système par des cornières a,a', assemblées sur les solives au moyen de goussets (fig. 83), avec des fentons b également en cornières. On emploie encore, par économie, des bouts de fer carré simplement coupé de longueur, posant sur les ailes inférieures des fers à plancher.

Si le hourdis est en briques, on entretoise quelquefois les solives, soit par un simple boulon (fig. 84), soit au moyen d'un fer plat coudé à ses deux extrémités, surtout lorsque la petite voûte qui remplit l'entretoise est plate. Après avoir employé successivement, pour ces planchers, le fer à **I** triple et le fer en $\wedge$, dit Zorès (fig. 85), on est revenu au fer à **I** ordinaire.

Les planchers hourdés en briques pleines sont un peu plus lourds que ceux hourdés en plâtre, mais ils sont plus durables ; ils pèsent à peu près 145 à 240 kil. le mètre superficiel, suivant que les briques sont posées sur plat ou sur champ (la densité moyenne de celles-ci étant 1800 kil. le mètre cube).

Les hourdis en plâtre et plâtras, à 1400 kil. le mètre cube, peuvent peser de 155 à 200 kil. par mètre carré ; ceux en poteries ou briques creuses 130 à 165 kil., pour 1100 kil. le mètre cube.

En employant des carreaux creux en plâtre, où les vides représentent environ 40 pour 100 du volume total, le poids du mètre carré irait de 110 à 135 kil., pour une épaisseur de hourdis variant de $0^m,08$ à $0^m,11$; y compris, dans tous les cas, une charge de $0^m,03$ pour le plafond.

L'épaisseur totale d'un plancher, avec enduit, lambourde et parquet, est comprise entre $0^m,25$ et $0^m,30$.

Le chaînage des solives s'opère d'une façon analogue à celui des poitrails ; on emploie seulement un tirant ordinaire à œil, broché par une ancre (fig. 86). Il faut avoir soin de bien choisir les solives qu'il faut ancrer ; c'est la disposition du plan qui les indique, en général ; mais, cependant, d'habitude, on le fait pour les solives qui portent dans les trumeaux, celles qui forment filets sous cloisons, ainsi que pour les enchevêtrures ; les tirants et chaînes sont en fer plat de 45×7 à 60×11.

L'ancrage des chaînes courantes sur les murs ou transversales dans les planchers s'exécute à peu près de même : la chaîne porte l'œil sur plat, lorsque le mur est en pierre de taille, et l'ancre, qui est alors *ronde*, entre verticalement dans un trou battu à mi-épaisseur du mur ; tandis que, lorsque le mur est en moellons, l'œil de la chaîne est chantourné, et l'ancre *carrée* porté obliquement sur le nu extérieur du mur. Les ancres sont en fer carré de 22 à 34 millimètres, ou en fer rond de 25 à 40.

L'écartement des solives peut varier de $0^m,60$ à 1^m ; on le prend en général de $0^m,65$ à $0^m,75$; cela dépend évidemment de la portée et des charges à supporter.

Pour donner une base d'évaluation de ces charges, nous reproduisons ci-après un tableau donné par M. Morin dans les *Annales du Conservatoire des Arts et Métiers*.

DÉSIGNATION DES LOCAUX	POIDS PAR M. Q. du hourdis	POIDS PAR M. Q. de la charge additionnelle supposée permanente	CHARGE TOTALE par M. Q. de plancher	NOMBRE de personnes correspondant à la charge additionnelle	ÉCARTEMENT des solives	CHARGE par mètre courant de solives	OBSERVATIONS
	kil.	kil.	kil.		mèt.	kil.	
MAISONS D'HABITATION							
Chambres d'habitation et cabinets	150	100	250	1,3	0,70 / 0,60	175 / 215	
Pièces de réception. Salons ordinaires	150	200	350	3,0	0,60 / 0,50	210 / 175	
Grands salons	150	300	450	4,0	0,60 / 0,50 / 0,40	270 / 225 / 180	
ÉDIFICES PUBLICS							
Bureaux, salles ordinaires	150	200	350	3,0	0,70 / 0,60	245 / 210	Hourdis et plafond épais.
Salles de réunion, d'assemblée	180	320	500	4,6	0,70 / 0,60 / 0,55	350 / 300 / 275	
Salons pour grandes réunions	180	420	600	6,0	0,70 / 0,60 / 0,50	420 / 360 / 300	Hourdis et plafond. plus épais.
Magasins de marchandises encombrantes et de peu de poids	50	450	500	»	0,60 / 0,50 / 0,40 / 0,35	300 / 250 / 210 / 175	Sans hourdis mais avec plafond.
Magasins de marchandises lourdes, entrepôts, docks, etc.	100	900	1000	»	0,70 / 0,65 / 0,55	700 / 650 / 550	Sans hourdis, avec plancher double.

Dans les planchers avec poutres et colonnes intermédiaires, quand la même disposition se répète à plusieurs étages superposés, il faut avoir soin, pour que les fermes ne s'écrasent pas sous la pression qui leur est transmise par les supports des travées supérieures, de les armer de pièces additionnelles entretoisant les semelles ; ces pièces (qui ne font pas double emploi avec les renforts habituels employés sur les appuis) sont en fonte ou en fer, généralement sous forme de simple T.

On emploie encore, dans les bâtiments, un certain nombre de ferrures pour assembler les bois, soit entre eux, soit avec les fers. Ce sont, par exemple, des *plates-bandes droites* ou *coudées* (fig. 87) et à *boulons* (fig. 88), pour relier des pièces horizontales avec des pièces verticales ; des *étriers* (fig. 89) ; des *brides à boulons* (fig. 90) pour supporter des pièces horizontales ; des *tirants* (fig. 91) pour chaîner des poutres, des *harpons*, des *chevêtres* en fer carré, des *bandes de trémie*, etc.

Ces pièces sont, presque toujours, noyées dans le plâtre, quelquefois elles sont entaillées dans la charpente ; lorsqu'elles doivent rester apparentes, on *chanfreine* leurs arêtes. Elles portent généralement à leurs extrémités de petits talons qui se logent dans le bois ; on les fixe au moyen de clous, de vis ou de tire-fond.

Quant aux *pans de fer* qui tendent à se substituer aux *pans de bois,* il vaut mieux attendre pour en parler que les systèmes proposés soient réellement devenus pratiques.

CHAPITRE V

CHARPENTES DROITES ET COURBES, MARQUISES, SERRES, ETC.

Charpentes droites. — Nous allons étudier ici les principales dispositions de fermes de charpentes; nous parlerons plus loin des *appentis*, qui en sont le cas élémentaire, à propos des *marquises* et *vérandahs*.

Les combles se composent, en général, de *fermes de long-pan* et de *fermes de croupe* ; dans tout ce qui va suivre, nous considérerons seulement les fermes de long-pan, affectant d'habitude la forme d'un triangle isocèle.

Toute ferme est constituée essentiellement par deux *arbalétriers*, ou *demi-fermes*, dont la *poussée* est équilibrée, la plupart du temps, par la tension d'un *tirant* ou *entrait*. Les arbalétriers peuvent être armés de tirants auxiliaires, destinés à augmenter leur résistance. Les fermes consécutives sont reliées par des *pannes* horizontales dont la supérieure est dit *faîtière*.

Il est évident qu'on pourrait supprimer le tirant et le remplacer par une chaîne parallèle au faîtage et maintenant invariablement le pied des fermes (surtout quand il y a des croupes), ou bien encore faire équilibre à la poussée de la charpente, par le poids des murs; en tout cas, il faut déterminer cette poussée.

Nous allons commencer par le type le plus simple.

1° **Ferme à deux arbalétriers, avec un tirant** (fig. 92). — Soient AB, BC les deux arbalétriers, reliés par un tirant CA, soutenu, ou non, en son milieu par un *poinçon* BD; les pièces AB et BC doivent être regardées comme articulées sans frottement à leur sommet B, les assemblages ne permettant pas de compter sur la rigidité absolue du système.

a. — Supposons d'abord le tirant ne portant pas plancher.

On peut considérer chacun des arbalétriers comme uniformément chargé d'un poids pl sur sa longueur AB $= l$; ce poids, provenant de la charpente et des surcharges accidentelles, détermine sur l'appui A une pression égale à pl; ce point fixe, de son côté, produit sur la ferme une réaction verticale égale et contraire.

Le poids que supporte l'arbalétrier a sa résultante au milieu G de la longueur de celui-ci; nous appelons $2b$ la *portée* AC du comble, et h sa *hauteur* BD, ou la distance du faîtage à l'entrait.

Les deux arbalétriers exercent l'un contre l'autre une *poussée* qui doit être horizontale à cause de la symétrie de l'ensemble et égale à la traction T qu'éprouve l'entrait AC.

Le sommet B de la demi-ferme peut être considéré comme soumis à l'action de deux forces: la poussée T du système et la moitié $\frac{pl}{2}$ du poids total dont est chargé l'arbalétrier AB; pour qu'il y ait équilibre, ces deux forces doivent être égales, et, comme en projetant T sur la verticale qui passe par B, cette tension devient T tgα, il faut que l'on ait

$$T \, \mathrm{tg}\alpha = \frac{pl}{2}.$$

D'où l'on tire la valeur

(37) $$T = \frac{pl}{2 \, \mathrm{tg}\alpha} = \frac{plb}{2h},$$

en nommant α l'angle de l'arbalétrier avec l'horizon; car $\cos\alpha = \frac{b}{l}$ et $\sin\alpha = \frac{h}{l}$, donc $\frac{b}{h} = \frac{1}{\mathrm{tg}\alpha}$. Si les charges étaient supposées uniformément réparties suivant l'horizontale AC, à raison de p

kilog. par mètre courant, on aurait $p'b = pl$ ou $p = p'\cos\alpha$, et la formule (37) deviendrait

$$(37') \qquad T = \frac{p'b^2}{2h}.$$

La section convenable Ω du tirant sera donnée par

$$(1) \qquad T = \Omega R, \text{ d'où } \Omega = \frac{T}{R}.$$

L'arbalétrier doit résister à la composante $pl\cos\alpha = pb$ du poids pl, normale à sa direction, qui tend à le fléchir; l'autre composante $pl\sin\alpha = ph$, ayant pour effet de contribuer à la compression de la pièce dans le sens de sa longueur l.

On aura alors, pour le moment fléchissant maximum au milieu de cet arbalétrier, que nous regardons comme simplement appuyé à ses extrémités A et B,

$$(38) \qquad \frac{RI}{n} = \frac{pbl}{8} = \frac{pl^2}{8}\cos\alpha = \frac{p'b^2}{8}$$

qui n'est qu'une variété de la formule (16).

Il est facile de trouver la valeur de la compression qui agit sur l'arbalétrier; il n'y a qu'à projeter, suivant la direction de celui-ci, les forces auxquelles il est soumis, c'est-à-dire, la poussée T et le poids pl. Ainsi, au milieu G, point le plus fatigué de la pièce, on obtient

$$(39) \qquad N = T\cos\alpha + \frac{pl}{2}\sin\alpha = \frac{pl^2}{2h}.$$

Du point G, au point A, extrémité inférieure de la ferme, la compression s'augmente évidemment de $\frac{pl}{2}\sin\alpha$, et, comme vérification, on doit avoir

$$N_A = N + \frac{pl}{2}\sin\alpha = T\cos\alpha + pl\sin\alpha.$$

On peut établir autrement la formule (39), en regardant la compression N comme résultant de l'action du poids pl, suspendu à la jonction B des deux arbalétriers. Alors le parallélogramme des forces, ou le triangle BIK, donne

$$N = \frac{pl}{2\sin\alpha} = \frac{pl^2}{2h}.$$

La poussée T est la projection horizontale de N, c'est-à-dire que

$$T = N\cos\alpha = \frac{pl}{2\,\text{tg}\alpha}.$$

De l'équation (1) indiquée plus haut, on tire $\Omega = \frac{N}{R}$, et $R = \frac{N}{\Omega}$, R étant ici le coefficient de résistance à la compression ; de plus, l'équation (2) nous fournit également $R = \frac{\mu n}{I}$ pour travail à la flexion par unité de surface ; en sorte que le travail total de la fibre la plus fatiguée de l'arbalétrier sera représenté par

(3) $$R' = \frac{\mu n}{I} + \frac{N}{\Omega}.$$

Dans les petites fermes, on néglige généralement la compression N ; mais dans les combles importants, cela n'est plus permis.

Exemple numérique. — Pour éclaircir les idées, posons $b = 5^m$, $h = 1^m,80$, $l = 5^m,32$ environ (car $l = \sqrt{b^2 + h^2}$) et $pl = 1,400$ k.; nous avons d'abord

(37) $$T = \frac{1400 \times 5}{2 \times 1,80} = 1944 \text{ kil.}$$

En admettant, pour commencer, que le tirant ne soit pas chargé de plancher, il a donc seulement à supporter la traction T ; si nous le supposons en fer rond de 18 millimètres de diamètre, qui offre à la résistance une section de 254 millimètres carrés, le fer travaille à raison de

$$R = \frac{1944}{254} = 7^k,65,$$

chiffre convenable.

Le *poinçon* ou *aiguille pendante* n'a pas besoin d'être calculé, puisqu'il n'a qu'à soutenir les $\frac{5}{8}$ du poids du tirant qui est, par le fait, une pièce posée sur 3 appuis, et dont nous négligerons, vu son faible poids, de rechercher la flexion.

L'arbalétrier est soumis à l'action de la composante normale pb du poids pl; le moment maximum au milieu est

$$(38) \qquad \frac{RI}{n} = \frac{pbl}{8} = \frac{1400 \times 5}{8}$$

ou, tous calculs faits,

$$\frac{RI}{n} = \frac{7000}{8} = 875^{km}.$$

Cet arbalétrier étant supposé en fer à **I** de 18 c. ordinaire qui a pour valeur $\frac{I}{n} = 0,0001119$, travaillerait alors à

$$\frac{8750}{1119} = 7^k,82$$

par millimètre carré de section, environ.

Voyons quelle peut être la valeur de N; nous avons

$$(39) \qquad N = \frac{1400 \times 5,32}{3,60} = 2069 \text{ kil.}$$

De sorte que la résistance à la compression du fer à **I**, qui offre une section d'environ $162 \times 8 + 2 \times 55 \times 9 = 2286^{m/m}$ carrés, serait par unité de surface

$$\frac{2069}{2286} = 0^k,90,$$

et la résistance totale, exigée de l'arbalétrier, serait égale à

$$(3) \qquad R' = 7^k,82 + 0^k,90 = 8^k,72.$$

Cette augmentation de travail due à la force N n'est pas très considérable; cependant le coefficient de $8^k,72$ par millimètre carré de section devient assez élevé, et il pourrait être prudent de le diminuer un peu, ce qu'il sera indispensable de faire, lorsqu'on négligera la force N, comme c'est l'habitude.

On pourrait obtenir, graphiquement, d'une façon très simple, la valeur de la tension T et de la force longitudinale N. En effet, (fig. 92), si à partir du point B, par exemple, on prend une longueur BK, représentant à une certaine échelle $\frac{pl}{2}$ qui est la réaction nette de l'appui, et que l'on mène la parallèle KI à AC, la longueur KI représentera T à l'échelle convenue, de même qu'à la susdite échelle N sera représenté par BI. Car les triangles semblables BAD, BIK donnent

$$\frac{KI}{AD} = \frac{BK}{BD},$$

d'où

$$KI = \frac{BK}{BD} \times AD = \frac{plb}{2h};$$

et

$$\frac{BI}{AB} = \frac{BK}{BD},$$

d'où

$$BI = \frac{BK}{BD} \times AB = \frac{pl^2}{2h}.$$

En général, cette construction se fait plus commodément à partir du point A, au-dessus de la ligne AC, comme on le verra plus loin.

b. — Supposons, en second lieu, l'entrait chargé d'un plancher et admettons que cet entrait AC soit soutenu en son milieu par un poinçon BD; c'est, ainsi que nous l'avons déjà dit, une pièce à 2 travées égales, dont les appuis extrêmes, qui sont ici les arbalétriers, supportent ensemble les $^3/_8$ de la charge totale, tandis que l'appui-milieu (le poinçon) en supporte les $^5/_8$. Si p' est le poids de plancher par mètre courant de tirant, y compris le poids propre de celui-ci, on aura pour la tension supportée par le poinçon

(40) $$2S = \frac{5}{8} p' \times 2b = \frac{5}{4} p'b;$$

c'est-à-dire que la charge que ce poinçon reporte sur l'extrémité supérieure de chaque arbalétrier est la moitié de ce poids, ou $\frac{5}{8} p'b$.

On néglige généralement le poids du poinçon, sinon, on l'ajoute à cette valeur.

Le sommet B est alors soumis à l'action de 3 forces T, $\frac{pl}{2}$ et S, et l'on doit avoir pour l'équilibre

$$T \, tg\alpha = \frac{pl}{2} + S;$$

d'où l'on tire

(11) $$T = \left(\frac{\frac{pl}{2} + S}{tg\alpha}\right) = \left(pl + \frac{5}{4} p'b\right) \frac{b}{2h},$$

comme si la tension 2 S venait s'ajouter au poids pl de la demi-ferme.

De même, la relation donnant la force longitudinale N, au milieu de l'arbalétrier, devient

(42) $$N = \left(pl + \frac{5}{4} p'b\right) \frac{l}{2h}.$$

L'arbalétrier résiste toujours à la force N et à la flexion produite par la composante pb, de façon que sa résistance totale est encore exprimée par la relation

(3) $$R' = R + \frac{N}{\Omega}.$$

L'entrait travaille maintenant dans les mêmes conditions que l'arbalétrier, c'est-à-dire à la flexion et à la traction : à la flexion, c'est une pièce chargée uniformément et posée sur 3 appuis équidistants, dont le moment fléchissant, maximum au milieu, a pour valeur

(19) $$\frac{RI}{n} = \frac{p'b^2}{8};$$

il doit, comme entrait, résister à la tension T. Par suite, sa résistance totale R' doit être, en appelant Ω' sa section,

$$(3) \qquad R' = R + \frac{T}{\Omega'}.$$

Exemple numérique. — Reprenons l'exemple précédent, sans rien changer aux données; supposons seulement, de plus, que le poids p' soit de 300 kil. par mètre courant de tirant.

Alors on a

$$(40) \qquad 2S = \frac{5}{4} \, 300 \times 5 = 1875 \text{ kil.};$$

il faut donc donner au poinçon une section circulaire de $18^{m/m}$ de diamètre, pour qu'il travaille à raison de

$$\frac{1875}{254} = 7^k,37 \text{ environ}.$$

On pourrait également le construire en fer plat, offrant la même aire transversale.

Nous avons, pour la poussée,

$$(41) \qquad T = (700 + 938)\frac{5}{1,80} = 4549 \text{ kil.};$$

et pour la force N, au milieu,

$$(42) \qquad N = (700 + 938)\frac{5,32}{1,80} = 4841 \text{ kil.}$$

Nous avons trouvé pour le moment fléchissant de l'arbalétrier

$$(38) \qquad \frac{RI}{n} = \frac{plb}{8} = 875^{km}.$$

Donc, en prenant du fer à **I** de 20 cent., ce fer qui a pour valeur $\frac{I}{n} = 0,000142$ travaillera à la flexion à raison de

$$\frac{875}{142} = 6^k,17;$$

et à la compression à raison de

$$\frac{4841}{2572} = 1^k,88.$$

Car sa section est d'environ $200 \times 62 - 182 \times 54 = 2572^{m/m}$ car.; de sorte que sa résistance totale sera

(3) $\qquad R' = 6^k,17 + 1^k,88 = 8^k,05$

chiffre parfaitement convenable.

Nous avons pour le moment fléchissant de l'entrait

(19) $\qquad \dfrac{RI}{n} = \dfrac{300 \times 5^2}{8} = 937^{km},5 ;$

si nous employons le même fer que pour l'arbalétrier, il travaillera à la flexion à raison de

$$\frac{938}{142} = 6^k,65,$$

et à la traction sous la force T à

$$\frac{4549}{2572} = 1^k,77.$$

En définitive, sa résistance totale, par unité de section, sera

(3) $\qquad R' = 6,65 + 1,77 = 8^k,42$

taux très admissible pour une pièce qui fait partie d'un plancher.

2° **Ferme à entrait retroussé** (fig. 93). — Actuellement, le tirant est relevé à une certaine hauteur au-dessus de l'horizontale du pied des arbalétriers; on a alors, pour valeur de la tension que subit cet entrait, dont la distance au faîtage est représentée par h',

(43) $\qquad T = \dfrac{plb}{2h'}.$

Assez souvent l'entrait retroussé est assemblé avec l'arbalétrier AB au milieu B de celui-ci; de telle sorte qu'alors la tension T est le double de ce qu'elle serait si le tirant était en AC.

La pièce AB, toujours appuyée sur ses deux extrémités, est sollicitée par le poids $pl\cos\alpha = pb$, uniformément réparti sur sa longueur, plus par un poids distinct DF, provenant de l'action du tirant, et qui, dans notre cas particulier, est égal à $T\sin\alpha = pb$. Le moment fléchissant maximum au milieu sera donné par la variante de la formule (14)

$$(44) \qquad \frac{\mathrm{RI}}{n} = \frac{plb}{8} + \frac{pbl}{4} = \frac{3plb}{8}.$$

Quant à la compression longitudinale, qui est en B égale à $T\cos\alpha$, elle devient au point D qui nous occupe

$$(39) \qquad N = T\cos\alpha + \frac{pl}{2}\sin\alpha.$$

Au point A, on n'a plus que

$$N_A = pl\sin\alpha.$$

Cette sorte de ferme se construit rarement en fer; il n'en est pas de même pour la suivante.

3° **Ferme à la Mansard** (fig. 94). — Le comble à la Mansard peut être regardé comme composé de deux parties distinctes : le triangle supérieur ABC ou *faux comble* et les *jambes de force* inclinées AA', CC' qui le supportent; les points A et C sont les *arêtes du brisis*.

Le profil d'un toit de ce genre s'obtient de diverses manières; habituellement on le trace au moyen d'un demi-cercle, décrit sur l'extérieur du bâtiment comme diamètre, que l'on divise, soit en cinq parties égales, soit en quatre, seulement, comme l'indique en BCC' la partie à droite de la figure.

Au point de vue du calcul, nous considérerons la moitié gauche BAA', pour nous placer dans des conditions tout à fait générales; soient donc :

$A'A = l'$, $AB = l$, $BD = h$, $DE = h'$, $AD = FE = b$, $A'F = b'$.

Le poids réparti par mètre courant d'arbalétrier AB est p, et par mètre courant de jambe de force AA', p'; le *faux entrait* AD est chargé d'un poids p'' ; il est soutenu en son milieu par un poinçon BD ; l'entrait A'E est généralement chargé d'un plancher pesant p''' kilogrammes.

Dans ce cas, nous pouvons nous servir d'une partie des relations établies pour la ferme avec entrait portant plancher ; ainsi la tension du poinçon est

$$(40) \qquad 2S = \frac{5}{8} p'' \times 2b = \frac{5}{4} p''b.$$

La poussée de la ferme nous est également donnée par

$$(41) \qquad T = \left(pl + \frac{5}{4} p''b\right) \frac{b}{2h}.$$

L'entrait inférieur A'E doit résister à l'action provenant des deux jambes de force AA', CC', qui a pour valeur

$$(37) \qquad t = \frac{p'l'b'}{2h'};$$

de plus, il reçoit de la partie supérieure de la construction un poids $pl + p''b$ dont la composante horizontale est

$$t' = \left(pl + p''b\right) \frac{b'}{h'} = \frac{(pl + p''b)}{\operatorname{tg}\beta},$$

β étant l'angle de la jambe de force avec l'horizon. La somme de ces deux quantités est

$$(45) \qquad T = \frac{p'l'b'}{2h'} + (pl + p''b)\frac{b'}{h'} = \frac{b'}{h'}\left(pl + p''b + \frac{p'l'}{2}\right);$$

le faux entrait est soumis à la différence des deux forces T et T' (différence qui sera *tension* ou *pression*, suivant que T ou T' sera prédominant), en tout cas

$$(46) \qquad T'' = T - T'.$$

Nous regardons l'arbalétrier AB comme simplement appuyé à ses extrémités, son moment fléchissant maximum est donc :

$$(38) \qquad \frac{RI}{n} = \frac{pbl}{8} = \frac{pl^2 \cos\alpha}{8_j};$$

la compression qui agit sur lui au milieu est

$$(42) \qquad N = \left(pl + \frac{5}{4} p''b\right) \frac{l}{2h}.$$

Le moment fléchissant qui sollicite le faux entrait AD est maximum en son point d'attache avec le poinçon, et a pour valeur

$$(19) \qquad \frac{RI}{n} = \frac{p''b^2}{8}.$$

Le montant ou jambe de force AA' est comprimé en son milieu par la moitié de son poids propre, augmentée de la somme des poids de AB et de AD, le tout projeté sur sa direction, c'est-à-dire par la résultante de T' et de $P' = pl + p''b + \frac{p'l'}{2}$, ou

$$(47) \qquad N' = \left(\frac{pl + p''b + \frac{p'l'}{2}}{\sin\beta}\right) = \left(pl + p''b + \frac{p'l'}{2}\right)\frac{l'}{h'};$$

son moment fléchissant, en le supposant également appuyé à ses deux extrémités, est encore égal à

$$(38) \qquad \frac{RI}{n} = \frac{p'l'b'}{8} = \frac{p'l'^2 \cos\beta}{8}.$$

L'entrait inférieur porte une charge de p''' kil. par mètre courant, il a pour longueur totale $2b'' = 2(b + b')$; mais comme il est soulagé, en son milieu E, par un mur de refend, son moment maximum en ce point est

$$(19) \qquad \frac{RI}{n} = \frac{p'''b''^2}{8}.$$

Les quatre pièces AB, AD, AA' et A'E, étant, à la fois, soumises à la flexion et à la tension ou compression, doivent d'ailleurs satisfaire à la double condition de résistance exprimée par

$$(3) \qquad R^i = \frac{\mu n}{I} + \frac{N}{\Omega}.$$

Avec les inclinaisons et les charges généralement admises dans les constructions, la poussée T est presque toujours supérieure à T', c'est-à-dire que l'entrait AD est tendu; il serait comprimé dans le cas contraire.

74   CHAPITRE V.

Dans l'hypothèse où le profil adopté pour la ferme serait celui indiqué dans la partie droite de la fig. 94, les angles α et β étant respectivement de 22°30′ et de 67°30′, c'est-à-dire complémentaires, on a :

$$b = h', \qquad b' = h, \qquad l' = l;$$

de plus, les triangles donnent (b'' étant la demi-largeur du bâtiment) : $b = 0{,}707\ b''$; $h = 0{,}414\ b = 0{,}293\ b''$; $l = 1{,}0824\ b = 0{,}765\ b''$; et les formules ci-dessus indiquées seraient susceptibles de nombreuses simplifications.

Exemple numérique. — Faisons une application à ce cas particulier.

Supposons : que le poids par mètre carré de couverture soit égal à 80 kil. tout compris; le poids du hourdis sur les jambes de force étant 50 kil. par mètre carré; le poids du faux-plancher 200 kil. et celui du plancher 300 kil. L'entr'axe des fermes est de 4 mètres, tandis que la demi-portée b'' du comble est de 5 mètres; par conséquent,

$$p = 4 \times 80 = 320 \text{ kil.} \qquad p' = 4\,(80 + 50) = 520 \text{ kil.}$$
$$p'' = 4 \times 200 = 800 \text{ kil.} \qquad p''' = 4 \times 300 = 1200 \text{ kil.}$$

On obtient également,

$$b = 3^m{,}535 \qquad h = 1^m{,}465 \qquad l = 3^m{,}825,$$

$pl = 320 \times 3{,}825 = 1224$ kil. et $p'l' = 520 \times 3{,}825 = 1989$ kil.

Il vient alors, pour les tensions et compressions, ainsi que pour les moments, en remplaçant les lettres par leurs valeurs dans les précédentes formules :

(44) $\quad \mathrm{T} = \left(pl + \dfrac{5}{4}\,p''b\right)\dfrac{b}{2h} = 4759 \times \dfrac{1}{0{,}828} = 5746$ kil.

(45) $\quad \mathrm{T}' = \left(pl + p''b + \dfrac{p'l'}{2}\right)\dfrac{b'}{h'} = 5047 \times 0{,}414 = 2089$ kil.

(46) $\quad \mathrm{T}'' = 5746 - 2089 = 3657$ kil.

(40) $\quad 2S = \dfrac{5}{4} p''b = 3535$ kil.

(42) $\quad N = \left(pl + \dfrac{5}{4} p''b\right)\dfrac{l}{h} = 4759 \times \dfrac{1{,}0824}{0{,}828} = 6219$ kil.

(47) $\quad N' = \left(pl + p''b + \dfrac{p'l'}{2}\right) \dfrac{l'}{h'} = 5047 \times 1{,}0824 = 5463$ kil.

(38) $\quad \mu = \dfrac{plb}{8} = \dfrac{1224 \times 3{,}535}{8} = 541^{km}$.

(19) $\quad \mu = \dfrac{p''b^2}{8} = \dfrac{800 b^2}{8} = 1250^{km}$.

(38) $\quad \mu = \dfrac{p'l'b'}{8} = \dfrac{1989 \times 1{,}465}{8} = 364^{km}$.

(19) $\quad \mu = \dfrac{p'''b''^2}{8} = \dfrac{1200 \times 5^2}{8} = 3750^{km}$.

Tous ces chiffres déterminés, il est facile de proportionner les différentes parties de la construction.

4° **Ferme à deux bielles avec tirants, dite à la Polonceau** (fig. 95). — Ce système de charpentes, fort employé aujourd'hui en France, est plus complexe que les précédents.

Il se compose d'arbalétriers soutenus en leurs milieux par des *bielles* ou *contrefiches*, qui leur sont perpendiculaires et dont l'immobilité, ainsi que le serrage, sont assurés par la tension d'un système de tirants s'attachant aux extrémités des arbalétriers.

Mais avant de développer les calculs relatifs à cette ferme, examinons brièvement le cas simple d'une *poutre armée* AC, soutenue en son milieu par un *poinçon* BD, raidi lui-même par deux tirants BA et BC (fig. 96.)

Cette poutre, chargée d'un poids uniformément réparti p', n'est, par le fait, autre chose qu'une ferme de comble renversée, dans laquelle les pièces tendues sont devenues comprimées et réciproquement. Ainsi AC étant considéré comme posé sur trois appuis, nous avons, par analogie avec la ferme à entrait portant plancher, pour la compression Q de BD,

(40) $\quad\quad\quad\quad Q = \dfrac{5}{4} p'b$

Formons le parallélogramme BFEG, et joignons FG ; les triangles semblables BIG, ABD nous donnent

$$\frac{BG}{BI} = \frac{AB}{BD} \quad \text{ou} \quad \frac{T}{1/2\ Q} = \frac{l}{h}$$

en remplaçant par les notations de la figure ; introduisons l'angle α et mettons pour Q sa valeur, il vient pour la traction du tirant

(48) $$T = \frac{5}{8} \frac{p'b}{\sin\alpha} = \frac{5}{8} p'b \frac{l}{h}.$$

La compression de la poutre aux extrémités sera

(49) $$N = GI = T \cos\alpha = \frac{5}{8} \frac{p'b}{\operatorname{tg}\alpha}.$$

Le moment fléchissant maximum au milieu serait

(19) $$\frac{RI}{n} = \frac{p'b^2}{8}.$$

Revenons maintenant à la ferme dont nous supposerons l'entrait horizontal surélevé en DD', au-dessus de la ligne des naissances AA', comme on le fait d'habitude. Soient : l la longueur de l'arbalétrier AB ; λ la longueur de la bielle CD ; l' la longueur des tirants inclinés, AD, BD ; h la hauteur ou montée du comble BF ; h' la hauteur BE de l'entrait horizontal DD' ; α l'angle de l'arbalétrier avec l'horizon ; β, l'angle de l'entrait AD avec l'arbalétrier ; Q l'effort de compression de la bielle ; T, T', T'', les tensions respectives des tirants DD', AD et BD ; pl la charge uniformément répartie sur chaque arbalétrier (fig. 95).

Pour la tension T, le comble se trouve dans les conditions de la ferme à entrait retroussé vue ci-dessus, les deux arbalétriers simples étant remplacés ici par les systèmes rigides ADB, A'D'B ; on a

(43) $$T = \frac{plb}{2h'} = \frac{pl^2 \cos\alpha}{2h'} = \frac{pl}{2\ m\ \operatorname{tg}\alpha}$$

en posant $h' = mh$.

Quant à l'ensemble de l'arbalétrier, analogue à la poutre armée précédente, nous le considérerons encore comme une pièce à deux travées égales AC, BC, supportant un poids uniformément réparti égal à $pl \cos \alpha$, l'autre composante, $pl \sin \alpha$, tendant seulement à comprimer la fibre moyenne de la pièce ; la contrefiche supportera donc les 5/8 de cette force, c'est-à-dire,

$$(50) \qquad Q_1 = Q = \frac{5}{8} pl \cos\alpha = \frac{5}{8} pb,$$

puisque $\cos\alpha$ est égal à $\frac{b}{l}$; les réactions normales des appuis F_0, F_2, aux extrémités, devront être égales ensemble à $\frac{3}{8} pl \cos\alpha$, c'est-à-dire que chacune d'elles aura pour valeur $\frac{3}{16} pl \cos\alpha$ ou $\frac{3}{16} pb$.

Or, la réaction appliquée au point A provient de la tension T' du tirant AD, et de la force verticale pl ; la composante normale de cette réaction sera

$$pl \cos\alpha - T' \sin\beta ;$$

pour l'équilibre, on devra donc avoir

$$\frac{3}{16} pl \cos\alpha - T' \sin\beta.$$

D'où

$$(51) \qquad T' = \frac{13}{16} \frac{pl \cos\alpha}{\sin\beta} = \frac{13}{16} pb \frac{l'}{\lambda};$$

en effet $\sin\beta = \frac{\lambda}{l'}$, comme $\mathrm{tg}\beta = \frac{2\lambda}{l}$.

On obtiendra de même la tension T" du tirant BD, en égalant à la réaction en B la somme des projections des forces T et T" perpendiculairement à l'arbalétrier, c'est-à-dire

$$T \sin\alpha - T'' \sin\beta = \frac{3}{16} pl \cos\alpha ;$$

d'où

$$\left(T \sin\alpha = \frac{pl \cos\alpha}{2m}, \text{ et } \sin\alpha = \frac{h}{l} \right),$$

$$(52) \quad T'' = \frac{T\sin\alpha - \frac{3}{16} pl \cos\alpha}{\sin\beta} = \left(\frac{Th}{l} - \frac{3}{16} pb\right)\frac{l'}{\lambda}$$

$$= \frac{\left(\frac{8}{m} - 3\right)}{16} \frac{pl\cos\alpha}{\sin\beta} = \frac{\left(\frac{8}{m} - 3\right) pb}{16} \frac{l'}{\lambda}.$$

Le moment fléchissant maximum au droit de la bielle est donné par une variante de l'équation (19), l étant ici la portée totale des deux travées,

$$(53) \quad \frac{RI}{n} = \frac{pl^2 \cos\alpha}{32} = \frac{plb}{32}.$$

La section doit être suffisante pour que l'arbalétrier résiste convenablement à la compression; car la formule précédente ne tient pas compte des forces longitudinales qui agissent sur lui.

Cette condition est toujours facile à réaliser approximativement en choisissant un coefficient R assez modéré; par exemple, en s'astreignant à ne pas dépasser beaucoup $6^k,25$ à $6^k,50$ pour taux de travail à la flexion.

On peut, du reste, calculer la force longitudinale N, en remarquant qu'au sommet B, elle est égale à

$$T\cos\alpha + T''\cos\beta\,;$$

que, dans le cours de l'arbalétrier, elle s'augmente de la composante longitudinale $p\sin\alpha$ du poids p; de sorte qu'au point d'attache C de la bielle, cette force devient

$$(54) \quad N = T\cos\alpha + T''\cos\alpha + \frac{pl\sin\alpha}{2}.$$

Au pied A de la ferme, la compression est égale à

$$pl\sin\alpha + T'\cos\beta\,;$$

et l'on doit avoir, comme vérification,

$$pl\sin\alpha + T'\cos\beta = T\cos\alpha + T''\cos\beta + pl\sin\alpha\,;$$

d'où

$$T \cos\alpha = (T' - T'') \cos\beta \quad \text{et} \quad (55)\ T'' = T' - T \frac{\cos\alpha}{\cos\beta}.$$

Exemple numérique. — Supposons un comble dont les fermes soient espacées de $4^m,50$, d'axe en axe, et chargées à raison de 2880 kil. par demi-ferme ; ce qui correspond à 80 kil. par mètre de surface horizontale couverte, puisque nous supposons, de plus :

$b = 8^m,00,\ \ h = 3^m,75,\ \ h' = 3^m,00,\ \ l = 8^m,832,\ \ l' = 4^m,586,$

$\lambda = 1^m,242$ (par suite $\alpha = 25°\ 6'\ 53'',4$ et $\beta = 15°\ 42'\ 31''$ environ).

Comme $pl = 2880$ kil., nous en tirons $p = 326$ kil. en nombres ronds.

Appliquons les formules ci-dessus.

Nous avons d'abord

$$(43) \quad T = \frac{2880 \times 8}{2 \times 3} = 3840 \text{ kil.}$$

L'entrait horizontal doit résister à cette tension ; si nous prenons pour le construire, du fer rond de $26\ ^{m/m}$ de diamètre offrant une section de $530\ ^{m/m}$ carrés, il travaillera à raison de

$$\frac{3840}{530} = 7^k,25$$

taux relativement modéré.

L'arbalétrier, nous l'avons dit, est sollicité à la flexion par la composante $pl \cos\alpha = pb = 2608$ kil. du poids de la demi-ferme, normale à sa direction.

Nous obtenons successivement, pour le tirant inférieur,

$$(51) \quad T' = \frac{13}{16}\ 2608 \times \frac{4,586}{1,242} = 7824 \text{ kil} ;$$

ce tirant étant supposé en fer rond de $35\ ^{m/m}$ de diamètre, qui a $962\ ^{m/m}$ carrés de section, travaille donc à raison de

$$\frac{7824}{962} = 8^k,13.$$

CHAPITRE V

Le tirant de faîtage est sollicité par la tension T″, qui a pour valeur, en remplaçant T dans l'équation (52) modifiée,

$$T'' = \left(\frac{pl\cos\alpha}{2m} - \frac{3}{16}pl\cos\alpha\right)\frac{1}{\sin\beta} = \frac{\left(\frac{8}{m} - 3\right)}{16}\frac{pl\cos\alpha}{\sin\beta}.$$

Comme nous avons ici $\frac{h'}{h} = \frac{3,00}{3,75} = 0,80$, la formule se réduit à

(52′) $$T'' = \frac{7}{16}pl\frac{\cos\alpha}{\cos\beta} = \frac{7}{16}pb\frac{l'}{\lambda} = \frac{7}{13}T';$$

avec les données actuelles, il vient

(52′) $$T'' = \frac{7}{16}\,2608 \times \frac{4,586}{1,242} = 4213\text{ kil.}$$

Si nous faisons choix du fer rond de 27 m/m de diamètre, ou de 572 m/m carrés de section, il ne travaille qu'à

$$\frac{4213}{572} = 7^k,37 \text{ environ.}$$

Le tirant de pied de ferme, étant toujours de beaucoup le plus chargé, on augmente généralement un peu son taux de travail, pour éviter de lui donner des dimensions par trop fortes, eu égard à celles des autres.

Le poinçon ou aiguille pendante, qui soutient le tirant horizontal en son milieu, ne se calcule guère ; comme il ne fait que supporter les 5/8 du poids de DD′, quand il n'offrirait que 10 à 12 m/m de diamètre, il sera toujours plus que suffisant pour empêcher l'entrait de fléchir.

L'arbalétrier est regardé, nous l'avons dit, comme une pièce à deux travées égales, encastrée sur la bielle, et nous avons, pour le moment fléchissant maximum en ce point,

(53) $$\frac{RI}{n} = \frac{2880 \times 8}{32} = \frac{2880}{4}$$

ou, tous calculs faits,

$$\frac{RI}{n} = 720^{km}.$$

Un fer à **I** de 18 centimètres de hauteur, offrant une valeur de $\frac{I}{n} = 0{,}0001119$, travaillerait, dans ce cas, à raison de

$$R = \frac{7200}{1119} = 6^k{,}43$$

à la flexion par millimètre carré.

Vérifions ce résultat à l'aide du tableau n° I à la fin; regardons la charge de 2880 kil. comme répartie uniformément sur l'horizontale des naissances. Alors, par l'introduction de la bielle, le moment fléchissant au milieu n'étant plus que le *quart* de ce qu'il serait si la pièce était simplement appuyée à ses deux extrémités, nous pouvons, pour nous servir du tableau, choisir entre les hypothèses suivantes :

Soit admettre que la charge totale de 2880 kil. est répartie, sur une portée 4 fois moindre ou 2 mètres ;

Soit que la pièce, ayant 8 mètres de portée, n'est sollicitée que par une charge égale à $\frac{2880}{4} = 720$ kil. seulement.

Dans ce dernier cas, le tableau nous fait voir que le fer de 18 centimètres, pour $R = 10$ kil., peut supporter 1120 kil.; comme nous n'en avons ici que 720, il en résulte que notre arbalétrier travaillerait à un coefficient R, donné par la proportion

$$\frac{R}{10} = \frac{720}{1120}, \quad \text{d'où} \quad R = \frac{7200}{1120} = 6^k{,}43.$$

Ce qui concorde parfaitement avec le chiffre ci-dessus.

Il nous faut obtenir la force longitudinale qui comprime l'arbalétrier en C; de l'équation (55), on tire

$$T' \cos\beta = T \cos\alpha + T'' \cos\beta,$$

la force N nous est alors donnée par la relation modifiée

(54') $$N = T' \cos\beta + \frac{pl}{2} \sin\alpha ;$$

remplaçant par les nombres, nous avons, en fin de compte,

$$N = 7824 \times \frac{8{,}832}{2 \times 4{,}586} + 326 \times \frac{3{,}75}{2} = 8145 \text{ kil.},$$

car $\cos\beta = \dfrac{l}{2l'}$, et $pl\sin\alpha = ph$.

Renforçons, comme d'habitude, l'âme de l'arbalétrier par 2 plaques verticales en fer de 160×9, placées sous les pièces découpées entre lesquelles est serrée la bielle. Ces plaques donnent une section de 2880 millim. car. ; ce qui, avec l'aire propre du fer, produit un total de $2880 + 2166 = 5046$ millim. carrés. (Le **I** a bien une surface de 2286 millim. car., mais la coupe des bourrelets de son aile inférieure lui fait perdre environ $2 \times 10 \times 6 = 120^{m/m}$ car.).

Le fer travaille alors à raison de

$$\frac{8145}{5046} = 1^k,61.$$

Ce qui porte le taux réel de résistance pour la fibre la plus fatiguée de l'arbalétrier, en son milieu, au chiffre de

$$R' = 6^k,43 + 1^k,61 = 8^k,04,$$

qu'il ne serait pas très prudent de dépasser beaucoup, attendu qu'à la rigueur, il faudrait encore tenir compte de la réaction produite par la contrefiche sur la ferme, qui tend à cisailler celle-ci ; il est vrai que cet effort est assez peu important pour qu'on puisse le négliger devant les chiffres précédents.

Passons maintenant au calcul des pannes qui réunissent les arbalétriers consécutifs et dont nous ne nous étions pas occupé jusqu'alors, par la raison qu'elles sont toujours placées dans les mêmes conditions. En effet, quel que soit le système de la ferme, on peut les regarder comme des pièces simplement appuyées à leurs extrémités, et uniformément chargées suivant leur longueur.

Dans notre cas particulier, elles supportent le poids de la demi-travée, moins le poids de l'arbalétrier et de son armature, soit environ 320 kil. à retrancher de 2880 kil., ou pl, poids total de la demi-ferme ; de sorte que le poids à partager entre ces pannes est d'environ 2560 kil.

Si nous en supposons *quatre* sur la longueur de l'arbalétrier, elles seront équidistantes de $\dfrac{8,83}{5} = 1^m,766$; de même, chacune d'elles supportera un poids de couverture égal à $\dfrac{2560}{5} = 512$ kil.

environ. Comme nous admettons que les fermes sont écartées à $4^m,50$, d'axe en axe, nous avons, pour le moment fléchissant au milieu des pièces qui nous occupent,

(16) $$\frac{RI}{n} = \frac{512 \times 4,50}{8} = 288 \text{ km};$$

en choisissant, comme échantillon, le fer à **I** de 12 cent., ordinaire dont la valeur $\frac{I}{n} = 0,000038$, il travaille seulement à

$$\frac{288}{38} = 7^k,58.$$

La panne faîtière se fait ordinairement un peu plus forte que les pannes courantes; dans le cas actuel, bien que le taux de travail par millimètre carré soit modéré, on prendra, pour le faîtage, du fer à **I** de $0^m,14$ au lieu de $0^m,12$.

En général, il est bon de ne pas trop charger les pannes, parce que, habituellement, leur plan de flexion est oblique à la charge qui les sollicite; lorsqu'elles ont leur âme verticale, cette observation n'a plus de raison d'être.

La contrefiche ou bielle reçoit une compression égale à

(50) $$Q = \frac{5}{8} 2608 = 1630 \text{ kil.};$$

on la construit généralement en fonte, et on lui donne une section cruciforme. Supposons que le diamètre du cercle qui limite notre bielle à ses extrémités soit égal aux 0,045 ou aux $9/_{200}$ de la longueur λ, c'est-à-dire $56^{m/m}$ environ, et les 4 nervures à $1/_7$ de cette cote ou $8^{m/m}$ d'épaisseur moyenne; cela nous conduit à une aire totale : $56 \times 8 + (56 - 8) 8 = 8 (2 \times 56 - 8) = 832$ millim. car. Alors le coefficient moyen de travail de la section est

$$\frac{1630}{832} = 1^k,96,$$

taux assez convenable pour des pièces qui présentent une longueur relativement grande, par rapport à leur diamètre; au milieu, la largeur serait portée à $80^{m/m}$, ou au décuple de l'épaisseur des nervures (voir au chapitre des Colonnes, le calcul de vérification de cette bielle).

Il faut s'assurer encore que les boulons qui réunissent les tirant aux arbalétriers, en traversant les fourchettes, offrent une résistance suffisante. Appelons d le diamètre d'un tirant et T sa tension ; on a, d'une façon générale,

$$T = \frac{\pi d^2}{4} R.$$

Le boulon de la fourchette a pour diamètre d', il offre 2 sections de cisaillement ; on doit donc avoir aussi

$$\frac{\pi d^2}{4} \times 8^k = \frac{2\pi d'^2}{4} \times 5^k,$$

en admettant toujours que la résistance au cisaillement est égale à 5 kil., la résistance à la traction étant 8 kil. ; alors

$$\frac{8d^2}{4} = \frac{10 d'^2}{4} \quad \text{ou} \quad d'^2 = \frac{8}{10} d^2,$$

ou enfin

$$d' = d\sqrt{0{,}80} = 0{,}9\, d$$

en chiffres ronds.

Prenons l'exemple du tirant de pied de ferme ci-dessus ; le boulon de sa fourchette aura pour diamètre

$$d' = 0{,}90 \times 35 = 31^{m/m},5.$$

Ce boulon, avec ses deux sections de cisaillement, travaille donc à

$$\frac{7824}{2 \times 779} = 5^k{,}02$$

environ par millim. car.

On traduirait facilement en opérations graphiques les formules qui nous ont servi à exprimer l'équilibre des différentes parties du comble.

Supposons (fig. 97) que ABCDE soit le profil de la ferme, dont AF est la ligne des naissances ; élevons au pied A de la ferme une verticale AP représentant la charge pl, à l'échelle adoptée, et prenons le milieu G de AP. Par ce point G, menons une parallèle GH à AE jusqu'à la rencontre en H de l'arbalétrier, puis l'horizontale HK ; la longueur KH représentera, à l'échelle, la tension T du tirant horizontal DE.

En effet, par les triangles semblables AGH, ABE, nous avons d'abord

$$\frac{AH}{AG} = \frac{AB}{BE}, \text{ d'où } AH = \frac{pl^2}{2h};$$

le triangle rectangle AHK nous donne ensuite

$$KH = AH \cos\alpha = \frac{pl^2}{2h} \cos\alpha = \frac{plb}{2h} = T.$$

Maintenant, évaluons sur AP la longueur $PI = \frac{3}{16} pl$, et menons la parallèle IM à la direction du tirant inférieur AD jusqu'à la rencontre en M de l'arbalétrier; cette longueur IM mesurera la tension du tirant en question; car on a dans le triangle AIM

$$\frac{IM}{AI} = \frac{\sin(90-\alpha)}{\sin\beta}, \text{ d'où } IM = \frac{13}{16} \frac{pl\cos\alpha}{\sin\beta} = T'.$$

Pour la tension T''', menons la perpendiculaire HO à l'arbalétrier, puis la parallèle KO à IM, le triangle KHO ainsi formé donne

$$\frac{KO}{KH} = \frac{\sin(90-\alpha)}{\sin(90+\beta)}, \text{ d'où } KO = \frac{T\cos\alpha}{\cos\beta},$$

de sorte qu'en élevant la verticale OL, la portion LM de IM représentera $T' - T \frac{\cos\alpha}{\cos\beta}$ ou T''.

La compression de l'arbalétrier en son milieu C a pour valeur $N = T\cos\alpha + T''\cos\beta + \frac{pl}{2}\sin\alpha$; or, la figure donne $SM = T\cos\alpha + T''\cos\beta = T'\cos\beta$; il suffit donc de prendre sur AP, $IQ = AG$ et projeter le point Q en R sur l'arbalétrier, pour déterminer $RS = \frac{pl}{2}\sin\alpha$; de façon qu'en définitive $N = RM$.

Comme $QR = \frac{5}{16} pl \cos\alpha$, le double de cette quantité fournira la valeur de la compression de la bielle, $Q = \frac{5}{8} pb$.

Ayant obtenu ainsi tous les efforts agissant sur la charpente, il n'y aura plus que le moment fléchissant à calculer. On peut, du reste, simplifier les formules à l'aide des hypothèses particulières au profil de ferme que l'on examine (voir la note IV, à la fin).

Lorsque l'entrait est horizontal à la hauteur des naissances, les relations deviennent beaucoup plus simples; en faisant $\alpha = \beta$, dans l'équation (55), on a seulement

$$T'' = T' - T, \qquad \text{ou} \qquad (56) \quad T' = T + T''.$$

Mais T étant égal à $\dfrac{plb}{2h}$, la tension T'' est donnée par une variante de celle obtenue dans la poutre armée, soit

$$(48') \qquad T'' = \frac{5}{16} \frac{plb}{h}.$$

Par suite,

$$(51') \qquad T' = \frac{plb}{2h} + \frac{5}{16} \frac{plb}{h} = \frac{13}{16} \frac{plb}{h}.$$

Le reste du calcul s'achèverait comme pour la ferme à entrait surélevé.

5° **Ferme à 6 bielles et 13 tirants** (fig. 98). — Cette ferme, du même type que la précédente, s'applique à des ouvertures plus considérables, mais sa complication en restreint un peu l'emploi; nous ne ferons donc qu'établir sommairement les formules nécessaires.

Les notations restant les mêmes, et les tensions des tirants étant inscrites sur la figure, la poussée de la ferme, qui sollicite l'entrait horizontal DE, est donnée par la relation connue

$$(43) \qquad T = \frac{plb}{2h'} = \frac{pl}{2m\,\mathrm{tg}\alpha}.$$

Si nous assimilons, dans le cas actuel, l'arbalétrier à une poutre droite, à quatre travées de niveau, égales et également chargées de $p\cos\alpha$ par unité de longueur totale l, nous avons pour réactions aux différents points d'appui de la pièce, d'après les formules exposées dans le Ier chapitre :

$$Q_0 = F_0 = F_4 = \frac{11}{112}\,pl\cos\alpha,\ Q_1 = Q_3 = \frac{32}{112}\,pl\cos\alpha,\ Q_2 = \frac{26}{112}\,pl\cos\alpha,$$

dont a somme est $pl\cos\alpha$, composante normale du poids pl.

CHARPENTES DROITES ET COURBES

Le moment fléchissant, maximum au point G, est donné par

$$(57) \quad \mu_1 = \mu_3 = \frac{3}{448} pl^2 \cos\alpha = \frac{3}{448} plb,$$

variante de l'équation (26).

On doit avoir, pour l'équilibre des forces au pied A de la ferme

$$\frac{11}{112} pl\cos\alpha = pl\cos\alpha - T'\sin\beta;$$

d'où l'on tire

$$(58) \quad T' = \frac{101}{112} \frac{pl\cos\alpha}{\sin\beta}.$$

Au point K, nous avons

$$\frac{32}{112} pl\cos\alpha = (T' + T''' - T'')\sin\beta;$$

mais, comme, d'un autre côté,

$$(59) \quad T''' = T^{IV} = \frac{Q_1}{2\sin\beta} = \frac{16}{112} \frac{pl\cos\alpha}{\sin\beta};$$

relation analogue à (48), il vient finalement

$$(60) \quad T'' = \frac{85}{112} \frac{pl\cos\alpha}{\sin\beta}.$$

Au sommet B, l'équation d'équilibre est évidemment aussi

$$\frac{11}{112} pl\cos\alpha = T\sin\alpha - T^V\sin\beta,$$

d'où

$$(61) \quad T^V = \frac{T\sin\alpha - \frac{11}{112} pl\cos\alpha}{\sin\beta};$$

et, de même que l'on a $T'' = T' - T'''$, on doit avoir également

$$(62) \quad T^{VI} = T^V - T^{IV}.$$

Si nous remplaçons, dans l'équation (61), T par sa valeur en fonction de $m = \frac{h'}{h}$, il vient

$$T^v = \frac{pl}{112} \frac{\cos\alpha}{\sin\beta} \left(\frac{56}{m} - 11\right);$$

en faisant $m = 0,80$, par exemple, l'expression devient simplement

(61') $$T^v = \frac{59}{112} \frac{pl \cos\alpha}{\sin\beta};$$

et, par suite, on a

(62') $$T^{vi} = \frac{43}{112} \frac{pl \cos\alpha}{\sin\beta}.$$

La compression Q de la grande contrefiche CD est différente de Q_2, à cause de l'action des tirants CK et CI ; nous avons pour l'équilibre du point C

$$\frac{26}{112} pl \cos\alpha = Q - 2T''' \sin\beta;$$

d'où

63) $$Q = \frac{26}{112} pl \cos\alpha + \frac{32}{112} pl \cos\alpha = \frac{58}{112} pl \cos\alpha.$$

La compression des petites contrefiches est égale à la réaction correspondante, c'est-à-dire que

(64) $$q = Q_3 = \frac{32}{112} pl \cos\alpha.$$

La compression de l'arbalétrier au sommet B est égale à

$$T \cos\alpha + T^v \cos\beta;$$

elle augmente de $p \sin\alpha$ par unité de longueur ; au pied A de la ferme, elle devient $T \cos\beta + pl \sin\alpha$, et, par conséquent, au point G où le moment fléchissant est maximum, elle doit être égale à

(65) $$N = T' \cos\beta + \frac{3}{4} pl \sin\alpha = T \cos\alpha + T^v \cos\beta + \frac{3}{4} pl \sin\alpha.$$

Comme vérification, on doit avoir encore

$$(55) \qquad T^V = T' - \frac{T\cos\alpha}{\cos\beta}.$$

Ces résultats peuvent parfaitement se représenter graphiquement comme pour la ferme à deux bielles. Si nous prenons (fig. 99) sur la verticale AP représentant pl à une échelle convenable, des distances AO et AR, égales respectivement à $\frac{101}{112} pl$ et $\frac{85}{112} pl$, en menant les droites OQ et RS parallèles au tirant AD, nous aurons les tensions T' et T''. La tension T du tirant horizontal et le triangle MNL étant construits, comme pour la ferme ordinaire, la verticale NV permettra de déterminer T^V, et la verticale SU, $T''' = T^{IV}$, puis T^{VI}.

En abaissant la perpendiculaire OO' sur l'arbalétrier, nous obtenons $O'Q = T'\cos\beta$, et en prenant sur la verticale AP, $OY = \frac{3}{4} pl$, et projetant Y en X sur AB, nous avons en définitive XQ pour la compression N en G. Si l'on veut aller plus vite, comme $3/4 = \frac{84}{112}$, on peut prendre $OY = AR = \frac{85}{112} pl$.

En projetant les points R et J sur OO', on trouve $OZ = \frac{16}{112} pl \cos\alpha$, et $ZW = \frac{29}{112} pl \cos\alpha$; de sorte qu'en doublant ces valeurs, on a les compressions q et Q des contrefiches.

6° Ferme à contrefiches multiples et aiguilles verticales ; le tirant horizontal (fig. 100). — Ici les contrefiches sont obliques à l'arbalétrier, et l'entrait est soutenu par des aiguilles pendantes, verticales et équidistantes qui relient à l'arbalétrier les extrémités opposées des contrefiches consécutives.

Les charpentes de ce genre, très employées en Angleterre et en Allemagne, se traitent d'habitude d'une manière purement graphique, nous allons montrer comment on peut y parvenir rapidement.

Dans la disposition représentée, l'arbalétrier, toujours assimilé à une pièce continue, est posé sur 6 appuis simples ; nous pouvons donc remplacer la charge pl, répartie sur sa longueur, par les réactions $Q_0, Q_1, Q_2 \ldots$ agissant *verticalement* aux différents points A, C, D, E, F, B.

Ceci posé, nous regardons encore la ferme actuelle comme un système articulé, et nous allons décomposer les efforts, à l'aide du parallélogramme des forces, suivant la direction des différentes parties.

Ainsi, la réaction Q_1, appliquée au point C, produit dans les directions CA et CC′ deux compressions Q'_1 et Q'; la compression Q' de la première contrefiche étant transportée au point C′, fait naître la tension horizontale t' qui vient s'ajouter à la poussée T du système, et la tension verticale S′ de la première aiguille. Cette force verticale S′ s'ajoutant à la réaction Q_2, au point D, produit, de même, deux nouvelles compressions Q_1'' et Q'' sur la deuxième contrefiche; celle-ci, transportée en D′, produit deux tensions, l'une horizontale t'', qui vient s'ajouter à $T + t'$, l'autre verticale S″ sur la deuxième aiguille; et ainsi de suite.

Cette méthode, on le voit, est assez longue, mais on abrège notablement les constructions, en ne traçant sur l'épure que les lignes absolument nécessaires à la détermination des efforts.

En effet, nous avons pour les réactions verticales sur les appuis A, C, D, F, F, B :

$$F_0 = Q_0 = Q_5 = \frac{3}{38} pl = \frac{15}{190} pl, \quad Q_1 = Q_4 = \frac{43}{190} pl, \quad Q_2 = Q_3 = \frac{37}{190} pl.$$

Prenons (fig. 100) une longueur AP pour représenter convenablement pl, et divisons-la en parties proportionnelles aux réactions précédentes, de sorte que $PH = \frac{15}{190} pl$, $HJ = \frac{43}{190} pl$, $JK = \frac{37}{190} pl$, etc. Par le point H, menons une parallèle HI à la direction AG du tirant, nous obtenons la valeur T′ de sa tension au pied A de la ferme, car le triangle HAI donne :

$$HI \text{ ou } T' = \frac{35}{38} \frac{pl}{tg\alpha} = \frac{175}{190} \frac{plb}{h}.$$

Par le point H, menons une parallèle à la direction de la première contrefiche Q' jusqu'à la rencontre en N de la parallèle JN à l'arbalétrier; la longueur HN représente la valeur de la compression suivant cette contrefiche, et la verticale NO la tension S' de la première aiguille ; en effet, le triangle JHN donne :

$$\frac{HN}{JN} = \frac{\sin HJN}{\sin HNJ} = \frac{\sin(90-\alpha)}{\sin(90-\beta)} = \frac{\cos\alpha}{\cos\beta} \quad \text{d'où} \quad Q' = \frac{43}{190} \frac{pl \cos\alpha}{\cos\beta}.$$

De même, le triangle rectangle HNO nous donne

$$ON \text{ ou } S' = Q' \times \cos(\alpha + \beta).$$

Traçant ensuite la parallèle OQ à la 2ᵉ contrefiche, jusqu'à la rencontre de la parallèle menée par K à l'arbalétrier AB, puis la verticale QR, nous obtenons Q'' et S'' ; en effet, les triangles QOO' et QOR nous donnent successivement :

$$Q'' = \frac{\left(S' + \frac{37}{190}pl\right)\cos\alpha}{\cos\gamma} \quad \text{et} \quad S'' = Q'' \times \cos(\alpha + \gamma), \text{ etc.}$$

Comme vérification, le point U doit se trouver, à la fois, sur le prolongement de HN et sur l'horizontale du point K ; ce qui donne à la tension S^{IV} la valeur $\frac{80}{190} pl$ (à doubler pour la ferme entière).

La portion VI de la force T' doit être égale à la poussée T de la ferme au point B ; en effet dans le triangle HUV, on a

$$HV = \frac{UV}{\tg\alpha} = \frac{80}{190}\frac{plb}{h}, \quad \text{d'où} \quad VI = \frac{95}{190}\frac{plb}{h} = \frac{pl}{2\tg\alpha}.$$

Les tractions T'', T''', T^{IV} n'ont pas besoin d'être recherchées, puisque l'on connaît la plus grande tension T' qui sollicite AG.

La compression de l'arbalétrier, au point le plus fatigué C, est donnée sur l'épure par $N = WI = IX + XW = T'\cos\alpha + \frac{4}{5}pl\sin\alpha$, en prenant $HY = \frac{4}{5}pl$ (projetant V en Z sur AI, on voit comme vérification, que $ZI = T\cos\alpha$, et $XZ = Q'\sin\beta + Q''\sin\gamma + Q'''\sin\delta \pm Q^{IV}\sin\varepsilon + [S' + S'' + S''' + S^{IV}]\sin\alpha$).

Si le tirant était incliné à l'horizon, comme le représente en traits mixtes la fig. 101, on mènerait H'I' parallèle à sa direction, et le reste du tracé s'opérerait comme ci-dessus.

Le moment fléchissant, maximum en C et en F, a pour valeur

$$\mu_1 = \mu_4 = \frac{4}{38} p l_1^2 \cos\alpha = \frac{4}{950} plb,$$

car, $l_1 = \frac{l}{5}$; sur les appuis intermédiaires D, E, on a seulement

$$\mu_2 = \mu_3 = \frac{3}{38} p l_1^2 \cos\alpha = \frac{3}{950} plb.$$

Dans ce genre de fermes, les contrefiches et entraits sont habituellement en cornières et les aiguilles en fer rond ou plat; les arbalétriers se font, soit avec deux cornières, soit avec deux fers en ⊔; toutes ces pièces sont, la plupart du temps, rivées ensemble au moyen de goussets en tôle, et constituent un ensemble absolument rigide.

7° Ferme à contrefiches multiples et aiguilles inclinées; le tirant surélevé (fig. 101). — Nous supposons ici les contrefiches parallèles; les aiguilles qui réunissent leurs extrémités ont alors des inclinaisons différentes.

Après ce qui précède, nous avons cru suffisant de limiter l'épure à la recherche des forces qui sollicitent les pièces obliques et de la tension maximum sur l'entrait; si celui-ci était courbe ou polygonal, on suivrait une marche analogue.

8° Ferme non symétrique avec tirant et poinçon (fig. 102). — Le comble dont il s'agit est représenté par un triangle ABC, tout à fait quelconque; l'arbalétrier AB, de longueur l, est chargé d'un poids p par mètre courant, et l'arbalétrier BC, de p' kilog. par unité de sa longueur l'.

La portée totale est $b + b'$; les inclinaisons de AB et de BC, sur l'horizontale, sont représentées par α et β.

L'arbalétrier AB est soumis à l'action de son propre poids pl, à la poussée de l'autre demi-ferme au point B, enfin à la réaction de l'appui A.

A cause de la présence du tirant AC, les réactions en A et C sont verticales; quant à la poussée T' au sommet, elle n'est plus horizontale comme dans les systèmes précédents.

Nous pouvons regarder le point B comme sollicité par un poids BD égal à la moitié du poids total de la ferme $pl + p'l'$; ce poids, décomposé suivant les côtés du parallélogramme BEDF, nous donne les compressions N et N' au milieu des arbalétriers. Menons les horizontales EH, GF ; les triangles BEH, DGF sont égaux, de sorte que les composantes horizontales de N et de N' sont égales et que la somme des composantes verticales de ces mêmes forces est égale au poids BD.

Or, la composante EH est égale à la projection horizontale de la poussée T' qui doit être égale à la tension T du tirant, et BH représente la portion de BD qui se transporte en A pour former avec $\frac{pl}{2}$ la réaction F_0 de ce point d'appui; de même, BG ou HD $+ \frac{p'l'}{2} = F'_0$, réaction en C.

De plus, les triangles semblables nous donnent

$$\frac{BH}{EH} = \frac{h}{b}, \quad \text{et} \quad \frac{BG}{GF} = \frac{h}{b'}$$

c'est-à-dire

$$BH = N\cos\alpha \times \frac{h}{b}, \text{ et } BG = N\cos\alpha \times \frac{h}{b'}.$$

Ajoutons ces deux valeurs, il vient :

$$BH + BG = BD \quad \text{ou} \quad \frac{pl + p'l'}{2} = N\cos\alpha \left(\frac{h}{b} + \frac{h}{b'}\right),$$

autrement dit,

$$\frac{pl + p'l'}{2} = N\cos\alpha \left(\frac{b + b'}{bb'}\right) h;$$

d'où l'on tire, en appelant α' l'angle de T' avec l'horizon,

(66) $\quad T'\cos\alpha' = N\cos\alpha = \dfrac{(pl + p'l') \, bb'}{2h \, (b + b')}.$

D'un autre côté, pour que l'équilibre existe entre les deux côtés de la ferme, il faut que l'on ait, à la fois,

$$pl = T'\sin\alpha' + F_0 \quad \text{et} \quad p'l' = F'_0 - T'\sin\alpha';$$

donc
$$T\sin\alpha' = pl - F_0 = F'_0 - p'l'.$$

Comme $F_0 = \dfrac{pl}{2} + BH = \dfrac{pl}{2} + \dfrac{(pl + p'l')\,b'}{2\,(b + b')}$, il en résulte que

(67) $$T'\sin\alpha' = \frac{plb - p'l'b'}{2\,(b + b')};$$

par suite, l'angle α' est défini par

(68) $$\operatorname{tg}\alpha' = \frac{(plb - p'l'b')\,h}{(pl + p'l')\,bb'}.$$

On représenterait graphiquement, d'une manière très simple, les résultats que nous venons d'obtenir.

Décomposons $BD = BI + ID = \dfrac{pl + p'l'}{2}$, suivant les directions des arbalétriers; nous obtenons les compressions BE et BF. Formons le parallélogramme BIEK, KB représentera T′ en grandeur et direction, et KBL sera égal à l'angle α'; car $BL = N\cos\alpha = T'\cos\alpha'$, et $KL = \dfrac{pl}{2} - N\sin\alpha = T'\sin\alpha'$ (fig. 102).

On pourra déterminer en conséquence les dimensions du tirant et des arbalétriers; si le plus long d'entre eux, AB, était soulagé en son milieu M, par une contrefiche oblique (telle que celle indiquée en pointillé sur la figure), il y aurait à tenir compte de l'augmentation de tension produite par cette pièce dans la portion AO du tirant et dans le poinçon MO.

Ce profil de couverture est employé aujourd'hui pour les ateliers qui ont besoin d'être éclairés par un jour constant; le côté AB est revêtu en tuiles ou en zinc, tandis que le pan BC est entièrement vitré.

Si l'on avait affaire à un comble dont les deux arbalétriers, bien qu'égaux, seraient inégalement chargés, on opérerait de même, en faisant, dans les formules précédentes, $b = b'$, $l = l'$. (Voir, comme comparaison, le calcul sommaire d'un arc métallique, à la fin du chapitre VI.)

Charpentes courbes. — En général, dans le calcul de ces charpentes, on remplace l'arc de cercle très surbaissé qu'elles présentent par la parabole de même corde et de même flèche ; cette simplification revient à regarder comme nul le moment fléchissant dans l'arc en question.

1° Ferme courbe sans contrefiche. — Examinons d'abord le cas d'une ferme avec tirant à la hauteur des naissances.

Nous supposerons que l'arc ABC (fig. 103), soit chargé de p' kilogrammes répartis uniformément sur la corde AC qui le sous-tend ; cette hypothèse, qui n'est pas tout à fait exacte, est bien suffisante pour la pratique.

La poussée T, qu'exercent les deux moitiés de l'arc l'une contre l'autre en B, est toujours horizontale. Admettons que le poids $p'b$ d'une demi-ferme étant appliqué à la rencontre de la tangente BD et de la verticale passant par le milieu de AF, nous décomposions cette force suivant les directions DB et DA, alors

$$(37') \qquad T = \frac{p'b}{\operatorname{tg}\alpha} = \frac{p'b^2}{2f},$$

valeur déjà obtenue à propos des fermes droites ; ici α est l'angle DAF dont la tangente $\frac{2f}{b}$ est double de celle de l'angle BAF.

La compression suivant la direction de l'arc a pour valeur aux naissances, où elle atteint son maximum,

$$(69) \qquad N_A = \frac{p'b}{\sin\alpha} = \frac{p'b}{2f}\sqrt{b^2 + 4f^2}.$$

La charge P', qui sollicite la section à une distance x du sommet, étant $P' = p'x$, et la poussée T ne variant pas, la compression, au point m, a pour valeur

$$(69') \qquad N = \sqrt{T^2 + P'^2} = \frac{p'}{2f}\sqrt{b^4 + 4f^2x^2};$$

si nous faisons $x = b$, nous retombons sur (69).

La parabole qu'on substitue au cercle de rayon r est représentée par

$$y' = \frac{fx^2}{b^2},$$

équation qu'il est facile de calculer (voir note V).

Si la parabole est tracée comme l'indique la figure 234, la droite AD, tangente à l'arc au point A, est une ligne de construction, et l'on peut parfaitement se passer de la courbe pour obtenir graphiquement les forces qui agissent sur la demi-ferme.

Ainsi, la demi-portée AF étant mesurée sur le papier, on reporte la flèche BF en BB' (fig. 103), on joint AB' que l'on prolonge, s'il le faut, jusqu'à sa rencontre en E, avec l'horizontale GE, menée à la hauteur AG $= p'b$, au-dessus de la ligne des naissances; de sorte qu'on obtient immédiatement T et N_A dans le triangle AGE.

Exemple numérique. — Comme type de comble très léger, posons $b = 3^m,75$, $f = 0^m,613$; les fermes étant à $4^m,50$ d'axe en axe, admettons le poids de 60 kilog. par mètre carré de surface horizontale couverte.

Il en ressort alors, en nombres ronds,

$$p'b = 3,50 \times 3,75 \times 60 = 790^k.$$

On tire de là

(37')
$$T = \frac{790 \times 3,75}{2 \times 0,613} = 2416^k\ ;$$

et l'on a, pour la résultante maximum,

(69)
$$N_A = \sqrt{\overline{790^2} + \overline{2416^2}} = 2541^k$$

environ. Le tirant étant supposé en fer de $20^{m/m}$ qui offre $314^{m/m}$ car. de section, travaillerait à raison de

$$\frac{2416}{314} = 9^k,69$$

taux parfaitement raisonnable.

Comme les pannes en fer à I devront avoir $0^m,08$ de hauteur, il faut donner à l'arbalétrier au moins $0^m,10$ pour la facilité des assemblages. Or, ce fer de 10^c offre une section de $956^{m/m}$ car., il travaille ici à

$$\frac{2541}{956} = 2^k,55;$$

par unité de section aux naissances.

Si nous supposons l'arbalétrier divisé en trois parties égales par les pannes, celles-ci seront alors à un écartement horizontal d'environ $\frac{3,75}{3} = 1^m,25$, et, par conséquent, chargées moyennement de 245 kil., défalcation faite du poids de la ferme proprement dite ; la valeur du moment fléchissant qui les sollicite au milieu sera

(16) $$\frac{RI}{n} = \frac{245 \times 3,50}{8} = 107^{km},2.$$

Le fer à I de 0,08 ayant pour valeur $\frac{I}{n} = 0,000019$, son travail actuel est donc

$$R = \frac{107,2}{19} = 5^k,61.$$

Tous ces résultats sont de nature à inspirer la sécurité.

2° **Ferme courbe avec contrefiches multiples** (fig. 104). — Ce genre de charpentes, souvent employé à l'étranger, est, pour ainsi dire, impossible à calculer rigoureusement. Il vaut mieux s'en tenir à une détermination graphique ordinairement suffisante.

Prenons, par exemple, le type indiqué sur la figure, et supposons que la verticale AP représente la charge portée par le demi-arc, ou la réaction de l'appui A ; cette charge étant la somme des poids distincts, égaux, agissant sur chacun des sommets C,D,E,B, etc. Par suite, nous prenons sur la verticale AP, 3 divisions égales AJ,JK,KL, et une 1/2 division LP.

Maintenant, prolongeant le côté AC du polygone par lequel nous remplaçons la courbe, et menant par le point P une parallèle au premier élément AF du tirant, nous obtenons en PM la tension du tirant AF, en AM la compression du côté AC. Par le point M, menons la parallèle MN à CF, jusqu'à sa rencontre en N avec la parallèle à CD, tirée par le point J ; de façon que MN représente la force qui agit sur CF, et JN la compression du deuxième élément CD. En continuant ainsi, on détermine les tensions ou compressions des divers éléments de la ferme, jusqu'à ce qu'on arrive à la verticale TU qui mesure la traction de l'aiguille BI, à doubler pour la ferme entière.

Détails pratiques et données générales. — Comme les charpentes droites sont beaucoup plus fréquemment en usage que les charpentes cintrées, nous insisterons beaucoup plus sur les détails qui ont rapport à leur construction ; du reste, les mêmes règles générales s'appliquent aux unes et aux autres.

L'inclinaison des combles varie avec la nature des couvertures adoptées ; pour celles en tuiles et ardoises, on peut compter sur 30 à 45°, au plus, d'inclinaison à l'horizon ; dans ce dernier cas, la hauteur du toit est égale à sa demi-portée. Pour la couverture en zinc, qui est la plus employée avec les charpentes en fer, on peut admettre environ la moitié de l'inclinaison précédente, soit 22°30' ; par suite, la hauteur du comble sera les 0,414 de la demi-portée. Souvent, on fait cette hauteur égale au quart de l'ouverture, c'est-à-dire que l'on prend 26°33'54", environ, pour l'angle de la couverture avec l'horizon.

La tôle ondulée et le plomb, que l'on emploie encore quelquefois, peuvent se poser à la même inclinaison que le zinc.

Dans les combles à bielles, dits à la Polonceau, le surélèvement de l'entrait horizontal est assez ordinairement 1/5 de la hauteur totale ; ainsi, dans un comble dont la hauteur est 4^m, la distance du faîtage à l'entrait serait $3^m,20$, puisque le surélèvement de celui-ci est $\frac{4^m}{5} = 0^m,80$; et, si l'on prend la pente du toit égale à $0^m,50$ par mètre, le surélèvement sera le dixième de l'ouverture, qui serait actuellement de 8 mètres. Le surélèvement de 1/6 offre également des avantages (Voir note IV).

Outre le poids des parties constituantes qu'il faut, naturellement, faire entrer dans le calcul, on doit tenir compte des influences atmosphériques : le vent et la neige.

La pression du vent varie, ordinairement, de 4 à 8 kil. par mètre carré ; le poids maximum de neige qui peut séjourner sur un toit est de 25 kil., répondant à une hauteur de $0^m,25$ qu'il est rare de voir s'amonceler sur une charpente. En général, on compte 30 kil. environ, pour l'ensemble du vent et de la neige, dans les climats tempérés.

La couverture en tuiles à emboîtement ou *pannes flamandes* est comprise entre 45 et 60 kil. par mètre carré de surface, selon le système ; celle en ardoises entre 24 et 28 kil.

La couverture en zinc peut peser de 5 k. 95 à 7 k. 50 par mètre carré, selon l'épaisseur des feuilles, non compris les joints et recouvrements ; celle en plomb de 40 à 53 kil. et celle en cuivre de 6 k. 11 à 7 k. 64 dans les mêmes conditions.

Le chiffre de 25 kil. par mètre carré de surface de la couverture (compris chevrons et voliges) paraît très convenable pour le zinc n° 14. Si le grenier est plafonné, ou bien encore, si le comble est hourdé en dessous, ce qui est peu fréquent, il faut évidemment ajouter à la couverture le poids du hourdis.

On admet qu'un comble droit couvert en zinc représentera un poids d'environ 75 à 90 kil. par mètre carré de surface horizontale couverte, surcharge comprise ; un comble couvert en plomb, 140 à 160 kilog. ; tandis que, toutes choses égales d'ailleurs, un comble en tôle ondulée ne peserait guère que 40 à 55 kil. au maximum.

Une charpente avec tuiles à crochets peut varier de 120 à 140 kil. (compris chevronnage et lattis en fer), par mètre carré de projection horizontale.

Nous n'avons pas besoin d'ajouter que tous ces chiffres ne sont que des nombres approximatifs, pouvant servir de bases aux calculs, mais susceptibles de modification dans chaque cas particulier.

Il est bon, nous l'avons dit déjà, de ne pas adopter, pour les combles, une valeur de R trop élevée, parce que les variations atmosphériques influencent les pièces métalliques qui les composent, et peuvent altérer insensiblement la qualité des matériaux ; en outre, il faut tenir compte du poids des ouvriers qui doivent monter avec leur outillage sur le toit pour le réparer, et aussi des surcharges accidentelles qu'on fait souvent subir aux charpentes, dans un atelier, par exemple, où l'on amarre quelquefois un palan, ou même une chèvre, après une des fermes. Par tous ces motifs, il convient de ne pas dépasser 8 kil. par mètre carré.

Cependant, la charpente à la Polonceau de la gare de Bordeaux (en supposant le poids du mètre carré de couverture égal à 85 kil., ce qui produit une charge totale de 6,000 kil. par demi-ferme) donne : pour l'entrait horizontal 15 kil.; pour les tirants de pied de ferme 16 kil., en moyenne; pour les autres 11 kil. par unité de surface. Il semble que des nombres aussi forts ne peuvent être admis, qu'autant que des expériences directes auront indiqué la résistance effective des fers mis en œuvre.

Au point de vue de la construction, les combles s'établissent conformément aux indications générales que nous avons données en parlant des poutres métalliques.

Les arbalétriers sont réunis, à leur sommet, par des plaques ordinairement boulonnées entre lesquelles est serré le poinçon vertical qui soutient l'entrait (fig. 105).

Dans les fermes à plusieurs bielles, il est bon, lorsqu'il y a des joints dans les arbalétriers, de les placer aux points d'inflexion.

Le comble de la gare des chemins de fer de l'Ouest (Saint-Lazare), construit par M. Joly, est entièrement en tôle et cornières rivées (fig. 106). Chacun des arbalétriers, dont la section est un double I, est soutenu par trois contrefiches également en forme de I; le poinçon seul est en fer plat. Les détails de cet ouvrage remarquable sont très soignés; mais il paraît préférable, tant au point de vue de l'économie qu'à celui de la construction, d'employer le système ordinaire d'arbalétriers en fers à I ou en poutres, avec tirants en fer rond.

Les extrémités inférieures des fermes sont reçues dans des *sabots* ou *consoles* en fonte, qui prennent différentes dispositions, suivant qu'ils sont supportés par des poteaux en charpente, des colonnes en fonte ou des assises en maçonnerie (fig. 107 et 108); on emploie aussi des consoles en tôle et cornières (fig. 109).

Dans les combles légers, on ne met souvent pas de sabots; on se contente de rapporter, à l'aide d'équerres, des semelles horizontales aux retombées des fermes, et l'on fixe ces parties aux maçonneries à l'aide de boulons de scellement.

Les tirants s'attachent aux arbalétriers par des fourchettes percées dans la jonction de leurs branches d'un trou c, où vient entrer l'extrémité filetée de l'entrait, dont le serrage s'opère à l'aide d'un écrou à pans ou cylindrique (fig. 110, 111 et 112); on emploie encore souvent deux plates-bandes dont l'ensemble remplace la fourchette (fig. 113), on serre alors entre ces deux pièces, soit l'extrémité du tirant renflée en forme de tête, soit, et plus rarement (fig. 114) une sorte d'entretoise à deux boulons que traverse l'extrémité du tirant muni d'un pas de vis, comme dans les fig. 110 à 112.

Quelques indications complémentaires sur les dimensions des pièces précédentes ne seront pas inutiles. Soient d le diamètre d'un tirant, b la hauteur de la branche de fourchette correspondante, e son épaisseur (fig. 110); pour l'égalité de résistance de l'ensemble, il faut que (le coefficient R ne changeant pas),

$$0{,}7854\, d^2 = 2be = \frac{b^2}{2},$$

en admettant, pour simplifier, $e = 1/4\ b$.

On tire de l'équation ci-dessus

$$b^2 = 2 \times 0{,}7854\ d^2,$$

d'où

$$b = d\sqrt{1{,}5708} = 1{,}2533\ d.$$

Faisons une application à la fourchette inférieure du comble Polonceau, p. 79 ; on a, en nombres ronds, $b = 45^{m/m}$, $e = 11^{m/m}$, $be = 495^{m/m}$ carrés, et comme la tension T' est 7,824 kil., il en ressort

$$R = \frac{7824}{2 \times 495} = 7^k{,}90.$$

Si l'on trouvait ce chiffre trop élevé, on n'aurait qu'à augmenter un peu l'épaisseur e, en restant toujours dans les dimensions du commerce.

Le boulon qui traverse la fourchette ayant un diamètre d', l'œil devra avoir une largeur $d'' = d' + 2^{m/m}$ environ. Il faut avoir soin de diminuer, autant que possible, l'écartement des branches, pour que le boulon ne puisse pas fléchir, et résiste seulement au cisaillement ; c'est dans ce but qu'on interpose des rondelles en fonte ou en fer (fig. 109 et 113).

Pour assurer à la tête, supposée sans renforcement, c'est-à-dire ayant encore l'épaisseur e, une résistance égale à celle de la branche correspondante, on décrit un demi-cercle concentrique au trou d'', déjà tracé, à la distance $\frac{b}{2}$ de celui-ci, et l'on reporte sur l'horizontale, en avant du trou, une longueur égale à b ; on raccorde ensuite les points obtenus par deux arcs de cercle ayant leurs centres sur la verticale passant par l'axe de l'œil.

Il est préférable, quand les tirants doivent être taraudés à leur extrémité, de refouler le fer en cet endroit, de façon que le fonds des filets affleure le diamètre primitif de la tige ; alors le diamètre extérieur d du pas de vis est égal à 1,25 d en moyenne.

Nous n'avons pas besoin de dire que les écrous ronds comme celui de la fig. 112 se serrent au moyen de broches introduites dans les quatre trous de leur pourtour.

Les têtes des tirants qui concourent au pied de la bielle, dans les fermes à la Polonceau, sont également de forme ogivale et traversées par des boulons qui viennent serrer sur deux joues en fer découpées, qui soutiennent aussi la contrefiche à l'aide d'un boulon b qui passe dans son œil inférieur (fig. 115); l'épaisseur de ces plaques doit évidemment être calculée pour résister aux tractions qui les sollicitent.

Quant à l'entrait horizontal, il est divisé habituellement en deux parties reliées par un tendeur à deux pas contraires, qui en permet le serrage; tantôt ce tendeur est un manchon à embases (fig. 116 et 117) qu'on tourne avec une clef sans toucher au poinçon; tantôt c'est simplement une double douille à deux pas (fig. 118 et 119), supportée par le poinçon, et qu'on ne peut tourner qu'après avoir déboulonné celui-ci. Dans le premier cas, il suffira que l'épaisseur e, à l'endroit de la section minimum, soit égale à $1/3.d$, pour que la résistance soit largement assurée; dans le deuxième, les branches de la douille auront une hauteur égale à d, sur une épaisseur $1/2\ d$; voir les autres proportions sur les figures elles-mêmes.

Quand l'entrait horizontal porte un plancher, ainsi que cela arrive assez souvent dans les grands bâtiments, on le construit en fer à I, et on l'assemble à ses extrémités avec la ferme au moyen de goussets en tôle rivés ou boulonnés (fig. 120).

Les contrefiches de combles Polonceau sont tantôt en fer, tantôt en fonte; tantôt à section ronde, tantôt, et le plus souvent, à section en croix (fig. 121). Dans le 1er cas, le diamètre au milieu de la bielle est habituellement les $6/5$, ou environ, de celui correspondant aux extrémités; dans le 2e, le diamètre au milieu est, à peu près, égal au $3/2$ de celui des extrémités. La bielle est généralement profilée suivant un galbe parabolique.

Il est toujours prudent de ne pas faire travailler ces pièces à un taux dépassant 2 kil. ou 2^k,20 par millim. carré de section, parce que ce sont, en réalité, de véritables colonnes, et leur longueur pourrait les exposer à fléchir sous la charge; d'autant plus que les tractions exercées à leur pied par les tirants peuvent altérer sensiblement leur position et leur stabilité. Ces bielles, étant placées à une certaine hauteur, doivent avoir, pour ne pas paraître trop *maigres*, des largeurs plus grandes que celles de machines, mais leurs nervures sont moins épaisses.

Lorsqu'elles sont en fer, on leur compose une section en croix au moyen de fers plats et de cornières (fig. 122), mais elles coûtent plus cher qu'en fonte; on pourrait encore employer le fer en croix des forges.

Les contrefiches sont habituellement assemblées avec les arbalétriers au moyen de plaques en fer, terminées en bas par un demi-cercle, au centre duquel passe un boulon qui entre dans l'œil supérieur de la bielle ; ce boulon doit être capable de résister, en ses deux sections de cisaillement, à l'effort de compression transmis par l'arbalétrier (fig. 121).

Quand celui-ci est en fer à larges ailes, il est préférable d'articuler la bielle à sa partie inférieure, à l'aide d'une pièce en fonte à patin (fig. 123), de façon à ne pas couper la nervure du I comme on y est obligé avec les plaques en tôle ci-dessus. On emploierait encore avantageusement des joues en fonte avec des arbalétriers à ailes étroites, comme dans les fig. 124 et 125, où A représente une console venue avec la partie B pour porter la panne au droit de la bielle.

Dans les fermes à contrefiches obliques en fers à T ou cornières, on assemble les divers éléments du système, soit à l'aide de plaques de forme triangulaire ou trapézoïdale, avec boulons ou clavettes (fig. 126) ; soit à l'aide de goussets rivés comme dans les fig. 49 et 135.

Outre les pièces principales que nous venons de mentionner, on a besoin, en général, de pièces auxiliaires destinées à *contreventer* l'ensemble de la construction. Ainsi, par exemple, dans un comble à la Polonceau, on réunit les fermes consécutives, à l'endroit des plaques de pied de bielle, par des tringles d'écartement ou *liernes* (fig. 127) s'attachant au boulon de celle-ci, soit au moyen de deux pas de vis contraires, comme t, soit à l'aide d'un œil pratiqué dans le coude qui les termine, comme t' ; on emploie également un bout de fer creux, servant de manchon aux tiges tt qui sont clavetées (fig. 128). Dans les charpentes (fig. 100, 101 et 104), il y a, sur l'axe, un cours longitudinal de croix de Saint-André en fers à T ou cornières reliant le faîtage à l'entrait.

Si les tirants, munis ou non de tendeurs, sont assemblés à boulons et plaques, on fixe de même les liernes tt sur ces plaques (fig. 129).

L'écartement des pannes sur les arbalétriers varie ordinairement entre 1^m,25 et 3^m,00 suivant leur importance et la charge qu'elles sont destinées à supporter. Elle se posent de deux façons : soit avec l'âme inclinée perpendiculairement à l'arbalétrier (fig. 130), soit avec l'âme verticale (fig. 131), comme est toujours le faîtage. Sur ces pannes, assemblées avec les fermes à l'aide d'équerres et de boulons, on établit la couverture au moyen de chevrons ou de tasseaux supportant eux-mêmes la volige, soit en long, en travers, ou obliquement.

Lorsque la couverture est en tôle ondulée, ce qui convient parfaitement pour des constructions légères, les feuilles sont fixées directement sur les pannes, soit au moyen de rivets (fig. 132), soit à l'aide d'agrafes (fig. 133) ; et l'on recouvre le sommet avec une faîtière en tôle ou en plomb.

Dans le cas où le toit est couvert au moyen de tuiles à emboîtement (dites communément *tuiles Muller*), on emploie des pannes beaucoup plus espacées que dans les couvertures en métal, et des chevrons en fer à double ou simple T, supportant un lattis en petits fers à T ou cornières (fig. 134) sur lesquels viennent s'accrocher les rebords des tuiles. On peut encore se servir de carillons ou fers plats qui entrent dans de petites entailles pratiquées sur les chevrons (fig. 135).

Souvent le comble n'est pas revêtu de couverture dans toute son étendue, et porte à sa partie supérieure un vitrage, dit *lanterne* ou *lanterneau*; on en soutient la carcasse par des supports en fer, ou mieux, par des colonnettes en fonte, munies de pattes rampantes (fig. 136), venant s'assembler sur la charpente.

L'écartement des fermes varie, avec le système employé, entre le minimum de 3 mètres, et le maximum de 10 mètres environ (comble de la gare de Perrache à Lyon).

Les entraits sont rarement tout à fait horizontaux à moins qu'ils ne portent un plancher ; la plupart du temps, on leur donne une légère inclinaison, de façon à compenser l'allongement possible du poinçon.

Nous n'avons fait que mentionner les combles sans tirant, parce qu'en général il est préférable d'employer les dispositions précédentes qui comprennent toutes cet auxiliaire.

Nous devons cependant citer la charpente indiquée (fig. 137) qui conviendrait parfaitement à un comble incliné à 45° pour tuiles ou ardoises, et qu'on construirait très élégamment en fers à T, reliés par des plaques en tôle et des moises en fer plat ou en cornière.

Dans une ferme de ce genre, on peut compter la charge à supporter, comme répartie également entre l'arbalétrier droit et l'arc cintré, bien que cette hypothèse ne soit pas absolument exacte.

Les tableaux I et II que nous donnons à la fin de ce travail peuvent très commodément s'appliquer au calcul des charpentes. (Voir p. 81).

Marquises et lanternes vitrées. — Ces petites toitures ne se calculent guère ; d'habitude on les établit *à l'œil ;* il serait cependant préférable de se rendre compte des charges qui les sollicitent, lorsque leurs dimensions dépassent l'ordinaire, et cela sera toujours facile à l'aide des formules indiquées précédemment, à moins que l'appentis n'ait pas de tirant.

Considérons maintenant ce cas d'une façon générale ; soient donc, (fig. 138), b la portée de l'arbalétrier, pl le poids uniformément réparti sur la longueur de celui-ci, dont α est l'inclinaison à l'horizon.

Le mur BC sur lequel pose la ferme à son sommet, étant vertical, produit une réaction horizontale T, que nous savons égale à

$$(37) \qquad T = \frac{plb}{2h},$$

et cette force, composée avec l'effort pl subi par l'appui qui reçoit le pied A de la ferme, donne pour l'intensité de la résultante qui pousse cet appui (mur, ceinture ou chéneau) :

$$N_A = \sqrt{p^2l^2 + T^2} = \sqrt{p^2l^2 + \frac{p^2l^2b^2}{4h^2}},$$

valeur complètement identique à celle de la résultante aux naissances pour les fermes courbes avec entrait ; on peut encore la mettre sous la forme

$$(69) \qquad N_A = \frac{pl}{2h} \sqrt{4h^2 + b^2}.$$

Quant à l'inclinaison α_1 de la résultante par rapport à l'horizon, elle est donnée par

$$\operatorname{tg}\alpha_1 = \frac{pl}{T} = \frac{2h}{b},$$

et comme $\operatorname{tg}\alpha$ est égal à $\frac{h}{b}$, on voit que la tangente de la résultante est le double de la tangente de l'inclinaison du toit.

Ces relations peuvent être utiles pour des appentis importants dont la poussée sur des murs, souvent peu épais, a besoin d'être bien connue ; mais, dans les marquises, où la résultante agit généralement sur un chéneau dont la rigidité lui est de beaucoup supérieure, il n'y a pas à s'en inquiéter. D'autant plus, qu'en réalité, le chéneau ou la ceinture qui le remplace forment tirant par les retours d'équerre qui les terminent latéralement.

S'il y a un tirant, l'appui du pied de la ferme ne subit évidemment plus que la charge verticale *pl*.

Pour que ces constructions offrent une rigidité suffisante et que les influences atmosphériques ne fassent pas trop *travailler* leurs éléments, on peut se baser sur un poids de 30 à 40 kil. par mètre carré de surface couverte, y compris l'action du vent, de la neige et des surcharges accidentelles occasionnées par les réparations; le verre employé peut peser au maximum 10 kil. par mètre carré.

Ceci dit, nous pouvons maintenant passer succinctement en revue ces petits ouvrages.

Les marquises se construisent tantôt avec un chéneau en tôle, tantôt sans chéneau. S'il y a un chéneau, on en supporte les angles par des colonnettes (fig. 138 et 139), lorsque la saillie de la marquise est un peu grande; lorsqu'elle ne dépasse pas trois mètres, on se sert de consoles.

Le chéneau est une boîte rectangulaire, formée généralement par trois côtés en fer plat, réunis par deux cornières (fig. 140); quelquefois, on se sert seulement, pour former les côtés, de deux cornières inégales rivées sur un fond plat (fig. 141). En tout cas, le chéneau est habituellement décoré par des rosaces et des plates-bandes moulurées en zinc, fer ou fonte; on l'orne dans la partie vue d'un *lambrequin* découpé dans des feuilles métalliques, ou bien formé par des fers à T contournés pour y mettre des verres, souvent de différentes couleurs; assez fréquemment, le chéneau est surmonté d'un couronnement forgé ou repoussé.

Les marquises sans chéneau sont moins coûteuses, mais aussi d'un effet moins élégant; elles sont soutenues par des consoles en fer plat sur champ, si la ceinture qui porte les chevrons est en fer plat ou T simple (fig. 142 et 143); en fer carré, si la ceinture elle-même est en ce fer.

Les chevrons ou *petits bois* composant le toit vitré se font en fers à T simple ou fers à vitrage, qui sont, d'un côté, scellés dans le mur ou assemblés sur le faîtage, et de l'autre, fixés sur le chéneau, lorsqu'il y a chéneau, au moyen d'une baguette rapportée (fig. 140) ou d'une équerre (fig. 141).

Lorsqu'il n'y a pas de chéneau, on établit une ceinture en fer à T simple, ou fer carré ou plat, sur tout le périmètre de la marquise, et c'est sur cette ceinture, entaillée suivant la pente à la place des chevrons, qu'on fixe ceux-ci à l'aide de petites vis (fig. 144).

Le long des murs, on établit des chevrons scellés en cornières inégales ou demi-vitrage, dont la grande côte est appliquée contre la maçonnerie. Lorsqu'on tient à diminuer le nombre des entailles à pratiquer dans la façade, on supporte les chevrons par une cornière *aa*, formant ceinture supérieure (fig. 139).

Pour tenir les verres, on retrousse l'extrémité inférieure de la nervure des chevrons jusqu'à l'appliquer sur l'âme coupée un peu courbe ; ces *garde-verres*, suivant l'expression technique, affectent, vus en bout, une forme ogivale (fig. 144).

Nous devons ajouter que, sur beaucoup de chemins de fer, les marquises sont des abris vitrés, souvent très importants et à deux pentes, qu'on doit regarder comme de véritables charpentes, très légères à la vérité.

Le nom de *lanternes* ou *châssis vitrés* se donne à des toitures composées comme les précédentes, mais généralement d'une construction beaucoup plus simple. On les établit d'ordinaire, au-dessus des cours ou des grandes charpentes en fer ou bois ; nous avons déjà dit un mot de la façon dont on les installait sur les arbalétriers en métal. Sur les combles ordinaires, on fixe la ceinture qui soutient tout le système au moyen de montants en fer à patte forgée portant sur le bois ; et, sur cette ceinture, viennent s'attacher les chevrons comme dans les marquises.

Dans les unes comme dans les autres, si l'espace à couvrir est rond ou polygonal (fig. 145), on réunit les chevrons concourants à l'aide d'un manchon lanterné *m*, dont nous avons déjà parlé et qui est représenté plus en détail (fig. 51).

Lorsqu'il s'agit d'une cour à recouvrir dans un bâtiment ordinaire, le chéneau est communément en bois, supporté par des *corbeaux* ou supports en fer carré (fig. 146) sur lesquels on assemble la ceinture *a* qui est la base de tout le système.

Quelquefois aussi, on place les supports plus près les uns des autres, et l'on y dispose des fentons longitudinaux, de façon à faire un petit hourdis en plâtre, comme dans les planchers courants ; pour la face verticale, on opère de même, en ayant soin de lier les petits carillons contre les corbeaux, avec du fil de fer ; et il ne reste plus qu'à revêtir de zinc le chéneau, comme d'habitude.

Les chéneaux en bois sont toujours renforcés de distance en distance par des *équerres* intérieures en fer plat qui assurent l'assemblage des planches.

D'autres fois enfin, il s'agit d'éclairer et de couvrir, en même temps, de vastes magasins ou bureaux à l'aide d'une charpente dont les points d'appui doivent être pris en porte-à-faux par rapport aux murs.

Dans ce cas, il faut, ou bien prendre le dessus des fermes pour fond du chéneau, qui se trouve alors avoir une section triangulaire (fig. 108), ou contre-couder les fermes pour venir se sceller en contrebas du chéneau qui conserve sa forme habituelle. Quelque disposition que l'on arrête, il faut prévoir à chaque retombée de ferme de fortes consoles, soit en fonte, soit en tôle et cornières, pour venir donner à ces points la rigidité nécessaire (fig. 109).

Serres, jardins d'hiver, vérandahs. — Toutes ces constructions sont exécutées en fers à T ou à vitrage, comme les marquises, et par les mêmes spécialistes.

Les *serres* sont des enceintes vitrées dont la carcasse est formée de petits arcs, entretoisés par des *sommiers*, faisant fonction de pannes, mais placés en dessous, pour ne pas gêner l'écoulement de l'eau sur la couverture. L'écartement des fermettes dépend de la largeur adoptée pour les verres ; tous les 1m,25 ou 1m,50, est une ferme en fer à T plus fort.

Quand les serres ont des dimensions importantes, on les termine assez souvent par des croupes. Lorsqu'elles sont isolées, on les construit à deux versants (fig. 147) ; elles n'en ont qu'un, lorsqu'elles sont adossées contre un mur (fig. 148). En tout cas, on établit au sommet des fermes une galerie très légère, avec garde-corps, pour permettre la pose et l'enlèvement des paillassons, claies à ombrer, etc.

Des châssis ouvrants sont disposés aux endroits convenables ; leur largeur est habituellement égale à l'écartement des fermes principales ; ceux du bas se manœuvrent à la main, les autres à l'aide de cordes et de poulies.

Les fermes viennent se sceller dans ou contre un bahut, ou *parpaing*, en moellons ou briques, de 0m,80 à 1m de haut, et de 35 à 40 cent. d'épaisseur ; la porte d'entrée est généralement en fer et vitrée, avec panneau inférieur en tôle.

Le chauffage des serres est effectué, la plupart du temps, à l'aide d'un système de tuyaux à circulation d'eau ou de vapeur, des bâches en tôle et briques sont établies pour recevoir les plantes, des gradins à étagères pour les pots à fleurs, etc.

On rencontre également des serres monumentales dont l'ornementation ne le cède en rien à celle des jardins d'hiver; souvent ces constructions diffèrent plutôt par l'aménagement que par l'extérieur.

Les *jardins d'hiver* sont rarement cintrés; ils se composent, presque toujours, d'une galerie rectangulaire, vitrée, au milieu de laquelle s'élève un pavillon polygonal ou cylindrique, ornementé et décoré de panneaux en faïence, verres gravés ou de couleur. La porte principale donne entrée dans le pavillon ; il y a souvent des portes latérales dans les pignons. Les montants verticaux ou colonnettes supportant le chéneau en tôle sont en fer ou fonte, moulurés ou rainés. Le soubassement est en maçonnerie comme ci-dessus ; l'air est donné par des châssis, des vasistas et des fenêtres en fer (fig. 149).

Les *vérandahs* (fig. 150) ont un aspect analogue à celui des jardins d'hiver, seulement elles sont adossées à une habitation (hôtel ou maison de campagne). Leur soubassement est formé par des panneaux en tôle ajustés sur les montants verticaux ou colonnettes.

Les *kiosques* s'exécutent quelquefois en fer; ils sont, peut-être, moins pittoresques qu'en bois, mais ils sont plus durables. Celui représenté dans la fig. 151 est un kiosque chinois ; la couverture, supposée en zinc, est soutenue par 6 arcs retroussés en fer à T, assemblés avec 3 cours de pannes formant l'hexagone, comme le représente en plan la fig. 152. Les colonnes en fonte sont entretoisées par des arcs en fer à T et fer plat, formant la ceinture extérieure du système.

CHAPITRE VI

PONTS ET PASSERELLES A POUTRES DROITES ET COURBES.

Ponts métalliques. — Les ponts métalliques se construisent en fonte ou en fer ; les ponts en fonte paraissent, d'une façon générale, un peu moins en usage aujourd'hui que les ponts en fer ; sauf les quelques lignes qui vont suivre, nous n'en parlerons donc pas ici, pour éviter de nous jeter dans des développements hors de proportions avec le cadre étroitement pratique que nous nous sommes imposé. Du reste, la structure générale d'un pont est toujours à peu près la même, quelle que soit la matière qui le compose.

Les ponts en fonte sont droits ou courbes. Les ponts à poutres droites ont été rarement employés ; cette forme ne se prête guère à un emploi économique du métal, à moins qu'il ne s'agisse d'un certain nombre de petits ouvrages, où les mêmes modèles peuvent servir plusieurs fois, à cause de la répétition de pièces identiques. Les anciens ponts par dessus le chemin de fer d'Auteuil pouvaient servir de spécimen de constructions de ce genre.

Les ponts en arc sont beaucoup plus fréquents que les précédents ; il faut même reconnaître à la fonte un grand avantage sur le fer à se prêter à l'ornementation architecturale. Ces ponts sont généralement constitués par des voussoirs séparés, dont la jonction est opérée par des boulons ou des clavettes ; quelquefois même par des rivets.

Nous commencerons par décrire les dispositions de poutres les plus habituellement employées dans les ponts droits à une travée, et nous en donnerons deux exemples numériques ; nous passerons ensuite aux ponts à plusieurs travées, et nous en étudierons un d'une façon détaillée ; et, pour terminer, nous consacrerons quelques pages à la construction et au calcul des ponts en arc.

Types de ponts droits en fer. — Le mode le plus simple de construction de ponts pour routes ordinaires est celui des fig. 153, 154, et 155, dans lesquelles les poutrelles du plancher posent sur les poutres, généralement au nombre de trois, pour ces petits ouvrages. Cette disposition offre l'avantage que les trottoirs, étant supportés par l'extrémité en porte-à-faux des poutrelles, font travailler les poutres de rive des deux côtés.

Les poutres sont, suivant la portée et la charge, en fer à I, en tôle et cornières, pleines ou évidées ; le tablier est recouvert en bois, ou en empierrement.

Le second système, représenté (fig. 156 et fig. 157) comporte, en général, deux poutres de rive seulement, pour les faibles ouvertures ; la poutre d'axe étant remplacée par une *longrine* ou *entretoise*, destinée à maintenir l'écartement des poutrelles. Les trottoirs sont encore en porte-à-faux, mais alors on les supporte à l'aide de consoles en fer ou en fonte assemblées sur les poutres au droit des poutrelles ou pièces de pont.

Les deux types précédents sont pourvus d'un garde-corps, fixé soit sur les poutrelles, soit sur les consoles.

Le troisième (fig. 158 et 159), dans lequel les poutres forment garde-corps, est destiné à des ouvrages plus importants ; il se compose, pour les routes, de deux poutres, généralement en treillis, sur lesquelles viennent s'assembler les poutrelles au moyen de goussets en tôle. Entre les poutres et parallèlement à l'axe longitudinal, il y a une ou plusieurs entretoises, comme dans le tablier précédent.

Les deux dernières dispositions indiquées s'emploient aussi bien pour les chemins de fer (fig. 160 et 161). Le premier système n'est pas appliqué, mais en revanche, dans les petits ponts, on emploie souvent celui de la fig. 162, où l'on voit le rail placé entre 2 poutres jumelées ; ce qui fait, pour un passage à deux voies, 4 poutres doubles, plus 2 poutres simples pour les rives et portant les garde-corps. Les longrines sous rails sont supportées par une *traverse* qui peut affecter différentes dispositions ; ici, nous l'avons supposée en deux cornières rivées sur une petite tôle et s'assemblant sur les poutres.

Lorsque les poutres d'un pont à deux voies sont en garde-corps, elles sont assez souvent au nombre de trois, dont 2 sur les rives, 1 à l'entrevoie ; celle-ci est généralement pleine, même quand celles de rive sont en treillis. Quand les ponts de ce genre sont importants, les poutrelles sont maintenues par des entretoises longitudinales, ou *longerons*, disposées sous chacun des rails, de façon à supporter la longrine, sur laquelle est fixé celui-ci (fig. 161).

Le ballast qui couvre les voies est soutenu par un plancher jointif en madriers où des voûtes en briques, quelquefois par de la tôle ondulée ; le ballast ou l'empierrement pèse environ 1600 kil., le mètre cube.

Lorsque les ponts sont biais, les dispositions sont les mêmes ; les poutrelles ou pièces de pont restent encore normales aux poutres, sauf celles des culées, dites *garde-grèves*. La figure 163 représente le plan d'un pont biais à chemin de fer, composé de trois poutres, dont les 2 latérales portent le garde-corps ; les poutrelles sont supposées situées à la partie inférieure du tablier, de sorte que les poutres dépassent le niveau du ballast, surtout la poutre d'axe qui est la plus chargée et qui doit être plus forte que les autres.

A leurs portées sur les culées, les poutres s'appuient sur des *glissières* en fonte, avec ou sans l'intermédiaire de *rouleaux* en fonte ou en acier (fig. 164).

Lorsque l'on emploie des rouleaux, ou lorsque les poutres portent directement sur une semelle en fer ou en plomb, les rivets doivent être fraisés en dessous. Pour les grands ouvrages, comme les têtes fraisées sont peu solides, on préfère laisser les têtes saillantes et pratiquer des évidements ou canaux dans les glissières; ces pièces sont tantôt scellées dans les maçonneries, tantôt seulement encastrées (fig. 165).

La longueur des portées, nous l'avons déjà dit, dépend de la surface nécessaire pour ne pas écraser la pierre.

Les trottoirs de ponts ordinaires pour routes sont supportés, du côté de la chaussée, par une longrine qui en élève le niveau, et du côté du garde-corps, par une autre longrine ou tasseau, ou bien même par une simple cornière courante, sur laquelle s'assemble le platelage qui est disposé tantôt en travers, tantôt en long ; ce dernier cas exige l'emploi de petites longrines transversales sous les trottoirs.

Les longrines sont assemblées avec les poutrelles et le garde-corps, à l'aide d'équerres (fig. 166) ou de boulons (fig. 167) ; ici c'est le montant même du garde-corps qui est fileté à son extrémité inférieure.

Les madriers de la chaussée sont fixés sur les poutrelles à l'aide de boulons dont les têtes sont noyées dans le bois ; ces boulons sont assez souvent à tête tronconique (fig. 168). Le plancher est cloué transversalement sur les madriers.

Lorsqu'on veut diminuer un peu l'épaisseur du plancher, on suit la disposition de la fig. 166, dans laquelle les madriers sont portés par les entretoises parallèlement aux poutrelles, de façon que le dessus de toutes ces pièces soit au même niveau, et que le platelage qui les recouvre soit placé suivant l'axe longitudinal du pont; si, au contraire, les madriers portent sur des poutrelles, ils sont en long, et c'est le platelage qui est en travers. Les bois employés pour le plancher pèsent à peu près 900 kil. le mètre cube.

Quant aux garde-corps, on leur donne les dispositions les plus variées; tantôt on les compose simplement d'une série de barreaux verticaux en fer rond, embrevés et goujonnés dans des lisses horizontales en fer méplat ou carré avec ou sans main-courante ; tantôt, pour rendre leur aspect plus gracieux, on met seulement des montants au droit des poutrelles, et on remplit les espaces ainsi formés par différents motifs dont les fig. 153, 156 et 169 donnent une idée ; les patins d'assemblage portent généralement quatre boulons.

La hauteur des garde-corps, quand ils ne font pas, bien entendu, partie intégrante des poutres de rive, varie communément de $0^m,80$ à 1 mètre au-dessus du niveau des trottoirs.

Les *passerelles* diffèrent des ponts proprement dits, en ce que leur largeur est généralement moindre (on ne leur donne guère plus de 3 mètres entre garde-corps), mais ce qui les différencie surtout, c'est qu'elles n'offrent pas de trottoirs latéraux. Elles peuvent être plus ou moins rigides, suivant qu'elles sont destinées à porter des voitures ou seulement des piétons, et suivent les mêmes règles générales de construction que les ponts ; nous y reviendrons un peu plus loin, à propos des poutres cintrées.

Dans les ponts ordinaires établis d'après les deux premiers types, on ajoute presque toujours, à la partie inférieure, un *contreventement* très léger, composé de croix de Saint-André en fers à T ou cornières, rivées ou boulonnées sur la semelle inférieure des poutres, de sorte que celles-ci sont maintenues en haut et en bas, et que l'ensemble des différentes parties est rendu plus solidaire; ce qui est surtout important pour les ouvrages biais ou à deux voies.

La fig. 154 représente, par exemple, le contreventement du pont indiqué par les fig. 153 et 155.

Les ponts avec poutres en gardes-corps (fig. 158, 159, 161), reçoivent rarement un contreventement; la position de leurs poutrelles à la partie inférieure le rend inutile, la plupart du temps; dans le cas de poutres très hautes, ce contreventement serait mieux placé à leur partie supérieure, pour les empêcher de se voiler; le pont sur le Rhin à Kehl et les autres grands ponts de ce genre offrent cette disposition.

La largeur des ponts varie avec celle de la voie dont ils sont le prolongement et les nécessités de la localité où ils sont situés; les ponts pour routes n'ont généralement pas moins de 4^m,50 ou 6 mètres entre garde-corps; dans les grandes villes, ou à leurs abords, la largeur dépasse souvent 10 et 15 mètres. Pour les ponts de chemins de fer, la largeur est réglée par le nombre des voies auxquelles ils doivent livrer passage.

Au sujet de l'établissement des ouvrages qui nous occupent, la circulaire du ministre des Travaux Publics du 9 juillet 1877 prescrit, pour les tabliers destinés aux routes, l'application d'une surcharge d'épreuve de 300 kil. par mètre carré de tablier (chaussée ou trottoirs indistinctement); le fer travaillant à 6 kil. par millimètre carré tant à l'extension qu'à la compression.

C'est donc sur ce chiffre qu'on se base pour calculer les différentes parties du pont. Cependant, il peut arriver que le passage d'une lourde voiture produise sur les poutres un effort plus considérable que celui de la surcharge, surtout quand le pont a peu de longueur.

Quant aux chemins de fer, l'instruction ministérielle prescrit une surcharge de 12000 à 5000 kil. par mètre courant de simple voie, pour les travées de 2 à 19 mètres de portée, et de 4900 à 3000 kil. par mètre courant de simple voie pour les portées de 20 à 150 mètres. Mais, de même que pour les routes, les surcharges d'exploitation provenant, par exemple, de la présence d'une forte machine à marchandises du poids de 60 à 72 tonnes, avec son tender approvisionné, peuvent produire des flexions plus importantes.

Du reste, dans tous les cas, l'administration se réserve, avant de prononcer la réception définitive d'un tablier, de procéder à son épreuve à l'aide des véhicules auxquels il doit donner habituellement passage.

On admet, comme approximation, que les charges roulantes donnent lieu à des flexions doubles de celles produites par les mêmes charges si elles étaient fixes.

Exemples numériques. — 1°. — Prenons d'abord comme application simple du calcul le cas d'un petit pont pour routes, de 6 mètres de portée, conforme au type des fig. 153, 154 et 155.

Il est composé de 3 poutres, dont une au milieu, en fer à I de 350$^{m/m}$, à larges ailes, écartées de 1^m,70 d'axe en axe, et soutenant le plancher du pont au moyen de 6 poutrelles en fer à larges ailes de 140$^{m/m}$, espacées à 1^m,18 l'une de l'autre, environ. La chaussée est composée de madriers de 0^m,08 boulonnés sur les poutrelles ; le platelage qui recouvre le tout a 0^m,04 d'épaisseur. Les trottoirs sont portés du côté de la voie par une longrine, et de l'autre, sont fixés sur le garde-corps.

Le pont offre une voie charretière de 2^m,80, et 2 trottoirs latéraux de 0^m,85, de sorte que sa largeur totale entre garde-corps est de 4^m,50.

Nous examinons seulement la poutre d'axe qui est la plus fatiguée. Elle supporte un poids permanent provenant de l'ossature et du plancher, que l'on doit regarder comme uniformément réparti, et qui se décompose ainsi :

Bois de la chaussée : 1^m,70 $\times$ 6^m $\times$ 0^m,12 $\times$ 900^k 1102 kil.
Poids propre : 6^m $\times$ 80^k   480
Poutrelles : 6^m $\times$ 1^m,70 $\times$ 21^k   214
Contreventement en cornières.   26
Boulons, couvrejoints, plaques, etc.   178

Total sur la poutre. . . .   2000 kil.

Commençons par le cas où elle se trouve chargée d'une grosse voiture à un seul essieu, exerçant sur le tablier un effort de 6000 kil., soit 3000 kil. sur chaque roue, celles-ci étant supposées écartées de 1^m,70 l'une de l'autre ; comme nous avons justement donné ce même écartement à nos poutres, il s'ensuit que la poutre d'axe supporte à elle seule 3000 kil., les autres 3000 kil. se répartissant, par moitié, entre les deux poutres de rive.

La position la plus défavorable sera évidemment quand la voiture se trouve au milieu du pont ; dès lors, la formule applicable sera

$$(14) \qquad \frac{RI}{n} = \left(P + \frac{pl}{2}\right)\frac{l}{4}.$$

Ici nous faisons $P = 3000$ kil., $pl = 2000$, $l = 6^m$, et il vient

$$\frac{RI}{n} = \left(3000 + \frac{2000}{2}\right)\frac{6}{4} = 6000^{km}.$$

Comme nous avons supposé ces poutres en fer à **I** de $350^{m/m}$, à larges ailes (Forges de la Providence) qui a pour valeur $\frac{I}{n} = 0{,}001085$, le fer travaille à raison de

$$R = \frac{6000}{1085} = 5^k{,}53.$$

Dans le cas où la pièce ne serait soumise qu'à la charge d'épreuve, nous aurions

Poids permanent ci-dessus	2000 kil.
Surcharge : $1^m{,}70 \times 6^m \times 300$ kil. . . .	3060
Total sur la poutre. . .	5060 kil.

La formule à appliquer est bien connue, c'est

$$(16) \qquad \frac{RI}{n} = \frac{pl^2}{8},$$

remplaçons pl par 5060 kil., l par 6^m, il vient

$$\frac{RI}{n} = 3795^{km};$$

et le fer ne travaille qu'à

$$R = \frac{3795}{1085} = 3^k{,}50.$$

La section de la pièce ne changeant pas, et le milieu étant le plus fatigué, on sera sûr que, dans aucun cas, le travail du fer ne dépassera les limites précédentes.

Examinons maintenant la résistance des poutrelles lors du passage d'une grosse voiture sur leur partie centrale, ce qui est l'hypothèse la plus désavantageuse ; par suite de la disposition du tablier, nous les regarderons comme encastrées sur les trois poutres.

Ceci posé, chaque travée de $1^m,70$ supporte la charge uniformément répartie suivante :

Chaussée : $1^m,70 \times 1^m,18 \times 0^m,12 \times 900$ kil.	216 kil.
Poids propre : $1^m,70 \times 21$ kil.	36
Equerres, boulons, etc..	18
Total . . .	270 kil.

La poutrelle supporte, en outre, le poids de la roue de 3000 kil.; le moment fléchissant sera maximum sur la poutre d'axe, où l'on aura

(9) et (11) $$\frac{RI}{n} = \frac{Pl}{8} + \frac{pl^2}{12} = \frac{l}{4}\left(\frac{P}{2} + \frac{pl}{3}\right).$$

Comme, en réalité, $l = 1^m,56$ seulement, en remplaçant

$$\frac{Rl}{n} = \frac{1,56}{4}\left(\frac{3000}{2} + \frac{270}{3}\right) = 620^{km} ;$$

L'échantillon employé est du fer à larges ailes de la Providence qui nous donne

$$\frac{I}{n} = \frac{0,076 \times \overline{0,14}^3 - 0,868 \times \overline{0,12}^3}{6 \times 0,14} = 0,00010838 ;$$

il en résulte qu'alors

$$R = \frac{6200}{1884} = 5^k,72$$

par millimètre carré de section. La rigidité des pièces principales étant assurée, les madriers de la voie n'ont pas besoin d'être calculés, non plus que le contreventement.

2°. — Passons maintenant à l'autre exemple d'un pont pour chemin vicinal, ayant les dimensions suivantes et destiné à une circulation active.

La portée des poutres, c'est-à-dire l'ouverture libre entre les culées, est de $17^m,90$; la largeur du tablier est de $3^m,90$ entre les axes des poutres, qui sont supposées former garde-corps, et de $3^m,68$ entre les arêtes intérieures de leurs semelles.

Les poutrelles, espacées à $1^m,375$ d'axe en axe, sont assemblées sur les poutres au moyen de goussets en tôle; leur portée est de $3^m,68$, égale à l'écartement intérieur des poutres. Le plancher est en bois; les madriers affleurent le dessus des poutrelles, et sont disposés perpendiculairement aux poutres, de façon que le platelage qui les recouvre soit parallèle à celles-ci, disposition analogue à celle de la fig. 166. La voie charretière a $2^m,20$ de largeur, les trottoirs $0^m,74$ à partir de l'arête des poutres ou $0^m,85$ jusqu'à leur axe.

Les poutres sont en treillis du système mixte, avec âmes en tôle non symétriques; les poutrelles, ou pièces de pont, sont à âme pleine, de $0^m,27$ de hauteur, elles sont entretoisées par deux longrines en fer à I de $0^m,16$, à larges ailes, destinées à assurer leur rigidité et à supporter les madriers de la voie.

La fig. 170, qui représente la coupe en travers du tablier, indique suffisamment la disposition de l'ouvrage, pris dans son ensemble.

Nous allons examiner, avant le cas de la surcharge d'épreuve, l'hypothèse où deux grosses voitures se trouveraient simultanément sur le pont, aussi près du milieu de la portée que le permet la longueur des attelages ordinairement employés.

1° Supposons que le poids afférent à une des poutres se décompose de la manière suivante :

Poutre proprement dite, compris goussets etc.	3500 kil.
Poutrelles.	1470
Entretoises, avec équerres et boulons	845
Bois de la chaussée et boulons	3140
Poids mort total pour une poutre.	8955 kil.

En chiffres ronds, 9000 kil.

La position la plus défavorable de la charge roulante n'est pas, en réalité, quand elle occupe le milieu du tablier, mais lorsqu'une des roues se trouve aussi près que possible d'une des poutres, comme l'indique en ponctué la fig. 170.

Dans ce cas, pour obtenir les réactions des roues, nous pouvons appliquer la relation donnée pour les efforts tranchants (paragraphe 3. — **a**, Chapitre 1er), c'est-à-dire $F_0 = \dfrac{Pl''}{l}$, abstraction faite du terme $\dfrac{pl}{2}$; de sorte que nous avons actuellement, pour la réaction sur la poutre de gauche,

$$F_0 = \frac{3000 \times 0{,}80 + 3000 \times 2{,}50}{3{,}68} = \frac{3000\,(0{,}80 + 2{,}50)}{3{,}68} = 2690\,\text{kil.};$$

par suite, la poutre de droite supporte $6000 - 2690 = 3310$ kil.

Les voitures étant supposées symétriquement placées à 3^m,75 du milieu de la portée, la formule convenable est

$$(17) \qquad \frac{RI}{n} = Pl' + \frac{pl^2}{8}.$$

Ici nous avons $P = 3310$ k., $l' = 5^m,20$, $l = 17^m,90$, $pl = 9000$ kil. il vient

$$\frac{RI}{n} = \left(3310 \times 5{,}20 + \frac{9000 \times 17{,}90}{8} \right) = 37349^{km}.$$

Telle est la valeur du moment de rupture, au milieu, dans ce cas ; la charge d'épreuve va nous fournir un chiffre plus important.

2° Le *poids mort* de la poutre étant toujours 9000 kil., la charge d'épreuve à 300 kil. sur le tablier nous donnera

$$300 \times 17{,}90 \times 1{,}95 = 10472 \text{ kil.};$$

soit, en chiffres ronds, un poids réparti total de

$$9000 + 11000 = 20000 \text{ kil.}$$

Le moment fléchissant, maximum au milieu, est

$$(16) \quad \frac{RI}{n} = \frac{pl^2}{8} = \frac{20000 \times 17,90}{8} = 44750^{km},$$

valeur supérieure aux 37349 kil. de tout à l'heure.

Supposons que la poutre en treillis à employer, de $1^m,230$ de hauteur totale, ait les dimensions de la fig. 171 ; il faut, comme elle n'est pas symétrique, chercher d'abord la valeur de n par la relation

$$n = \frac{\Sigma M}{\Sigma S},$$

et l'introduire ensuite dans la valeur de I. Soit donc la section de la poutre décomposée en 8 surfaces partielles comme l'indique la fig. 172.

Nous formons alors le tableau suivant, contenant successivement dans ses colonnes, les numéros d'ordre des surfaces, leurs largeurs, leurs hauteurs, leurs aires S, les distances de leurs centres de gravité partiels à l'horizontale supérieure de la poutre, prise comme axe des moments, et enfin les produits M de ces distances par les aires S :

NUMÉROS D'ORDRE des SURFACES	DIMENSIONS DES SURFACES		AIRES S	DISTANCES des centres de gravité à l'horizontale supérieure	MOMENTS M
	Largeurs	Hauteurs			
	mèt.	mèt.	mèt. car.	mèt.	
1	0,220	0,016	0,003520	0,008	0,000028160
2	0,146	0,009	0,001314	0,020.5	0,000026937
3	0,024	0,061	0,001464	0,055.5	0,000081252
4	0,006	0,130	0,000780	0,151	0,000117780
5	0,006	0,430	0,002580	0,929	0,002396820
6	0,024	0,061	0,001464	1,174.5	0,001719468
7	0,146	0,009	0,001314	1,209.5	0,001589283
8	0,220	0,016	0,003520	1,222	0,004301440
			$\Sigma S =$ 0,015956	$\Sigma M =$	0,010261140

Additionnant toutes les aires S, on a Σ S ; additionnant les produits M, on a Σ M ; il ne reste plus qu'à faire le quotient de l'un par l'autre pour obtenir n ; dans le cas qui nous occupe, on trouve

$$n = \frac{0{,}010261140}{0{,}015956} = 0^m{,}643$$

en nombres ronds.

On obtient ensuite

$$n' = 1^m{,}230 - 0^m{,}643 = 0^m{,}587.$$

On voit bien que ces opérations n'offrent pas de difficultés, puisque les surfaces partielles sont rectangulaires, et que leurs centres de gravité se trouvent immédiatement sur la moitié de la hauteur. Il ne s'agit que de mettre de l'ordre dans l'inscription des dimensions et des résultats ; cependant ces calculs, assez longs, demanderaient à être abrégés.

Cherchons donc, par analogie avec ce que nous avons fait pour le profil en T simple, à obtenir graphiquement le centre de gravité de la section actuelle (fig. 172).

Les semelles et les cornières étant égales et symétriques par rapport à l'axe médian, prenons sur l'âme, inférieure (5) une surface (4') égale à celle de l'âme supérieure (4) ; de telle sorte que l'ensemble des surfaces (1) (2) (3) (4) et (8) (7) (6) (4') aura son centre de gravité g sur l'axe médian à $0^m{,}615$ de l'horizontale supérieure ; composant ensuite le centre γ de l'âme inférieure modifiée (surface $300 \times 6 = 1800$ millimètres carrés) avec le centre g, représentant $2 \times 7078 = 14156$ millimètres carrés, inversement à ces surfaces, nous aurons ainsi, par une seule opération, le centre de gravité définitif G de la poutre.

Ce point nous donne à l'échelle, pour la distance de l'axe neutre (l'épure étant faite à moitié d'exécution) :

$$n = 0^m{,}615 + g\text{G} = 0^m{,}615 + 0^m{,}028 = 0^m{,}643 ;$$

on tire ensuite

$$n' = 1^m{,}230 - 0^m{,}643 = 0^m{,}587,$$

valeurs précisément égales à celles données par le calcul. L'on voit que cette marche est beaucoup plus rapide, surtout dans notre cas, où les semelles sont égales; si elles étaient différentes, le tracé serait un peu plus long, sans que le mode d'opérer changeât.

Préparant alors la section de la poutre (fig. 171), en déterminant les différentes hauteurs des solides partielles à l'aide des valeurs trouvées pour n et n', on arrive à une valeur de $\dfrac{1}{n}$ analogue à

$$(36) \qquad \frac{1}{n} = \frac{an^3 - a_1 n_1^3 + a'n'^3}{3n'},$$

et qui, dans le cas qui nous occupe, avec les données actuelles, prend la forme un peu moins simple

$$\frac{1}{n} = \frac{0{,}22\,(\overline{0{,}643}^3 + \overline{0{,}587}^3) - 0{,}074\,(\overline{0{,}627}^3 + \overline{0{,}574}^3) - 0{,}122\,(\overline{0{,}618}^3 + \overline{0{,}562}^3) - 0{,}018\,(\overline{0{,}557}^3 + \overline{0{,}561}^3) - 0{,}085\,(\overline{0{,}427}^3 + \overline{0{,}071}^3)}{3 \times 0{,}643};$$

en effectuant les calculs, on trouve

$$\frac{1}{n} = 0{,}007606$$

en nombre ronds.

Or, comme nous avons obtenu un moment fléchissant dû à la surcharge administrative de 44750^{km}, la poutre ci-dessus travaillerait à raison de

$$R = \frac{44750}{7606} = 5^k{,}88$$

environ par millimètre carré de section.

Dans le cas où l'on considérerait les grosses voitures de 6000 kil., placées symétriquement sur le tablier, la poutre ne travaillerait qu'à

$$\frac{37349}{7606} = 4^k{,}91$$

seulement.

Dans le calcul de $\dfrac{1}{n}$, nous n'avons pas compté la valeur résistante du treillis (supposé en 65×7, moyennement), que nous avons regardé comme destiné seulement à maintenir invariablement l'écartement vertical des semelles ou plates-bandes, ainsi que les montants en fer à T. Le coefficient de $5^k,88$, obtenu dans ces conditions, est donc de nature à bannir toute inquiétude.

Nous avons vu que, dans les pièces à une travée, la valeur du moment fléchissant en un point quelconque, répondant à l'abscisse x, était

(16')
$$\frac{RI}{n} = \frac{px}{2}(l-x).$$

Nous pourrions donc obtenir facilement la valeur du moment fléchissant en tels points que nous voudrions de la travée, et nous pourrions proportionner la hauteur de la poutre à la valeur du moment fléchissant trouvé en chaque point. C'est ainsi que l'on construit les grands ponts à poutres droites, dans lesquelles la partie supérieure dessine un arc, dont la hauteur, maximum au milieu, décroît graduellement en s'approchant des appuis, de façon à économiser le métal, tout en conservant à chaque partie la résistance qui lui convient.

Notre but est plus modeste, et nous supposerons que la ferme dont nous nous occupons doive rester droite à sa partie supérieure; seulement, comme la section calculée plus haut est à deux épaisseurs de semelles, nous allons chercher le point de la travée où la section avec une seule épaisseur seulement serait suffisante.

Commençons par établir la valeur de $\dfrac{I}{n}$ qui correspond à la nouvelle poutre de $1^m,214$ de hauteur, ce qu'il est facile de faire.

En effet, l'épure de la fig. 172 nous permet d'obtenir immédiatement la seconde valeur de n; l'axe médian de la poutre ne changeant pas, non plus que les dimensions de l'âme, les centres partiels, g et γ, conservent leur position, déterminée une fois pour toutes; la surface de l'âme modifiée reste toujours à 1800 millim. carrés, il n'y a qu'à remplacer la surface 14156 millim. car., correspondant aux âmes, cornières et semelles comptées à 2 épaisseurs, par 10636 millim. car. seulement.

Nous obtenons la valeur $n = 643^{m/m}$, qui se trouve alors applicable aux deux hauteurs de la poutre; par suite,

$$n' = 1^m,214 - 0^m,643 = 0^m,571.$$

Les constructions n'ont pas été inscrites sur la figure pour ne pas la compliquer inutilement.

On a alors, les cotes étant établies à nouveau,

$$\frac{I}{n} = \frac{0,22\left(\overline{0,643}^3 + \overline{0,574}^3\right) - 0,074\left(\overline{0,635}^3 + \overline{0,563}^3\right) - 0,122\left(\overline{0,625}^3 + \overline{0,551}^3\right) - 0,018\left(\overline{0,585}^3 + \overline{0,493}^3\right) - 0,036\left(\overline{0,435}^3 + \overline{0,053}^3\right)}{3 \times 0,643};$$

ou enfin, tous calculs faits,

$$\frac{I}{n} = 0,005557.$$

Ceci posé ; la formule (16') peut s'écrire

$$\frac{2RI}{pn} = lx - x^2$$

ou

$$x^2 - lx + \frac{2RI}{pn} = 0 \ ;$$

nous en tirons

$$x = \frac{l}{2} \pm \sqrt{\frac{l^2}{4} - \frac{2RI}{pn}}.$$

Ici nous devons faire $R = 5,880,000$ kilog. comme dans le calcul de la poutre au milieu ; de façon que, pour la section à une plate-bande, nous avons

$$\frac{2RI}{pn} = 58,45.$$

$p = 1118$ kil. environ ; il vient donc

$$x = 8^m,95 \pm \sqrt{8,95^2 - 58,45} = 8^m,95 \pm 4^m,653.$$

Le signe $+$ nous donne les abscisses sur la demi-travée de droite, le signe $-$ sur la demi-travée de gauche ; c'est donc le signe $-$ que nous choisirons ; par conséquent

$$x = 4^m,297,$$

et la section considérée sera suffisante jusqu'à $4^m,30$ environ de l'appui.

On peut obtenir graphiquement le résultat que nous venons de calculer, en effectuant le tracé de la parabole $\mu = \dfrac{px}{2}(l-x)$ au moyen du moment fléchissant maximum au milieu (MM' = 44750^{km}) et de la demi-portée (AM = 8^m,95), à l'aide de l'un des procédés indiqués dans la note V ; il suffit de choisir, pour les ordonnées et les abscisses, des échelles en rapport avec la feuille de papier dont on dispose (fig. 173).

L'emploi de la courbe offre l'avantage, d'abord, de peindre à l'œil la variation du moment fléchissant, et de dispenser, ensuite, de chercher par le calcul les abscisses répondant aux points où l'on peut faire varier la section de la poutre.

Si nous admettons que le plus grand effort, par unité de section de la fibre la plus fatiguée, soit limité à 6 kil. par millimètre carré, ainsi que cela se pratique d'habitude dans les ponts, le moment de résistance de la poutre au milieu sera

$$\frac{RI}{n} = 0,007606 \times 6000000 = 45636^{km}$$

et, par suite, excédera un peu le moment fléchissant maximum, ainsi que le montre l'ordonnée MM″ qui représente à l'échelle le moment de résistance en question ; l'intervalle M'M″ étant égal à (45636 — 44750) ^{km}.

Au point où la poutre n'a plus qu'une seule épaisseur aux plates-bandes, son moment résistant est 5557 $\times$ 6 = 33342^{km} ; en menant alors sur l'épure une horizontale A'a' dont la distance à l'axe AM représente 33342 ^{km} à l'échelle adoptée, cette horizontale rencontrera la courbe Aa'M' en un point a', dont l'abscisse Aa est environ $x =$ 4^m,43, valeur analogue à celle donnée par le calcul, qui était (en supposant R = 5^k,88) 4^m,297, et qui représente la distance jusqu'à laquelle on peut pousser la section considérée, tout en conservant à la poutre un taux uniforme de résistance par unité de surface. Pour plus de sécurité, nous nous arrêterons à 4^m,00 de l'appui ; de sorte que la semelle supérieure régnera sur une longueur totale de 9^m,90, soit 4^m,95 de chaque côté de l'axe.

Souvent, on entoure, par des hachures, les rectangles AA'A′₁A″M″M qui encadrent ainsi la courbe et indiquent la résistance constante de la section dans la portion de travée où elle est employée. C'est principalement pour les poutres à plusieurs appuis qu'il est indis-

CHAPITRE VI

pensable de laisser un peu de jour entre les rectangles et la courbe qu'ils circonscrivent, de façon à conserver aux hypothèses faites dans les calculs la latitude nécessaire pour qu'elles s'éloignent le moins possible de la réalité ; nous y reviendrons tout à l'heure.

En se référant à la note VI, on voit que la détermination du treillis s'opère à l'aide de l'effort tranchant. Ainsi, par exemple, pour le point situé à $4^m,43$ de l'appui, nous avons un effort de cisaillement

(5) $\quad F = px' = 1118 \,(8,95 - 4,43) = 5053^k,36.$

La verticale yy' (fig. 174) rencontre deux barres montantes et deux descendantes, donc $N = 4$; le treillis étant incliné à 45°, et sa largeur normale l étant 65 $^{m/m}$, $l' = 1,414 \times 65 = 92 \,^{m/m}$, $R_1 = 3^k,00$; nous avons par conséquent, en appliquant l'équation (E),

$$3 \times 4 \times 92 \times e = 5053, \quad \text{d'où} \quad e = \frac{5053}{4 \times 3 \times 92} = 4^{m/m},6.$$

Sur les culées, là où il est maximum, l'effort tranchant est 10000 kil. ; en supposant l'épaisseur des barres égale à celle des cornières ou 9 $^{m/m}$, on a pour R_1,

$$\frac{10000}{4 \times 9 \times 92} = 3^k,02.$$

Mais la répartition du treillis peut bien plus commodément s'exécuter à l'aide de l'épure de l'effort tranchant. En effet (fig. 173) prenons $AF_0 = 10000$ kil., à une certaine échelle, et joignons MF_0, cette droite sera l'image de la variation de l'effort en question ; de sorte qu'en élevant la verticale af, à $4^m,43$ du point A, on trouvera graphiquement l'effort tranchant en cette section de la poutre.

Maintenant considérons la droite AF_0 comme figurant l'épaisseur *maximum* des barres du treillis, dont la largeur est supposée constante, (dans l'exemple actuel cette épaisseur est 9 $^{m/m}$), divisons cette droite en parties égales qui représenteront des millimètres d'épaisseur ; menons par les points de division des horizontales qu'on arrêtera à l'intersection des verticales servant à la distribution en panneaux de la poutre, nous formons une ligne en escalier F_0 9'88' ... 55' ; serrant d'aussi près que possible la droite MF_0. On voit qu'ici les cinq panneaux du milieu de la poutre auront 5 $^{m/m}$ d'épaisseur et que les autres seront d'épaisseurs croissantes jusqu'à 9 $^{m/m}$ sur les appuis.

Il est rare que les poutres évidées périssent par l'insuffisance de section des barres; celles-ci, par leurs assemblages entre elles ou avec les montants, forment un ensemble d'autant plus résistant que le tissu est plus serré. Il faut veiller, principalement, à donner aux attaches du treillis sur la poutre une grande rigidité; pour arriver à ce résultat, on place en ces points le plus de rivets possible, sauf même à y mettre des rivets plus forts que ceux des parties courantes.

Ainsi, dans le cas actuel, chaque barre tend à cisailler, en une seule et même section, les rivets qui l'assemblent aux âmes en fer plat, avec une force égale à sa tension ou à sa compression φ (Voir note VI). Or les barres les plus fatiguées sont en 65×9, c'est-à-dire qu'elles ont 585 millim. carrés; elles sont assemblées sur la poutre à l'aide de trois rivets de 18 millimètres, dont la section totale est $3 \times 254 = 762$ millimètres carrés; le taux de travail longitudinal de ces pièces étant $2 \times 3^k,02 = 6^k,04$, on doit avoir, pour l'équilibre entre les différentes parties du système,

$$585 \times 6,04 = 762 \times R'';$$

d'où l'on tire, pour le travail des rivets au cisaillement,

$$R'' = \frac{585 \times 6,04}{762} = 4^k,64,$$

chiffre inférieur à 5 kil., qui est généralement admis; dans les autres points, on pourra se contenter de rivets de 16 millimètres, comme dans le reste de la construction.

Les montants verticaux, espacés de $1^m,375$ d'axe en axe, s'opposent également à l'effort tranchant. On peut les calculer à l'aide de la formule simple

(1) $$F = \Omega R'',$$

dans laquelle Ω est la section cumulée des fer à $\top$ et cornières.

Les montants les plus chargés sont ceux près des culées pour lesquels $F = Q_0 = 10000$ kil., la surface totale des fers est: $1410 + 2 \times 564 = 2538$ millimètres carrés; alors nous avons

$$R'' = \frac{10000}{2538} = 3^k,91.$$

Il y a entre les cornières des cales de 7 millimèt., de distance en distance, destinées à leur conserver un écartement égal à l'épaisseur de l'âme des poutrelles.

La fig 174 indique le détail d'une des extrémités de la poutre ; en faisant la portée sur les culées égale à 0^m,60, on sera parfaitement sûr de ne pas fatiguer les maçonneries.

Nous donnerons à ce panneau extrême 6 millimètres d'épaisseur, comme aux âmes sur lesquelles est rivé le treillis, bien que 3 millimètres seulement eussent parfaitement suffi.

Passons au calcul des poutrelles ou pièces de pont, espacées à 1^m,375 l'une de l'autre, ainsi que les montants. Nous les regarderons comme des pièces appuyées à leurs extrémités sur les poutres, et supportant chacune un poids réparti provenant du tablier et de leur poids propre, égal à 760 kil., se décomposant ainsi :

Poutrelle proprement dite.	210 kil.
Entretoises et équerres	65
Plancher et boulons.	485
Poids total réparti par poutrelle.	760 kil.

Supposons une grosse voiture placée symétriquement sur l'une d'elles, ainsi que le représente la fig 170 ; dans ce cas, le moment fléchissant au milieu est donné par

$$(17) \qquad \frac{RI}{n} = Pl' + \frac{pl^2}{8},$$

relation dans laquelle nous avons : P = 3000 kil., l' = 0^m,990, l = 3^m,680, pl = 760 kil. ; de sorte qu'il vient

$$\frac{RI}{n} = 3000 \times 0,99 + \frac{760 \times 3,68}{8} = 3317^{km}.$$

Dans le cas où la surcharge administrative agirait seule sur la poutrelle, on aurait :

Poids propre de la poutrelle et du plancher. . . .	760 kil.
Surcharge de chaussée : 3^m,90 $\times$ 1,375 $\times$ 300. . .	1610
Poids réparti total sur la poutrelle. . . .	2370 kil.

Appliquant la formule (16),

$$\frac{RI}{n} = \frac{2370 \times 3,68}{8} = 1090 \text{ km}.$$

C'est donc l'hypothèse du passage de la voiture sur le tablier, qui donne le moment fléchissant le plus élevé ; autrement dit, c'est tout le contraire des poutres (Voir note V).

Ces pièces sont composées d'une âme en 270×7, et de quatre cornières de $\frac{70 \times 70}{9}$; on a donc pour valeur de $\frac{I}{n}$

$$\frac{I}{n} = \frac{\overline{0,27}^3 \times 0,147 - \overline{0,252}^3 \times 0,122 - \overline{0,13}^3 \times 0,018}{6 \times 0,27},$$

ou, tous calculs faits,

$$\frac{I}{n} = 0,00055648.$$

Alors, dans le premier cas, la poutrelle travaille, par millimètre carré de section, à raison de

$$\frac{33170}{5565} = 5^k,96 ;$$

tandis que dans le second, on a seulement

$$R = \frac{10900}{5565} = 1^k,96.$$

Nous avons supposé plus haut que les pièces de pont étaient réunies par deux longrines en fer à **I**, à larges ailes, de 0^m,16 de hauteur ; jetons un coup d'œil sur la résistance de ces pièces qui ne sont pas destinées à supporter directement les charges, et font plutôt l'office de contreventement.

Ces entretoises étant écartées à 1^m,70 l'une de l'autre, ce qui est à peu près l'entr'axe pour les plus lourds véhicules qui doivent circuler sur le tablier, on voit que l'hypothèse la plus défavorable résultera de la présence d'une roue en leur milieu.

Chacune d'elles supporte, en outre, son propre poids et un poids de plancher formant un total d'environ 200 kil. répartis sur sa longueur libre de 1^m,228 ; le moment fléchissant au milieu est, par suite,

$$(14) \qquad \frac{RI}{n} = \left(3000 + \frac{200}{2}\right)\frac{1,228}{4} = 951^{km},7.$$

Le fer à **I** de 16 employé, ayant pour valeur $\frac{I}{n} = 0{,}0001484$, la fibre la plus fatiguée travaille à

$$\frac{9517}{1484} = 6^k,41.$$

Les madriers de la chaussée, supposés à 100 millimètres d'épaisseur, sont boulonnés à leur passage sur les entretoises précédentes ; le platelage qui les recouvre et vient porter sur les pièces de pont a 0^m,04 d'épaisseur.

Les trottoirs latéraux sont supportés par une longrine carrée de 0^m,10, du côté de la voie charretière ; le bois qui les constitue n'a que 0^m,03 seulement.

Ponts à plusieurs travées. — Les ponts à plusieurs travées peuvent être continus ou discontinus, c'est-à-dire composés de poutres d'une seule pièce ou en plusieurs parties indépendantes.

Les poutres continues ont, à égalité d'efforts dans le métal, l'avantage d'offrir un poids moindre que les poutres discontinues, dans les mêmes conditions de charge et de portée ; seulement les réactions sur les appuis intermédiaires sont plus faibles pour les poutres indépendantes.

D'un autre côté, les efforts développés dans certaines parties des poutres continues s'exercent tantôt dans un sens, tantôt dans l'autre ; cet inconvénient assez grave n'existe pas dans les autres poutres.

Mais, tandis que les poutres continues peuvent être mises en place sans pont de service, en les *tirant de long*, simplement, les poutres indépendantes doivent être mises au levage séparément, à l'aide d'apparaux dispendieux ; c'est pour cela que les poutres de la première espèce sont habituellement préférées.

Dans les ponts que l'on pourrait être obligé de couper en cas de guerre, on a fait souvent les travées extrêmes indépendantes pour ne pas avoir à détruire entièrement l'ouvrage.

En général, les différentes travées d'un pont métallique ne sont pas absolument quelconques ; elles sont le plus souvent en nombre impair et symétriques. Comme la solidarité de la poutre continue produit une espèce d'encastrement sur les piles intermédiaires, on donne aux travées de rive une longueur un peu moindre qu'aux travées centrales qui sont égales entre elles, de façon que les moments maximum dans chaque travée soient à peu près égaux; la proportion de 4/5, pour ces portées, est très employée et se rapproche beaucoup du chiffre théorique.

Pour ne pas nous écarter du but pratique que nous avons en vue, nous exposerons seulement avec détails la marche à la fois analytique et graphique qui est généralement adoptée, renvoyant pour de plus amples renseignements aux ouvrages spéciaux indiqués dans la Bibliographie.

Dans un projet de pont, il faut commencer d'abord par la détermination des moments fléchissants sur les appuis, pour les différentes hypothèses auxquelles peut conduire la répartition des charges sur les poutres. Ensuite on trace, sur une épure, les diverses paraboles représentatives des moments fléchissants; puis on effectue le calcul des abscisses répondant aux moments maximum dans le cours des travées, puis celui de ces moments eux-mêmes; de là, on passe au calcul des efforts tranchants aux divers points d'appui, et à leur représentation graphique.

Ceci fait, on aborde la répartition des tôles de semelles destinées, ainsi que nous l'avons dit (Voir note VI), à résister au moment fléchissant, et celle des tôles d'âme, destinées à combattre l'effort tranchant; on a vu et on verra combien l'épure facilite cette distribution des tôles.

On termine par le calcul des pièces de pont, longerons, couvre-joints, etc.

Exemple d'un pont à trois travées. — Pour faire mieux comprendre la série de ces différentes opérations, nous allons examiner un projet de tablier métallique.

Le pont est supposé devoir donner passage à une simple voie de chemin de fer, à l'aide de deux poutres de rive, à âme pleine, de 3 mètres de hauteur; les travées de rive ont 30 mètres de longueur, celle du milieu ayant 40 mètres, entre les axes des piles.

Le poids mort de la poutre est, par mètre courant, de 1450 kil.

D'après la circulaire ministérielle, nous devons adopter pour les travées de rive une surcharge de 2150 kil. par mètre, et pour la travée centrale 2050 kil. seulement; nous aurons donc à appliquer suivant les cas, 3 charges réparties différentes, savoir : $p = 1450$ kil., $p' = 1450 + 2150 = 3600$ kil., $p'' = 1450 + 2050 = 3500$ kil., selon que les travées seront, ou non, surchargées.

Ceci posé, la détermination des moments sur les appuis s'opère à l'aide de la formule dite de *Clapeyron*, qui lie entre eux les moments fléchissants d'une pièce prismatique, chargée uniformément, sur trois appuis consécutifs, de niveau.

On a, pour les deux premières travées, la relation

$$(70) \quad 4l_1\mu_0 + 8(l_1 + l_2)\mu_1 + 4l_2\mu_2 = p_1 l_1^3 + p_2 l_2^3,$$

dans laquelle les lettres ont les significations inscrites sur la fig. 175 ; on aurait, de même, pour les deux dernières travées

$$4l_2\mu_1 + 8(l_2 + l_3)\mu_2 + 4l_3\mu_3 = p_2 l_2^3 + p_3 l_3^3.$$

La poutre étant à trois travées seulement, on voit que ces deux équations sont suffisantes pour déterminer μ_1 et μ_2, puisque μ_0 et μ_3 sont nuls. Si l'on avait affaire à un plus grand nombre de travées, en faisant varier les indices, on obtiendrait autant d'équations qu'on en désirerait.

On peut mettre les deux relations précédentes sous la forme ($l_1 = l_3$) :

$$(8l_1 + 12l_2)(\mu_1 + \mu_2) = (p_1 + p_3)l_1^3 + 2p_2 l_2^3$$

$$(8l_1 + 4l_2)(\mu_1 - \mu_2) = (p_1 - p_3)l_1^3 ;$$

on en tire, par addition et soustraction,

$$(71) \quad \mu_1 = \frac{(p_1 + p_3)l_1^3 + 2p_2 l_2^3}{2(8l_1 + 12l_2)} + \frac{(p_1 - p_3)l_1^3}{2(8l_1 + 4l_2)}$$

$$(72) \quad \mu_2 = \frac{(p_1 + p_3)l_1^3 + 2p_2 l_2^3}{2(8l_1 + 12l_2)} - \frac{(p_1 - p_3)l_1^3}{2(8l_1 + 4l_2)}.$$

Les hypothèses à introduire dans les calculs se réduisent, par suite de la symétrie des travées extrêmes, aux cinq suivantes :

1re hypothèse 1re travée chargée seule.
2e — 1re et 2e travées chargées.
3e — 2e travée chargée seule.
4e — 1re et 3e travées chargées.
5e — 1re, 2e et 3e travées chargées.

PONTS ET PASSERELLES

En appliquant les données, nous avons d'abord :

$$8l_1 = 210 \quad\quad l_1^3 = 27000 \quad\quad 4l_2 = 160$$
$$8l_1 + 12l_2 = 720 \quad\quad 2l_2^3 = 128000 \quad\quad 8l_1 + 4l_2 = 400;$$

introduisant ces résultats dans les équations (71) et (72), nous obtenons successivement :

1$^\text{re}$ *hypothèse.* — $p_1 = 3600$ kil., $p_2 = p_3 = 1450$ kil.;

$$\mu_1 = \frac{(3600 + 1450)\ 27000 + 1450 \times 128000}{2 \times 720} + \frac{(3600 - 1450)\ 27000}{2 \times 400}$$

$$\mu_2 = \frac{(3600 + 1450)\ 27000 + 1450 \times 128000}{1440} - \frac{2150 \times 27000}{800}.$$

Effectuons, il vient

$$\mu_1 = \frac{136350000 + 185600000}{1440} + \frac{58050000}{800} = 296139\ ^\text{km}.$$

$$\mu_2 = \frac{136350000 + 185600000}{1440} - \frac{58050000}{800} = 151014\ ^\text{km}.$$

2° *hypothèse.* — $p_1 = 3600$, $p_2 = 3500$, $p_3 = 1450$;

$$\mu_1 = \frac{(3600 + 1450)\ 27000 + 3500 \times 128000}{1440} + \frac{2150 \times 27000}{800}$$

$$\mu_1 = \frac{136350000 + 448000000}{1440} + \frac{58050000}{800} = 478361\ ^\text{km}.$$

$$\mu_2 = \frac{136350000 + 448000000}{1440} - \frac{5805000}{800} = 333236\ ^\text{km}.$$

3° *hypothèse.* — $p_1 = p_3 = 1450$, $p_2 = 3500$, ($\mu_1 = \mu_2$);

$$\mu_1 = \frac{2900 \times 27000 + 3500 \times 128000}{1440} + 0$$

$$\mu_1 = \frac{78300000 + 448000000}{1440} = 365486\ ^\text{km}.$$

4ᵉ *hypothèse.* — $p_1 = p_3 = 3600$, $p_2 = 1450$, $(\mu_1 = \mu_2)$;

$$\mu_1 = \frac{7200 \times 27000 + 1450 \times 128000}{1440} + 0$$

$$\mu_1 = \frac{194400000 + 185600000}{1440} = 263889 \text{ km}.$$

5ᵉ *hypothèse.* — $p_1 = p_3 = 3600$, $p_2 = 3500$, $(\mu_1 = \mu_2)$;

$$\mu_1 = \frac{7200 \times 27000 + 3500 \times 128000}{1440} + 0$$

$$\mu_1 = \frac{194400000 + 448000000}{1440} = 446111 \text{ km}.$$

La vérification des moments fléchissants sur les appuis est chose importante et facile. En effet, considérant la 1ʳᵉ et la 2ᵉ hypothèse, on voit que les travées, surchargées dans l'une, sont libres dans l'autre (puisque la 3ᵉ travée est symétrique de la 1ʳᵉ); il en est de même pour les 3ᵉ et 4ᵉ hypothèses. On dit alors que ces hypothèses sont *complémentaires* l'un de l'autre, et si l'on additionne les deux valeurs du moment fléchissant correspondant à un même appui dans ces deux cas, la somme représente la valeur du moment que produirait au point considéré, une surcharge égale à $p + p'$ ou $p + p''$, par mètre courant, selon les travées.

Faisons cette vérification, pour les deux premières hypothèses :

$$\begin{array}{ll} \mu_2 = 151014 & \mu_1 = 296139 \\ \mu_1 = \underline{478361} & \mu_2 = \underline{333236} \\ 629375, & 629375; \end{array}$$

pour les 3ᵉ et 4ᵉ cas :

$$\begin{array}{l} \mu_1 = \mu_2 = 365486 \\ \underline{263889} \\ 629375. \end{array}$$

L'hypothèse n° 5 aurait pour complémentaire celle où le pont est entièrement libre ; c'est-à-dire qu'alors μ_1 a pour valeur

$$\mu_1 = \frac{2900 \times 27000 + 1450 \times 128000}{1440} + 0$$

$$\mu_1 = 183264 \text{ km};$$

(car $p_1 = p_2 = p_3 = 1450$). Si nous retranchons 183264 de 629375 nous trouvons 446111 ^{km}, valeur du moment fléchissant dans la 5ᵉ hypothèse; les résultats trouvés plus haut sont donc exacts.

Les moments sur les appuis étant déterminés, on les reporte à l'échelle convenable au-dessous de l'horizontale AD; on trace à la même échelle, les trois paraboles représentées par $y = \frac{1}{2} px^2$, $y' = \frac{1}{2} p'x^2$, et $y'' = \frac{1}{2} p''x^2$ (voir note V), et on les applique sur l'épure, soit à l'aide de papier à calquer, soit à l'aide de gabarits en carton mince découpé, de façon, par exemple, qu'un des points de la courbe coïncidant avec le moment μ_1 sur la verticale BB', l'autre branche vienne passer par l'appui A, dans chacune des cinq hypothèses examinées ci-dessus, comme le montre la fig. 176; l'emploi du papier quadrillé est également très commode.

On trace aussi les droites représentatives des efforts tranchants aux inclinaisons p, p' et p'' (Voir note VI), pour les maximum approximatifs résultant des gabarits.

La figure en question montre clairement que les paraboles des moments fléchissants, quoique variables d'une travée à l'autre, n'en forment pas moins, dans toute la longueur du pont, une courbe continue offrant des points de rebroussement à l'endroit des appuis intermédiaires. Les efforts tranchants, au contraire, sont discontinus et passent brusquement d'un côté à l'autre de l'axe AD, de façon que la réaction au droit de ces appuis est mesurée sur les verticales BB' ou CC', par la distance entre les extrémités des droites représentatives répondant à la même hypothèse.

On voit, de même, que la partie au-dessous de l'axe AD étant positive, celle au-dessus sera négative, de sorte que les points où les diverses paraboles coupent cette ligne seront des *points d'inflexion*, entre lesquels la poutre se comporterait comme si elle était posée sur deux appuis simples; le milieu de l'intervalle qui les sépare correspondant au maximum relatif du moment fléchissant. Dans les travées latérales, ce maximum sera compris entre la culée et le milieu de AB ou CD; dans la travée centrale, il sera d'autant plus rapproché du milieu de BC que la différence entre les moments μ_1 et μ_2 sera moindre.

On reconnaît encore, à l'inspection de l'épure, que les arcs les plus extérieurs des paraboles sont produits par la quatrième hypothèse dans les travées extrêmes, et par la troisième dans la travée centrale, pour les moments fléchissants; tandis que pour les efforts tranchants, ce sont les hypothèses 2 et 4 dans la première travée, et 2 et 3 dans la seconde, qui donneraient les chiffres les plus élevés.

Il est donc inutile de calculer toutes les abscisses répondant aux moments maximum dans l'intérieur des travées, il suffit de rechercher celles qui correspondent aux contours précités.

Or, si nous prenons, par rapport à la première pile, les moments des forces qui agissent dans la première travée, nous avons, d'une façon générale, en supposant d'abord que le moment μ_0 sur la culée soit différent de zéro,

$$\mu_0 - F_0 l_1 + \frac{1}{2} p_1 l_1^2 = \mu_1,$$

d'où l'on tire

$$F_0 = \frac{\mu_0 - \mu_1}{l_1} + \frac{1}{2} p_1 l_1.$$

D'un autre côté, nous avons pour le moment fléchissant en un point quelconque de la travée (en supposant toujours que μ_0 n'est pas nul)

$$\mu = - F_0 x + \frac{1}{2} p_1 x^2 + \mu_0;$$

remplaçons F_0 par sa valeur, il vient

$$\mu = - \left(\frac{\mu_0 - \mu_1}{l_1} + \frac{1}{2} p_1 l_1 \right) x + \frac{1}{2} p_1 x^2 + \mu_0.$$

Le sommet de la parabole correspond au maximum de x, qui nous est donné par la relation

$$o = - \left(\frac{\mu_0 - \mu_1}{l_1} + \frac{1}{2} p_1 l_1 \right) + p_1 x,$$

d'où nous tirons, en divisant par p_1,

(73) $$x = \frac{1}{2} l_1 + \frac{\mu_0 - \mu_1}{p_1 l_1};$$

par conséquent, en introduisant cette valeur de x dans l'équation générale ci-dessus, nous obtenons enfin

(74) $$\mu_m = - \frac{1}{2} p_1 x^2 + \mu_0.$$

Dans la première travée, en réalité, μ_0 est nul, nous avons donc, seulement

$$x = \frac{1}{2} l_1 - \frac{\mu_1}{p_1 l_1};$$

et, par suite,

$$\mu_m = -\frac{1}{2} p_1 x^2.$$

De sorte que, pour la 4e hypothèse, comme on a, à la fois,

$$p_1 l_1 = 108000 \text{ kil.}, \text{ et } \mu_1 = 263889 \text{ }^{km},$$

il vient, en chiffres ronds,

$$x = 15 - \frac{263889}{108000} = 15 - 2,44 = 12^m,56;$$

par suite aussi,

$$\mu_m = -\frac{3600}{2} \times \overline{12,56}^2 = -283956 \text{ }^{km}.$$

On a également, pour la 2e hypothèse,

$$x = 15 - \frac{478361}{108000} = 15 - 4,43 = 10^m,57.$$

Dans la 2e travée, on a, en faisant varier les indices,

$$x = \frac{1}{2} l_2 + \frac{\mu_1 - \mu_2}{p_2 l_2},$$

$$\mu_m = -\frac{1}{2} p_2 x^2 + \mu_1;$$

de sorte que, pour la 2e hypothèse, on a

$$x = 20 + \frac{478361 - 333236}{140000} = 21^m,037;$$

pour la 3e hypothèse, $\mu_1 = \mu_2$, $x = 20^m$, et

$$\mu_m = -\frac{3500}{2} \times \overline{20}^2 + 365486 = -334514 \text{ }^{km}.$$

Dans la 3ᵉ travée, on aurait

$$x = \frac{l_1}{2} + \frac{\mu_2}{p_3 l_1} \qquad \text{et } \mu_m = -\frac{1}{2} p_3 x^2 + \mu_2 ;$$

il est inutile de calculer ces valeurs, puisque la poutre est symétrique ; cependant, on peut avoir besoin quelquefois de déterminer un point ou deux, comme vérification.

Passons aux efforts tranchants. Dans la 1ʳᵉ travée, l'effort, à droite de la culée, serait

$$F_0 = -\frac{\mu_1}{l_1} + \frac{p_1 l_1}{2} ;$$

l'effort, à gauche de la 1ʳᵉ pile,

$$F'_1 = \frac{\mu_1}{l_1} + \frac{p_1 l_1}{2} = F_0 - p_1 l_1 ;$$

l'effort, à droite de ladite pile,

$$F_1 = \frac{\mu_1 - \mu_2}{l_2} + p_2 l_2 ;$$

l'effort, à gauche de la 2ᵉ pile

$$F'_2 = F_1 - p_2 l_2 \ldots \ldots$$

Bien que cela revienne au même, il est plus rapide de se servir des abscisses répondant aux moments maximum dans les travées pour les efforts F_0, F_1, F_2, les autres s'en déduisant par soustraction, comme ci-dessus.

Ainsi, l'on a, pour les plus intéressants qui se rapportent aux abscisses déterminées précédemment :

1ʳᵉ travée. — 2ᵉ hypothèse. — $F_0 = 10{,}57 \times 3600 = 38052$ kil.
    —   4ᵉ   — $F_0 = 12{,}56 \times 3600 = 45216$
    —   2ᵉ   — $F'_1 = 108000 - 38052 = 69948$
    —   4ᵉ   — $F'_1 = 108000 - 45216 = 62784$

2ᵉ travée. — 2ᵉ   — $F_1 = 21{,}037 \times 3500 = 73630$
    —   3ᵉ   — $F_1 = \dfrac{140000}{2} = 70000$
    —   2ᵉ   — $F'_2 = 140000 - 73630 = 66370$
    —   3ᵉ   — $F'_2 = 70000.$

Les efforts tranchants dans la 3ᵉ travée n'offrent aucun intérêt ; du reste, comme tous ces efforts sont beaucoup moins importants à connaître d'une façon rigoureuse que les moments, on se contente souvent de les déterminer graphiquement.

Ces recherches préliminaires effectuées, pour parvenir à la distribution des tôles, il faut obtenir le contour-limite des moments fléchissants et des efforts tranchants ; pour cela, on suppose que la fig. 176 soit pliée suivant l'axe AD, de façon que les deux moitiés venant à se superposer, si l'on tient compte seulement des portions des différentes paraboles les plus éloignées de AD, on obtient un contour AMNB'N'M'N''C'M''D, qui représente le moment fléchissant maximum que peut produire en un point quelconque la répartition de la surcharge d'après les hypothèses précédentes (fig. 177).

Si, maintenant, nous admettons que l'épaisseur des cornières soit confondue avec celle des plates-bandes de la poutre, de façon que la section de celle-ci prenne la forme simplifiée indiquée dans la fig. 178 ; en supposant l'épaisseur e très petite par rapport à la hauteur b, nous pourrons calculer le moment d'inertie approximatif par la formule suivante, dont on se sert habituellement pour les grandes poutres, l'âme étant absolument négligée,

$$I = \frac{aeb^2}{2}.$$

En effet, chacune des semelles nous donne par rapport à l'axe neutre XX',

$$I' = \frac{1}{3} a (n_1^3 - n'^3),$$

mais $n_1 = n + \frac{e}{2}$, et $n' = n - \frac{e}{2}$; en effectuant, il vient

$$I' = \frac{1}{3} a \left(\frac{e^3}{4} + 3 \, en^2 \right) = \frac{1}{12} ae^3 + aen^2.$$

Ce moment d'inertie se compose ainsi de deux parties : l'une, $\frac{ae^3}{12}$, est le moment d'inertie de la semelle par rapport à l'axe horizontal passant par son centre de gravité ; l'autre, aen^2, est le produit de l'aire de la semelle par le carré de la distance n de son centre de gravité à celui de la poutre.

Cette loi est générale pour les moments d'une même figure, pris par rapport à des axes d'inertie parallèles.

Dans le cas actuel, on peut supprimer le terme $\frac{ae^3}{12}$, qui sera très petit devant le produit aen^2, que l'on prendra pour moment d'inertie approché de la semelle.

Le moment de la poutre en serait donc le double, c'est-à-dire

$$I = 2I' = 2\,aen^2$$

ou, puisque n est la moitié de b,

$$I = \frac{aeb^2}{2}.$$

Par conséquent, on obtient définitivement la valeur simple

(75) $$\frac{I}{n} = abe.$$

Alors nous avons l'égalité entre les moments

(2) $$\mu = Rabe,$$

et, en supposant $R = 6$ kil. par millim. car. de section, $b = 3^m,00$, nous en tirons

$$ae = \frac{\mu}{18};$$

la section des plates-bandes doit donc varier proportionnellement au moment fléchissant.

Or le moment le plus considérable est celui qui a lieu sur la pile n° 1, dans la 2e hypothèse, et qui a pour valeur $\mu_1 = 478361$ ^{km}; la section maximum des plates-bandes (cornières comprises) serait donc

$$\frac{478361}{18} = 26576 \text{ millim. carrés.}$$

En supposant que les cornières adoptées soient de $\frac{100 \times 100}{14}$, leur double section est $2(100 + 86)\,14 = 5208$ millim. carrés, de sorte qu'il reste

$$26576 - 5208 = 21368 \text{ millim. carrés,}$$

à répartir entre un certain nombre de tôles de 400 × 11, offrant chacune une section de 4400 millim. carrés.

Nous obtenons alors :

Moment de résistance des deux cornières $18 \times 5208 = 93744^{km}$.
—   —   d'une plate-bande $18 \times 4400 = 79200^{km}$.

Traçons sur l'épure du contour-limite précédemment obtenu (fig. 177) une horizontale ad, distante de l'axe AD d'une quantité égale à 93744^{km}, à l'échelle ; cette bande représente la résistance des deux cornières assemblant les semelles avec l'âme. Nous tirerons ensuite d'autres horizontales $a'd'$, $a''d''$, etc, distantes entre elles de 79200^{km}, qui indiqueront, à l'échelle, la résistance des différentes tôles nécessaires pour former une ligne en escalier, enserrant le contour-limite, tout en laissant un excédent de longueur pour assurer la sécurité.

De cette façon, on voit qu'il faudra cinq tôles à chacune des semelles sur les piles, et trois seulement dans l'axe des travées ; on déterminera également, au moyen de l'épure, les longueurs à donner à toutes ces tôles, en prenant, bien entendu, des chiffres ronds.

On peut dresser le tableau suivant indiquant les résistances des différentes sections :

NOMBRE de PLATES-BANDES	ÉPAISSEURS TOTALES	MOMENTS RÉSISTANTS pour $R = 6$ kil.
1	11 m/m	$93744 + 79200 = 172944^{km}$
2	22	$93744 + 2 \times 79200 = 252144$
3	33	$93744 + 3 \times 79200 = 331344$
4	44	$93744 + 4 \times 79200 = 410544$
5	55	$93744 + 5 \times 79200 = 489744$

L'épure permet également d'opérer la distribution des tôles d'âme, d'après les efforts tranchants, d'une façon analogue à la précédente, en prenant, dans le cas actuel $R'' = 3$ kil. par unité de section ; pour simplifier, nous avons placé cette seconde partie du travail qui nous occupe, au-dessous du contour-limite des moments fléchissants (fig. 177).

On peut dresser encore le tableau suivant :

ÉPAISSEURS des TÔLES	SECTION sur 3 mètres de hauteur	RÉSISTANCES pour $R'' = 3$ kil.
7 m/m	21000	63000 kil.
8	24000	72000
9	27000	81000

De telle sorte que les tôles courantes ayant 1000×7, théoriquement on devrait placer, vers les appuis, 2 tôles de 1000×8, et 1 tôle de 1000×9, de chaque côté de l'axe des piles ; il est inutile de renforcer les culées.

Vérifions les dimensions obtenues graphiquement ci-dessus.

Calculons d'abord le moment de résistance de la poutre au milieu du pont ; nous avons, d'après les cotes de la fig. 179,

$$\frac{I}{n} = \frac{0{,}40 \times \overline{3{,}066}^3 - (0{,}193 \times \overline{3{,}00}^3 + 0{,}172 \times \overline{2{,}972}^3 + 0{,}028 \times \overline{2{,}80}^3)}{6 \times 3{,}066}$$

ou

$$\frac{I}{n} = \frac{11{,}5285964 - 10{,}34081385}{18{,}396} = 0{,}064567.$$

Comme le moment fléchissant correspondant est 334514^{km}, il en résulte que le travail de la fibre la plus fatiguée est, par unité de section,

$$R = \frac{334514}{64567} = 5^k{,}18.$$

(La méthode approximative donne, pour la section au milieu, un moment de résistance égal à 331344^{km} ; mais il faut ajouter à ce chiffre le moment de l'âme, c'est-à-dire

$$\frac{Rab^2}{6} = 0{,}007 \times \overline{3}^2 \times 1000000 = 63000^{km};$$

ce qui donne pour le moment total

$$331344 + 63000 = 394344^{km},$$

chiffre très voisin de celui donné par la valeur théorique

$$\frac{RI}{n} = 64567 \times 6000000 = 387402^{km}).$$

Sur la pile n° 1, la hauteur de la poutre est portée à 3^m,11 ; nous avons, par suite, puisque les autres dimensions ne changent pas,

$$\frac{I}{n} = \frac{0,40 \times \overline{3,11}^3 - (0,193 \times \overline{3,00}^3 + 0,172 \times \overline{2,972}^3 + 0,028 \times \overline{2,80}^3)}{6 \times 3,11}$$

ou

$$\frac{I}{n} = \frac{12,0320924 - 10,340814}{18,66} = 0,090637.$$

Le moment fléchissant étant 478361^{km},

$$R = \frac{478361}{90637} = 5^k,277.$$

Il faut remarquer qu'en ce second point, il y a un effort tranchant considérable auquel l'âme doit résister, bien qu'on l'ait comptée dans l'évaluation de $\frac{I}{n}$; en la négligeant, on aurait, approximativement,

$$\frac{I}{n} = 0,090637 - \frac{63000}{6000000} = 0,080137$$

d'où

$$R = \frac{478361}{80137} = 5^k,969.$$

On mettra, en réalité, de chaque côté de l'axe des piles, 3 tôles de 8$^{m/m}$ d'épaisseur (sans aller jusqu'au tôles de 9$^{m/m}$); mais, pour combattre la réaction de l'appui, égale à la somme des deux efforts tranchants contigus, on ajoutera des armatures horizontales aux montants verticaux qui seront placés au droit de chaque joint d'âme, tandis que, dans le reste de la poutre, il en existe seulement à l'assemblage de chaque pièce de pont.

La fig. 177 indique sur la 2e pile la disposition réellement suivie en exécution, et sur la 1re la distribution théorique des tôles d'âme.

Arrivons maintenant à la détermination des entretoises ou pièces de pont et des longerons.

Les poutres étant à 4^m,90 d'axe en axe (fig. 180), les poutrelles ont environ 4^m,10 de portée libre entre les goussets d'assemblage ; elles sont distantes, dans le sens longitudinal, d'à peu près 2^m, et supportent un poids réparti total de 450 kil. par mètre courant (Ballast 200 kil., plancher 150 kil., poids propre 100 kil.).

Elles doivent aussi pouvoir résister au passage d'une locomotive à roues accouplées, représentant un poids de 10,000 kil. sur chaque essieu ; nous les regarderons toujours comme simplement appuyées à leurs extrémités.

Dans la position représentée sur la fig. 181, les roues étant écartées à $1^m,40$, l'essieu B exerce sa pression tout entière sur l'entretoise au-dessus de laquelle il se trouve, et celle-ci reçoit, des essieux A et C, deux charges égales chacune à
$5000 \times \dfrac{0,60}{2,00} = 1500$ kil.; auxquelles il faut ajouter les réactions des longerons contigus, soit $2 \times 125 = 250$ kil.

De sorte qu'en totalité la poutrelle au droit de la roue B supportera une charge distincte de 8250 kil. Par suite, le moment correspondant sera donné par

$$(17) \quad \frac{RI}{n} = 8250 \times 1,30 + 450 \times \frac{\overline{4,10}^2}{8} = 11671^{km}.$$

La pièce ayant les dimensions de la fig. 182, nous aurons

$$\frac{I}{n} = \frac{0,188 \times \overline{0,55}^3 - 0,158 \times \overline{0,528}^3 - 0,022 \times \overline{0,370}^3}{6 \times 0,55} = 0,002093 ;$$

par conséquent, le taux de travail de la fibre la plus fatiguée sera

$$R = \frac{11671}{2093} = 5^k,576.$$

Les longerons sont soumis à une charge permanente égale à 125 kil. par mètre courant (rail 40 kil., longrine 30 kil., poids propre 55 kil.); ils peuvent être sollicités accidentellement par l'action d'une roue de locomotive dont la position la plus défavorable serait en leur milieu.

En regardant ces pièces comme appuyées seulement sur les poutrelles, elles ont environ $1^m,81$ de portée libre entre les nus extérieurs de celles-ci ; le moment maximum est donc

$$(14) \quad \frac{RI}{n} = \frac{5000 \times 1,81}{4} + 125 \times \frac{\overline{1,81}^2}{8} = 2314^{km}.$$

Le longeron étant composé d'une âme de 300 $\times$ 6, et de 4 cornières de $\dfrac{65 \times 65}{8}$, nous aurons

$$\frac{I}{n} = \frac{0{,}136 \times \overline{0{,}30}^3 - 0{,}114 \times \overline{0{,}284}^3 - 0{,}016 \times \overline{0{,}17}^3}{6 \times 0{,}30} = 0{,}000546 \,;$$

de sorte que le coefficient de travail n'est que

$$R = \frac{2314}{546} = 4^k{,}24.$$

Les tôles d'âme n'ayant guère que 1 mètre de largeur, il faut naturellement un grand nombre de couvrejoints ; il y aura donc intérêt à faire ceux-ci les plus légers possible. Tous les 2 mètres, ceux qui se trouvent au droit d'une pièce de pont seront consolidés par des montants en cornières armés d'une tôle, tant à l'intérieur qu'à l'extérieur.

Appliquons la formule qui donne le nombre de rivets nécessaires :

$$N = \frac{(l - nd)e}{1{,}25 d^2} \,;$$

ici $l = 3^m{,}00$, $e = 0^m{,}007$, $d = 0^m{,}020$.

Alors, en plaçant d'abord les rivets à $0^m{,}10$ d'axe en axe, c'est-à-dire, 30 rivets sur la hauteur de $3^m{,}00$ environ, nous avons

$$N = \frac{(3000 - 30 \times 20)7}{1{,}25 \times 400} = 33{,}6 \text{ rivets.}$$

Il suffira de mettre 33 rivets seulement sur une même parallèle au joint, ce qui leur donnera un écartement réel de 90 millimèt., et nous aurons pour largeur du couvrejoint $0^m{,}200$.

Les joints des divers cours de plates-bandes seront, par hypothèse, étagés comme il a été indiqué p. 42, de façon à les serrer à l'aide du même couvrejoint.

Considérons, par exemple, l'assemblage de 3 épaisseurs de 400 $\times$ 11, et, pour simplifier, assimilons leur système composé au joint ordinaire de 2 tôles ; la formule précédente sera encore applicable, et l'on aura, de chaque côté de l'axe du joint, un nombre de rivets

$$N = \frac{(400 - 4 \times 20)\, 11 \times 3}{1{,}25\, d^2} = 21{,}12$$

soit, en nombres ronds, 44 rivets pour l'ensemble, à raison de 4 rivets par file transversale. Par conséquent, le couvrejoint aurait $1^m,20$ de largeur, en supposant, d'une façon générale, l'écartement horizontal des rivets égal à $0^m,10$ d'axe en axe.

Quant aux cornières, comme leur largeur développée est $100 + 86 = 186^{m/m}$, leur épaisseur étant de $14^{m/m}$, et $n = 1$, si l'on ne compte que sur une seule section de cisaillement par rivet, le nombre de ceux-ci de chaque côté du joint sera

$$N = \frac{(186 - 20)\,14}{500} \times 2 = 9,3;$$

soit, en tout, 19 rivets pour le couvrejoint qui aura 1 mètre de longueur.

Dans le cas de ponts à plus de trois travées, les calculs deviennent réellement pénibles ; ainsi que nous l'avons indiqué plus haut, on obtient, par la *formule* de *Clapeyron*, autant d'équations qu'il faut, mais on ne peut songer à en tirer les moments sur les appuis, par les procédés d'élimination ordinaires. On emploie, pour aller plus vite, la *méthode* de *Bezout*, qui consiste à multiplier chacune des équations précitées par un coefficient indéterminé, de façon à faire disparaître les inconnues, moins une.

Pour abréger ces opérations fastidieuses, on a souvent recours à des constructions géométriques ; nous citerons, par exemple, les méthodes graphiques de MM. Renaudot et M. Lévy. (Voir les mémoires de ces ingénieurs.)

D'une façon générale, ces procédés consistent à construire d'abord la courbe des moments produits par la charge permanente seule, puis les courbes résultant des diverses hypothèses de surcharge : on superpose ensuite les divers moments de même signe pour obtenir la courbe-enveloppe des moments fléchissants, à peu près comme dans la fin de la note V.

Les moments sur les appuis étant trouvés, la suite des calculs s'opère ainsi que nous l'avons fait voir pour le tablier ci-dessus.

Dans un pont à cinq travées symétriques, par exemple, les constructeurs se contentent habituellement de supposer que chaque travée est successivement chargée ou libre, de sorte qu'en ajoutant les moments fléchissants sur le même appui dans deux hypothèses complémentaires, on obtient une vérification qui nous a déjà été utile précédemment.

Détails divers. — Nous allons compléter ce que nous avons dit sur la construction des ponts.

La position de la voie ou du tablier est variable; dans les ponts pour chemins de fer, par exemple, on peut la placer à la partie inférieure des poutres, au milieu ou à la partie supérieure. Dans le premier cas, la poutre forme garde-corps, et lorsqu'elle est assez haute pour le permettre, on assemble le contreventement sur la semelle supérieure; c'est la disposition suivie dans la plupart des grands ponts en treillis. Quand la voie est au milieu des fermes, on entretoise l'ensemble en dessous des pièces de pont, et la poutre peut encore former garde-corps. Enfin, si la voie est à la partie supérieure, on fait porter les longrines sous rails directement sur la tête des poutres, en supprimant les pièces de pont et en contreventant au moyen de croix-de-Saint-André intermédiaires; on place alors les trottoirs en encorbellement sur les poutres de rive (fig. 183).

Le nombre des poutres dépend, à la fois, du type du pont et de sa destination; lorsque les poutres sont en garde-corps, on peut n'en mettre que deux, en les faisant suffisamment rigides pour porter les deux voies; souvent, avons-nous dit déjà, on en met trois, celle de l'entrevoie étant presque toujours pleine; enfin quelquefois, on construit des tabliers séparés pour chacune des voies; c'est le système le plus coûteux, mais il a l'avantage de permettre provisoirement la construction d'une seule moitié du pont, ou l'exploitation à simple voie en cas d'avarie sur un côté de l'ouvrage. Selon que l'on adopte l'une ou l'autre de ces hypothèses, la longueur des pièces de pont varie de 8^m à $4^m,65$ environ.

Dans les grands ponts, la dilatation doit pouvoir s'opérer librement; on a observé des allongements allant jusqu'à $0^m,0004$ par mètre. On emploie, comme support des poutres, des rouleaux ou des glissières; bien que le diamètre des rouleaux ne dépasse guère 10 à 12 c., leur coefficient de frottement n'en est pas moins le 1/10 dans celui des glissières.

Les rouleaux donnent, peut-être, un peu trop de mobilité aux ponts; afin d'éviter la tendance au renversement des piles que produit la dilatation, on pourrait mettre des glissières sur les piles et des rouleaux sur les culées. Pour établir exactement de niveau une poutre sur plusieurs appuis, et rectifier les inégalités que viendraient à occasionner le tassement des maçonneries et les trépidations du service, on se sert souvent de glissières avec clavettes et contre-clavettes.

Nous devons également mentionner un appareil mixte emprunté aux grands ponts à travées indépendantes de la Hollande. Cet appareil (fig. 184 et 185) se compose de sept rouleaux cylindriques en acier r,r.... sur lesquels reposent deux plateaux triangulaires A,A, également en acier, qui correspondent aux deux parois de chacune des poutres. Ces deux plateaux A,A sont surmontés de deux autres A',A', symétriques, opposés par leur sommet, et une clef cylindrique B, tournée, leur sert de pivot commun. La semelle de la poutre est boulonnée avec une plaque C qui peut glisser sur les plans verticaux A',A'. Lorsque la poutre se dilate, elle entraîne les plateaux, qui font tourner les rouleaux r,r.. sur la plaque d'assise D. Si la poutre prend de la flèche, sa semelle peut s'incliner autour de la clef, sans que, pour cela, elle quitte le plateau A', tandis que dans les systèmes ordinaires, la poutre ne pose plus alors sur sa glissière que par une arête.

Dans la plupart des ponts récemment construits, on a supprimé le bois dans la construction du tablier qu'on a simplement recouvert d'une tôle striée; l'ensemble est peut-être plus sonore au passage des trains, mais les chances d'incendie sont évitées.

Au point de vue de la mise en place des ponts, il y a différentes méthodes qui se rapportent à trois principales; dans la première, on établit un *pont de service* provisoire, en charpente, sur lequel on distribue les diverses pièces façonnées de l'ossature métallique, et le montage s'exécute sur le pont de service qui est un véritable chantier établi sur place. Ce mode d'opérer est long, coûteux, gênant pour le régime des rivières, etc.

Les grands ponts tubulaires anglais ont été posés par la méthode du *levage*; les poutres, complètement terminées, étant amenées par bateaux au pied des piles, ont été soulevées par d'énormes presses hydrauliques jusqu'à la hauteur assignée; ce procédé est souvent commode pour de petits ponts, situés sur des voies navigables, quand la hauteur des abords n'est pas trop considérable, de façon à pouvoir employer des chèvres.

Le *lançage* est le système le plus employé aujourd'hui et le plus expéditif; le pont est terminé sur une des rives de la vallée qu'il doit franchir, et on le fait avancer à l'aide de treuils et de galets jusqu'à ce qu'il occupe sa place définitive. L'extrémité antérieure du pont, se trouvant dans le vide pendant cette opération, est raidie au moyen de chevalets et de haubans et porte un appendice triangulaire *a* en charpente, dit *avant-bec*, pour pouvoir monter sans difficulté sur les piles (fig. 186). Lorsque la vallée est très profonde, ayant construit les premières assises des piles à la façon ordinaire, on fait descendre les matériaux nécessaires à la confection des assises supérieures, par l'extrémité de l'avant-bec, de sorte que l'on évite l'emploi d'un échafaudage.

Les culées d'un pont en fer sont toujours en maçonnerie; mais les piles intermédiaires peuvent être tubulaires ou en charpente métallique. Les piles tubulaires sont, on le sait, généralement fondées par l'air comprimé et remplies de béton; ce sont des cylindres creux en fonte A, assemblés intérieurement au moyen de boulons et de brides, et réunis entre eux, au-dessus du niveau des eaux, à l'aide de forts croisillons en fonte ou en fer forgé (fig. 186).

Les piles en charpente métallique B, qui sont de plus en plus appliquées aux viaducs traversant des ravins profonds, sont composées d'arbalétriers montants, en fonte ou fer, au nombre de quatre ou de six, maintenus par un étrésillonnage en fer, et posant sur un socle en maçonnerie (fig. 186). Ces piles, de forme pyramidale, portent à leur partie supérieure une espèce de chapiteau à charnière, analogue au système représenté dans les fig. 184 et 185, et sur lequel vient poser la poutre. On peut évidemment se servir du tablier pour les construire, ainsi que nous l'avons indiqué pour les piles en maçonnerie.

Ponts courbes ou en arc. — Ils sont d'un emploi moins fréquent que les ponts droits; ils ont pour inconvénients principaux de diminuer notablement le débouché des cours d'eau qu'ils traversent et d'exiger des maçonneries plus dispendieuses; enfin leur montage doit être effectué sur cintre, comme les ponts en pierre.

Ils se divisent en deux catégories principales : les ponts ordinaires à poutres courbes et les bow-strings, que nous allons examiner rapidement; on pourrait y joindre les ponts suspendus.

Dispositions générales des ponts à poutres courbes. — Ces ponts se composent d'un *arc*, généralement en forme de T simple ou double, relié par des *tympans* de différentes formes à un *longeron* horizontal ou peu incliné, destiné à supporter les poutrelles sur lesquelles s'établit la chaussée.

La disposition des tympans est variable; elle peut affecter quatre systèmes bien distincts, représentées par les figures ci-après.

Les tympans dits en ✗ sont représentés par la fig. 187 ; ceux en N, par la fig. 189 ; ceux en M, par la fig. 190 ; ceux en treillis, par la fig. 191. Cette dernière disposition est celle qui convient aux ponts en arc à grande portée, en ce sens qu'elle donne aux fermes une rigidité infiniment plus grande que les autres, tout en leur conservant un aspect élégant et hardi.

Dans les petits ponts, l'arc et le longeron se font en fer à simple T ; ils sont réunis à la clef par de fortes plaques en tôle ; les barres obliques des tympans sont en cornières ou en fer à T. Dans les grands ouvrages, l'arc et le longeron sont de véritables poutres, et l'on donne aux tympans une importance en rapport avec celle des pièces qu'ils sont destinés à réunir.

Les différentes fermes d'un pont en arc, qui sont la plupart du temps au nombre minimum de trois (deux fermes de rive et une ferme d'axe), sont réunies, de distance en distance, par des croix de Saint-André verticales A, A', A'', qui les moisent dans la hauteur des tympans ; de plus, la partie inférieure des arcs est contreventée par une série de barres horizontales parallèles à l'axe du pont, et par des pièces obliques réunissant les divers étages de contreventements horizontaux (fig. 188).

Dans les ponts biais, l'entretoisement des fermes est analogue ; ainsi celui représenté dans la fig. 192, se compose de trois séries distinctes de pièces : les croix de Saint-André verticales A, dirigées suivant le biais ; les barres horizontales B, à l'aplomb des croix de Saint-André et des montants de garde-corps ; et, enfin, les barres C, joignant les extrémités opposées des précédentes ; tout ce contreventement est en fer à T ou en cornières.

La retombée des arcs est reçue dans des sabots en fonte, à peu près comme ceux dont nous avons parlé en traitant des charpentes, et les arcs y sont serrés avec de forts coins en fer, ou mieux en acier ; la section a besoin d'être renforcée en cet endroit, pour ne pas être altérée par le calage.

Les piles de pont en arc sont presque toujours en maçonnerie, et ne diffèrent de celles des ponts droits qu'en ce qu'une assise de coussinets, portant des entailles a, a, a, pour recevoir les sabots, règne au-dessus du cordon des avant-becs (fig. 193).

La disposition du plancher est semblable à celle des ponts droits. La chaussée peut être en bois, pavé ou empierrement, suivant l'importance de la construction.

Dans les grands ponts en arc destinés aux villes, le longeron est souvent orné d'une corniche en fonte, et les abouts des poutrelles sont cachés par des têtes de lion ou des mascarons rapportés (fig. 191).

Les passerelles cintrées se construisent d'une façon analogue ; les dimensions seules, et, quelquefois surtout, l'ornementation du travail font quelque différence. Ainsi, par exemple, lorsqu'on établit une passerelle dans un parc, au lieu de la faire en treillis à barres obliques droites, comme celui dont nous avons jusqu'ici parlé, on remplit les tympans par une série d'enroulements ou de cercles en fer plat, comme l'indique la fig. 194. Le garde-corps reçoit également des dispositions plus élégantes.

Souvent ces petits travaux se font en fer rustique, qui imite le bois avec ses nœuds.

Calcul sommaire d'un arc métallique. — Quand la portée est peu considérable, on peut se contenter de la méthode approximative (page 96), ou de la construction graphique qui en découle, comme si c'était une charpente cintrée ; mais lorsqu'il s'agit d'un ouvrage important, il faut appliquer les formules relatives à la flexion des pièces courbes, ou se servir de la méthode des *courbes de pression*.

Nous préférerons employer les courbes de pression parce qu'à l'aide de constructions géométriques, on peut arriver assez simplement au but que nous nous proposons (voir la *Mécanique appliquée* de Mastaing et le *Mémoire sur le pont du canal Saint-Denis*, par M. Mantion).

Il y a un certain nombre d'hypothèses de surcharge à considérer ; la plus intéressante est généralement celle où un demi-arc seulement porte la charge d'épreuve, l'autre n'étant soumis qu'au *poids mort* de la construction.

Pour tracer une courbe de pression dans l'intérieur d'un arc, il faut connaître trois points, dont l'un à la clef, et les deux autres sur la ligne des naissances. Afin de faire cesser cette indétermination, des ingénieurs ont admis que les arcs étaient à la fois posés sur pivots à la clef et aux naissances. Si cette hypothèse est très admissible pour le sommet B (fig. 195), il n'en est pas de même pour les retombées ; car les compressions considérables exercées par les culées semblent devoir détruire ces articulations rapidement.

On pourrait, préférablement, peut-être, regarder les courbes de pression qui passent par les coins de calage extrêmes, comme les plus probablement dangereuses ; par exemple, celles qui passent par le coin inférieur.

Nous allons donc supposer que, d'après la loi dite du *trapèze*, les points A et C sont pris, sur le plan normal qui termine l'arc, *au tiers*, à partir de l'intrados : le point B, à la clef, étant à la *moitié* de la hauteur et formant pivot. Nous supposons également l'arc plein et à section double **I** ; nous le divisons en un certain nombre de voussoirs fictifs égaux, $0-1, 1-2, 2-3..$, par des normales à l'intrados, également distantes l'une de l'autre.

La demi-travée de gauche étant surchargée, tandis que celle de droite ne porte que son poids propre, la résultante à la clef ou *poussée de l'arc* n'est plus horizontale ; il faut d'abord déterminer l'inclinaison de cette force.

Soient P le poids de la demi-travée libre, P' celui de la demi-travée surchargée, D et D' les distances des centres de gravité des deux demi-fermes aux points A et C. Les poids étant regardés comme uniformément répartis suivant la corde, les centres de gravité G et G' seront toujours situés sur la verticale passant par le milieu de la demi-corde c'. Si l'on voulait opérer rigoureusement et tenir compte du poids des tympans, on déterminerait G et G' d'une façon plus exacte.

Admettons que la direction de la poussée T' à la clef soit représentée par IBK (fig. 195) ; alors, par analogie avec ce que nous avons dit à propos de la ferme courbe, les triangles semblables GMO, GKC, du côté libre, nous donnent

$$\frac{GM}{MO} = \frac{GK}{KC}.$$

Or MO représente P à une certaine échelle et $GK = \frac{D}{\cos \alpha}$, en appelant α l'angle de la résultante T' à la clef avec l'horizontale ; par conséquent, il vient

$$\frac{T'}{P} = \frac{D}{X \cos \alpha},$$

X est la distance verticale CK de l'appui C à la poussée T'. De même, du côté chargé,

$$\frac{T'}{P'} = \frac{D'}{X' \cos \alpha},$$

X' étant l'ordonnée AI.

Comme $D = D'$, par hypothèse, il reste en définitive

(76) $$\frac{P}{P'} = \frac{X}{X'}.$$

On peut alors obtenir la valeur de X et X', soit graphiquement, soit par le calcul.

Dans le premier cas, doublons la flèche f', ou la distance verticale du point B à l'horizontale AC, de CH en HH'; portons P = CE et P' = EF, à la suite l'un de l'autre, à partir de C, et joignons FH'; en menant par le point E une parallèle EK à FH', nous obtenons le point K, de telle sorte que KH' = X' et KC = X, car

$$\frac{KC}{KH'} = \frac{P}{P'}.$$

Par le calcul, de X + X' = $2f'$ nous tirons

$$X = 2f' - X';$$

mettons cette valeur dans celle de PX', fournie par (76), il vient

$$PX' = P'(2f' - X').$$

Toutes réductions faites,

$$X' = \frac{2Pf'}{P + P'};$$

par suite,

(77) $$X = 2f' - \frac{2Pf'}{P + P'} = \frac{2P'f'}{P + P'}.$$

Quant à l'angle α que fait la résultante BK avec l'horizontale, nous avons dans le triangle BHK, HK = BH tgα, c.-à-d. $f' - X = c'$ tgα, d'où

$$\text{tg } \alpha = \frac{f' - X}{c'};$$

en remplaçant X par sa valeur, il vient,

(78) $$\text{tg}\alpha = \frac{f'}{c'} \times \frac{P' - P}{P + P'}.$$

La poussée T', dont nous venons d'obtenir l'inclinaison, coupant en G et G' les verticales des centres de gravité des demi-travées, il suffira de joindre AG' et CG, pour avoir les directions des réactions aux naissances.

La valeur de cette poussée est facile à exprimer; les triangles GMO et GCK nous donnent

$$\frac{GM}{GK} = \frac{MO}{KC},$$

autrement dit,

$$\frac{T'}{\frac{c'}{2\cos\alpha}} = \frac{P}{X},$$

donc

(79) $\qquad T'\cos\alpha = \dfrac{Pc'}{2X} = \dfrac{c'}{2f'} \times \dfrac{(P+P')}{2} ;$

c'est la projection horizontale de la force en question.

La courbe des pressions peut alors être déterminée, soit en construisant, pour chaque point de l'arc, le parallélogramme des forces, où la résultante partielle suivant la tangente, soit en se servant du tracé de la parabole représenté par la figure 234 (note V). En effet, la courbe qui nous occupe étant formée de deux branches qui se raccordent au point B, où elles ont pour tangente commune la direction de la force T', la partie gauche de la courbe se tracera à l'aide des deux tangentes G'A, G'B et la partie droite à l'aide de BG et GC.

Il sera généralement préférable d'employer le premier procédé (à l'aide des résultantes partielles) lorsqu'on examinera la courbe des pressions qu'on regarde comme la plus dangereuse pour la stabilité ; le 2ᵉ procédé (à l'aide des tangentes), plus rapide que le précédent, sera mieux applicable lorsqu'on recherchera la forme des différentes courbes à construire.

Ces paraboles sont, du reste, renfermées dans l'équation

(80) $\qquad y = \dfrac{px^2}{2T'\cos\alpha} \mp x\,\text{tg}\,\alpha,$

le signe — s'appliquant au côté chargé, le signe + au côté libre, par hypothèse ; p est le poids par mètre courant de corde, il est égal, suivant les cas, à $\dfrac{P}{c'}$ et $\dfrac{P'}{c'}$; les abscisses sont comptées à partir de l'axe du pont, qui est l'axe des y, l'axe des x est l'horizontale BH.

Une fois la courbe des pressions connue, on peut se proposer de rechercher les forces qui agissent en chaque section sur l'arc, à l'aide des résultantes partielles. Par exemple, pour la section QQ', partant du point Q de l'intrados (fig.196), nous connaissons la résultante partielle N_0 tangente en χ à la courbe des pressions ; nous connaissons également la position de la ligne moyenne de l'arc ; or, le produit $N_0 \cos \varphi$, de la résultante en question par le cosinus de l'angle que fait sa direction avec celle de la tangente à la ligne moyenne dans la section considérée, nous donnera la force normale correspondante, tandis que $N_0 \sin \varphi$ représentera l'effort tranchant.

De telle sorte que le produit de la force normale ci-dessus par la distance δ qui sépare le point χ du point q, sera le moment fléchissant cherché ; c'est-à-dire

$$\mu = N_0 \cos \varphi \times \delta.$$

Le taux total du travail du métal, dans la section considérée, sera donné par la formule générale

$$(3) \qquad R' = \frac{n\mu}{I} + \frac{N_0 \cos \varphi}{\Omega}.$$

On pourra faire ce calcul pour toutes les sections qu'on voudra ; mais, en général, il suffira de l'effectuer pour tous les points qui paraissent les plus fatigués, ceux, par exemple, où la quantité δ est la plus considérable. La fibre moyenne est habituellement celle qui contient les centres de gravité des sections successives de l'arc ; et l'on peut supposer, dans un avant-projet, que les résultantes partielles sont sensiblement parallèles aux tangentes à la ligne moyenne, ce qui simplifie un peu les calculs. Dans les parties où la courbe des pressions sort de la poutre, il vaut mieux renforcer les semelles, lorsque les dimensions de l'arc sont fixées, que de donner au pont une flèche trop considérable ; nous savons que cette flèche est généralement 1/10ᵉ de l'ouverture libre.

Ponts à arc supérieur ou bow-strings. — Ces ponts, ainsi que leur nom anglais l'indique, forment une variété de ponts en arc munis d'une corde ou entrait, et, par conséquent, analogues à une ferme courbe sur le tirant de laquelle serait établie la chaussée.

La corde est, le plus souvent, une poutre droite suffisamment rigide, réunie à l'arc par une série de montants avec diagonales, et supportant les pièces de pont (fig. 197).

Ce système n'exerce, par suite, que des pressions verticales sur les appuis, et l'arc, placé au-dessus du tablier à la hauteur la plus convenable, peut travailler à la compression d'une manière à peu près absolue ; seulement, dans les ponts à plusieurs travées solidaires, on est généralement obligé, outre les poutres en garde-corps de la chaussée, de joindre par une corde courbe les extrémités des arcs consécutifs, comme on peut le voir au pont de Saltash (fig. 198) par Brunel, ou à celui de Mayence (système Pauli).

L'arc est habituellement aujourd'hui à section double I, comme la corde, qui lui est reliée par des montants verticaux, entretoisés par des croix de St-André en fer à T. L'assemblage des deux parties principales, sur les culées, doit être fait très solidement ; on articule quelquefois les deux moitiés du pont à la clef ; les fermes sont contreventées à la partie supérieure, vers le milieu de la portée.

Le calcul des bow-strings s'effectue en partant des considérations présentées ci-dessus pour les pièces courbes ; les diagonales et les montants se déterminent ainsi que nous le savons déjà.

Ponts suspendus. — Ces ponts sont caractérisés par un arc concave, flexible, supportant le tablier, situé au-dessous de lui, au moyen de tiges verticales (fig. 199). L'arc peut être formé, soit de maillons rigides en fer plat, analogues à ceux des chaînes de Galle, soit, et plus habituellement, de fils de fer juxtaposés et réunis en câble au moyen de fortes ligatures.

Les ouvrages de ce genre, quelle que soit l'élégance du système, sont aujourd'hui peu goûtés en France ; mais à l'étranger, aux Etats-Unis, par exemple, on en a fait des applications grandioses, telles que le pont à chemin de fer sur le Niagara, construit par l'Ingénieur Rœbling, et le nouveau pont sur l'East-River, de New-York à Brooklyn.

Les câbles ou chaînes sont généralement disposés par paires, sur chaque rive du tablier ; ils dessinent une courbe parabolique tant en élévation qu'en plan, afin de donner plus de rigidité à l'ensemble ; on emploie aussi des tympans en treillis B.

A l'extrémité de chaque travée, les câbles passent sur des secteurs ou rouleaux disposés sur l'entablement des portiques ou colonnes et s'infléchissent pour venir entrer dans les massifs d'amarrage ; la chaussée est généralement en bois, les poutrelles en fer ou bois.

Les formules (37) et (69) sont évidemment encore applicables.

CHAPITRE VII

CHAUDIÈRES, RÉSERVOIRS, PORTES D'ÉCLUSES, BARRAGES.

Les divers ouvrages compris dans ce chapitre seraient plutôt, peut-être, du domaine de la chaudronnerie que de celui de la construction en fer proprement dite, c'est pourquoi nous serons sobre de détails à leur égard.

Chaudières. — La forme générale est celle d'un cylindre circulaire, terminé par deux calottes sphériques; la vapeur, provenant de l'eau intérieure, tend à amener la rupture de l'enveloppe.

Il y a trois sortes de résistances à étudier : 1° la résistance suivant les génératrices de la surface cylindrique; 2° celle suivant la section transversale ou circulaire, tendant à détacher la calotte qui sert de fond; 3° celle de la calotte elle-même.

Examinons ces cas successivement et succinctement :

1° — Généralement les chaudières ne sont soumises extérieurement qu'à la pression atmosphérique, tandis que la pression intérieure est prédominante. La pression normale *effective* P, étant uniformément répartie par unité de longueur, celle qui s'exerce sur un élément courbe ε (fig. 200) sera Pε. Décomposons P suivant l'horizontale et la verticale, en P' et P''; la première de ces composantes sera détruite par la symétrie du système, il ne restera à considérer que P''', dont la valeur sur la bande de largeur ε est

$$P''' \times \varepsilon = P \cos\alpha \times \varepsilon = P\varepsilon \cos\alpha,$$

c'est-à-dire, la pression normale multipliée par la projection de l'élément de la surface; il en est de même pour tout autre élément, de sorte que sur la demi-circonférence, on aura, en définitive, une pression totale égale à PD.

Le métal résiste à l'arrachement suivant deux génératrices opposées, et le coefficient de résistance R étant seulement égal à 3000000 kil., on doit avoir pour l'équilibre

$$PD = 2\,Re\,;$$

d'où, (e étant l'épaisseur de la tôle en mètres),

(81) $$e = \frac{PD}{2R}.$$

On ajoute habituellement à cette épaisseur une constante de $0^m,003$ pour l'oxydation.

2° — La pression qui tend à détacher la calotte du cylindre est $P \times \frac{\pi D^2}{4}$; la section résistante est $\pi D e R$, on doit donc avoir

$$P \times \frac{\pi D^2}{4} = \pi D e R,$$

d'où

$$\frac{PD}{4} = eR \quad \text{et (82)} \quad e = \frac{PD}{4R},$$

c'est-à-dire la moitié de l'épaisseur obtenue ci-dessus.

3° — Si l'on suppose partout la même épaisseur à la tôle, une chaudière sphérique ou une calotte de chaudière cylindrique peut avoir un rayon double du cylindre de même épaisseur; en effet, on a

(83) $$\text{Cylindre} \quad e = \frac{PD}{2R},$$
$$\text{Calotte} \quad e' = \frac{P\,\rho}{2R}.$$

Si $e = e'$, on tire $\rho = D$; si $\rho = \frac{D}{2}$, on voit que $e' = 1/2\,e$; nous allons retouver cette formule dans les réservoirs.

On a souvent exprimé la pression à laquelle est soumise une chaudière d'une autre façon; en nommant n le nombre *effectif* d'atmosphères de la vapeur intérieure, c'est-à-dire le nombre d'atmosphères indiqués par le manomètre, diminué d'*une unité,* pour tenir compte de la contre-pression atmosphérique, la pression P devient

$$P = 10330\, n,$$

puisque la pression pour 1 atmosphère est de $1^k,033$ par cent. carré de surface; il vient alors pour l'épaisseur

$$e = \frac{10330\, n\, D}{2\, R}.$$

Si nous prenons $R = 2870000$ kilog., et si nous ajoutons la constante de $0^m,003$ pour l'usure, nous obtenons, en fin de compte, l'ancienne formule administrative, usitée en France jusqu'en 1865,

$$e = 0^m,0018\, n\, D + 0^m,003.$$

Les bouilleurs et tubes à fumée se calculaient également au moyen de cette formule.

Nous n'entreprendrons pas de décrire les divers systèmes de chaudières, nous dirons seulement que les feuilles de tôle qui les composent sont disposées en anneaux qui se recouvrent alternativement; les rivets, souvent à tête conique, sont plus serrés que dans les poutres, en raison de l'étanchéité à obtenir.

Les fonds hémisphériques qui terminent les chaudières étaient autrefois formés de plusieurs parties rivées, aujourd'hui on préfère les emboutir d'un seul morceau.

On sait le développement considérable qu'ont pris les chaudières tubulaires pour les machines fixes.

Réservoirs. — Les réservoirs circulaires se divisent en deux classes distinctes : les réservoirs à fond plat et les réservoirs à fond sphérique; nous ne parlerons pas des réservoirs quadrangulaires ou *bâches,* parce qu'on leur donne rarement des dimensions importantes.

Ils sont, comme les chaudières, composés d'une série d'anneaux à recouvrement alternatif, mais dont l'épaisseur varie en raison de la hauteur de la colonne liquide dont ils supportent la pression; ici l'on peut faire $R = 6000000$ kilog. par mètre carré, comme d'habitude.

Supposons que, dans le réservoir de la fig. 201, on veuille déterminer l'épaisseur de la feuille située à la distance h du niveau supérieur; on a, pour la pression P par mètre carré, la densité du mètre cube d'eau étant 1000,

$$P = 1000\, h.$$

L'épaisseur sera donnée par une formule analogue à celle des chaudières, en remplaçant P par sa valeur, c'est-à-dire que l'on a

$$(84) \qquad e = \frac{1000\, h\, D}{2\, R} + 0,002,$$

en ajoutant une constante de $0^m,002$ pour l'oxydation.

Les réservoirs à fond plat sont posés sur un plancher en fer, assemblé avec les colonnes de support, mais les réparations sont toujours difficiles, et les fuites inévitables.

On préfère, pour les grands réservoirs, tels que ceux destinés sur les chemins de fer à l'alimentation des locomotives, employer des fonds sphériques libres (fig. 202). En donnant au rayon ρ de la calotte une valeur égale au diamètre D du réservoir, l'épaisseur du fond sera la même que celle du dernier anneau inférieur, autrement dit, l'épaisseur en question sera

$$(83) \qquad e' = \frac{P\rho}{2R}.$$

Le jaugeage d'un réservoir de ce genre est assez long; mais dans le cas où l'on a $\rho = D$, on peut l'obtenir très approximativement, comme nous allons le faire voir.

Dans la figure 202, nous avons toujours

$$\rho = \frac{h'^2 + \frac{D^2}{4}}{2h'} \quad \text{ou} \quad 2h'D = h'^2 + \frac{D^2}{4},$$

qu'on peut écrire

$$h'^2 - 2h'D + \frac{D^2}{4} = 0;$$

nous en tirons

$$h' = D \pm \frac{D}{2} \times 1,732.$$

En prenant la valeur négative du second terme qui convient seule à la question, nous obtenons

$$h = 0{,}134\ D.$$

Le volume du segment de sphère, dont h' est la hauteur et D le diamètre, est égal à

$$\text{Vol. segment} = \frac{1}{6}\pi\, h'\left(\frac{3D^2}{4} + h'^2\right) = \frac{1}{24}\pi h'(3D^2 + 4h'^2);$$

ou, en remplaçant h' par sa valeur,

$$\text{Vol. segment} = \frac{1}{24}\pi \times 0{,}134\ D\,(3D^2 + 4 \times 0{,}01795\ D^2)$$

$$= \frac{\pi D^3}{24} \times 0{,}4116 = 0{,}01715\,\pi D^3.$$

La partie cylindrique du réservoir ayant pour volume $\dfrac{\pi D^2}{4}h$, le volume total est

$$V = \frac{\pi D^2}{4}(h + 0{,}0686\ D) = \frac{\pi D^2}{4}h + 0{,}01715\,\pi D^3.$$

Mais comme $h' = 0{,}134\ D$, $\dfrac{h'}{2}$ serait égal à $0{,}067\ D$, on peut donc faire approximativement $0{,}0686\ D = \dfrac{h'}{2}$ de sorte que, tout compte fait, on aura

$$V = \frac{\pi D^2}{4}\left(h + \frac{h'}{2}\right);$$

c'est-à-dire, que le volume approché du réservoir plein sera égal à celui d'un cylindre ayant pour hauteur totale la hauteur de la partie cylindrique h, plus la moitié de celle h' de la calotte sphérique.

La construction des réservoirs est analogue à celle des chaudières ; de plus, un cercle en cornière raidit la partie supérieure et une autre cornière est rivée à la partie inférieure pour assembler le fond plat ou sphérique avec la tôle verticale ; dans le dernier cas, une 3e ceinture extérieure en cornière sert à poser le réservoir sur une couronne, composée de segments en fonte, scellés dans la maçonnerie du bâtiment (fig. 202).

Portes d'écluses. — Une porte d'écluse (fig. 203) se compose de deux vantaux AB, CD constitués par un cadre rectangulaire, dont les côtés verticaux AA', BB', sont dits *poteau-tourillon* et *poteau busqué*; des pièces horizontales, a, b, c, nommées *entretoises*, s'assemblent à différentes hauteurs sur ces poteaux et complètent avec eux la carcasse du système (fig. 204).

Par suite de la pression de l'eau, les deux vantaux exercent l'un sur l'autre une réaction analogue à celle des deux arbalétriers d'une ferme de charpente ; c'est dans le but d'obvier à l'action destructive de cette réaction qu'on garnit le poteau-tourillon d'un madrier et d'un certain nombre de disques en fonte prolongeant les entretoises et destinés à reporter cette pression sur la maçonnerie des chardonnets.

Nous n'entrerons pas dans l'examen de la rigidité du cadre qui doit pouvoir résister à ces forces, comme à l'action de la pesanteur, quand la porte est ouverte et reporte tout son poids sur ses pivots ; nous dirons seulement quelques mots de la disposition des entretoises qui constituent la partie intéressante de l'ouvrage au point de vue du calcul.

Supposons d'abord la porte noyée sur une seule face ; la pression exercée par l'eau est alors proportionnelle à la distance de chacun des points du vantail au niveau du liquide, d'où résulte que la poussée totale exercée sur la porte peut être représentée par l'aire du triangle isoscèle rectangle $BB_1B'_1$ (fig. 205) ayant pour hauteur et pour base la charge d'eau contre la porte (Voir note VII).

Si l'on appelle H la profondeur d'eau, la pression totale sur chaque unité de largeur de la porte est $H \times \frac{H}{2} = \frac{H^2}{2}$, et si l est la largeur du vantail, le poids du mètre cube de l'eau étant de 1,000 kil., on aura pour la poussée de l'eau sur la porte :

$$P = 1000\, l \times \frac{H^2}{2}.$$

Cette force est appliquée en un point dit *centre de pression* qui coïncide avec le centre de gravité du triangle $BB_1B'_1$ et qui se trouve par conséquent *au-dessous* du centre de gravité du vantail, mais sur la même verticale.

On peut, soit espacer inégalement les entretoises en leur donnant les mêmes dimensions, soit les espacer également en leur donnant des dimensions différentes. Dans la première hypothèse, il s'agit de diviser le triangle $BB_1B'_1$, en autant de parties équivalentes qu'il y a d'entretoises intermédiaires, par des parallèles aa', bb', cc', etc., à $B_1B'_1$; or, on sait par la géométrie que l'on a, par exemple, en supposant qu'il s'agisse de partager H en quatre parties équivalentes (fig. 205) :

$$\frac{4}{1} = \frac{H^2}{h^2}, \quad \text{d'où} \quad h = H\sqrt{\frac{1}{4}} = H \times 0,500$$

$$\frac{4}{2} = \frac{H^2}{h'^2}, \quad \text{d'où} \quad h' = H\sqrt{\frac{2}{4}} = H \times 0,707$$

$$\frac{4}{3} = \frac{H^2}{h''^2}, \quad \text{d'où} \quad h'' = A\sqrt{\frac{3}{4}} = H \times 0,866 ;$$

car les différents triangles, étant semblables, sont entre eux comme les carrés des côtés homologues.

Ceci fait, on fera passer les entretoises par les centres de gravité du triangle et des différents trapèzes, et la pression horizontale sur chaque unité de longueur étant déterminée par les surfaces de ces figures, on pourra assimiler chacune des entretoises à une pièce appuyée à ses deux extrémités sur les poteau-tourillon et busqué, et l'on déterminera facilement la section la plus fatiguée par la formule connue

$$(16) \qquad \frac{RI}{n} = \frac{pl^2}{8}.$$

Quelquefois, on prend une moyenne entre le simple appui et l'encastrement, c'est-à-dire qu'on fait

$$(23) \qquad \frac{RI}{n} = \frac{pl^2}{10},$$

ce qui est parfaitement admissible quand il y a, comme cela est habituel, une ou deux traverses verticales réunissant ensemble les entretoises consécutives.

Si les entretoises sont également espacées, on pourra supposer que la pression supportée par chacune d'elles est représentée par la demi-somme des surfaces des trapèzes contigus, pour chaque unité de longueur.

Les entretoises haute et basse sont moins fatiguées que les autres par la pression de l'eau, mais comme le cadre dont elles font partie doit assurer la rigidité de l'ensemble, il est bon de leur donner des dimensions égales à celles qui sont le plus chargées.

Si la porte était noyée sur ses deux faces au-dessous du point B_1 (fig. 206), la pression sur la face d'aval détruirait l'augmentation sur la face d'amont, et l'excès de pression, en chacun des points situés au-dessous de la ligne B'_1, serait constant et égal à B_1B_2, de sorte que la pression totale de l'eau serait représentée par l'aire polygonale $BB'_1 B'_2 B_2$.

Donnons quelques détails rapides sur la construction des portes d'écluses. Le cadre, dont nous avons déjà parlé, est constitué par des pièces à double I, en fer laminé ou tôle et cornières, sur lequel s'assemblent les entretoises, construites d'une façon analogue, et reliées généralement par une ou plusieurs traverses verticales.

La butée des ventaux est assurée par un madrier fixé au poteau busqué, et ayant reçu la coupe nécessaire pour porter exactement sur son symétrique. Le bas de la porte est également armé d'un madrier horizontal qui vient s'appuyer contre le busc AED (fig. 203).

Le poteau-tourillon est disposé de façon que le ventail tourne autour d'un axe fictif, au moyen d'un collier scellé dans la maçonnerie des chardonnets, et qui embrasse le tourillon; le même poteau est muni dans le bas d'une crapaudine femelle venant poser sur un pivot fixé dans le radier.

Le bordage en tôle qui recouvre les entretoises et à qui l'on donne de 4 à 8 millim. d'épaisseur suivant la hauteur de la porte, ne se calcule pas d'habitude ; avec les nombreux rivets qui l'assemblent aux entretoises et aux traverses, on n'a pas à craindre sa déformation dans le plan vertical. On a fait également des ventaux cintrés pour les portes de flot dans les ports de mer.

Les *ventelles* qui doivent admettre l'eau dans le sas constituent une partie délicate de la construction. Dans les premières portes en fer, l'ouverture était donnée, d'habitude, par deux vannes contiguës mues chacune à l'aide d'un cric ou d'une manivelle verticale, systèmes qui demandaient, à la fois, beaucoup de force et un temps assez long pour donner à l'eau un passage suffisant.

Dans ces derniers temps, on a disposé les ventelles d'une façon plus rationnelle (fig. 207). Les deux vannes accolées sont mises en mouvement au moyen d'un même levier engrenant avec un secteur denté qui porte à ses extrémités les deux tringles de mouvement; de plus, par suite de la disposition des ventelles en fonte qui comprennent un certain nombre d'orifices, séparés par des parties pleines (dans le genre des tiroirs à vapeur), ainsi que le châssis sur lequel elles glissent, il suffit d'imprimer un faible mouvement d'oscillation au levier pour démasquer les orifices et donner passage à l'eau ; l'une des vannes monte pendant que l'autre descend (fig. 208).

Quant à l'ouverture de la porte, elle s'opère à l'aide d'une manivelle et d'engrenages agissant sur une crémaillère cintrée, généralement en fer, qui porte des rivets fraisés destinés à jouer un rôle analogue à celui des fuseaux dans les anciennes roues à lanternes.

Barrages à fermettes. — On emploie fréquemment des barrages mobiles pour améliorer le régime de certaines rivières à faibles tirants d'eau. Le système le plus employé est celui des barrages à fermettes, inventé en 1834 par M. Poirée, ingénieur des ponts et chaussées.

Il consiste essentiellement (fig. 209) en un rideau de poutrelles ou aiguilles, en sapin de 8×8, placées à peu près verticalement. Ces aiguilles s'appuient à leur base contre une saillie du radier, dite *seuil*, et à leur tête contre des barres horizontales placées un peu au-dessus de la retenue.

Les barres sont fixées à des fermettes verticales en fer à T rivées à leurs angles au moyen de goussets ; elles entretoisent celles-ci et supportent une passerelle de service. Les fermettes sont montées sur un arbre inférieur dont les tourillons entrent dans des coussinets encastrés dans la maçonnerie du radier, et autour duquel elles pivotent quand on veut abattre le barrage, à l'époque des hautes eaux.

Les fermettes ne supportent pas directement la pression de l'eau, elles doivent seulement résister à la poussée qui leur est transmise par les aiguilles et qui tend à les faire tourner autour de leur encastrement.

Il existe d'autres systèmes très variés de barrages mobiles avec hausses et contre-hausses, mais cela nous entraînerait trop loin.

CHAPITRE VIII

RÉSISTANCE DES COLONNES EN FONTE ET EN FER.

Données d'expériences sur la fonte et le fer. — On se sert généralement de tables plus ou moins empiriques pour déterminer le diamètre des colonnes destinées à supporter une charge donnée. Il serait plus exact et presque aussi rapide de se servir de formules, déduites par M. Love, des résultats acquis par M. Hodgkinson et de ses propres recherches.

Les expériences du savant anglais sur l'extension de la fonte l'ont conduit à des résultats analogues à ceux obtenus pour le fer, mais moins réguliers. Le coefficient d'élasticité E est un peu inférieur à la moitié de celui du fer, c'est-à-dire que sous une même tension et avec les mêmes dimensions primitives, la fonte s'allonge plus que le fer, dans le rapport de 20 à 9. La rupture de la fonte a lieu sous une tension de 10 à 14 kilogrammes par millimètre carré.

Pour ce qui est de la compression, dans le cas de la fonte, la compression totale est sensiblement proportionnelle à la charge jusque vers 18 kilogr. par millimètre carré ; il en est de même de la compression élastique ; dans ces limites, le coefficient moyen d'élasticité est 8, 8, en prenant pour unité le mètre.

Pour le fer, la compression est proportionnelle à la charge jusque vers 14 à 18 kil. par millim. car., et jusque-là, le coefficient d'élasticité est, en moyenne, égal à 16 ; tandis que le coefficient, pour l'extension, est, nous l'avons dit, égal à 20 environ.

Il résulte donc que, dans les limites de la pratique c'est-à-dire jusqu'à 15 kilogrammes par millimètre carré de section, la fonte se comprime environ deux fois autant que le fer ; mais, lorsqu'on dépasse la charge précitée, le fer se déforme plus que la fonte, et s'écrase sous des charges inférieures à la moitié, ou même, au tiers de celles qui détermineraient la rupture de la fonte.

Formules de M. Love. — M. Love, concluant des expériences de M. Hodgkinson que le *maximum de résistance à la rupture* de la fonte pouvait s'estimer en moyenne, à 8000 kil. par centimètre carré, et celui du fer à 4000 kil., en a déduit les formules et données suivantes pour la résistance des colonnes à la rupture, en kilogrammes :

1° La résistance des colonnes pleines en fonte pour des hauteurs comprises entre 4 fois et 120 fois le diamètre, peut être représentée par l'expression

$$(85) \qquad P = \frac{RS}{1,45 + 0,00337 \left(\frac{L}{D}\right)^2};$$

3° La résistance des colonnes pleines en fer pour des hauteurs comprises entre 10 et 180 fois le diamètre, est égale à

$$(86) \qquad P = \frac{RS}{1,55 + 0,0005 \left(\frac{L}{D}\right)^2};$$

3° La résistance des colonnes creuses en fer ou en fonte est égale à la différence des résistances de deux colonnes pleines, ayant pour diamètres, la première, le diamètre extérieur, la deuxième, le diamètre intérieur de la colonne proposée ;

4° La résistance d'une colonne ayant en section la forme en croix d'une bielle de machine à vapeur n'est pas, tout à fait, la moitié de celle que présenterait la même quantité de métal sous la forme d'une colonne creuse uniformément cylindrique ; le rapport trouvé dans les expériences étant de 15,578 à 39,645 ; soit, en nombres ronds, $9/20$;

5° Les colonnes pleines à section circulaire ne gagnent que 1/7 à 1/8, en résistance, lorsqu'on augmente graduellement leur diamètre des extrémités au milieu de la longueur ; les piliers creux à section circulaire, renflés vers leur milieu ou vers une extrémité, ne résistent pas plus que ceux de même poids et uniformément cylindriques ;

6° Les expériences faites sur de longs piliers en fonte font voir que le rapport des résistances d'un pilier carré et d'un pilier circulaire inscrit au premier est égal à 1,53. Cette augmentation considérable est due, à la fois, au surcroît de section, et à cette circonstance remarquable que le pilier fléchit aussi, non pas dans une direction perpendiculaire à l'une de ses faces, mais dans celle de la diagonale.

Il n'a pas été fait d'expériences sur des piliers en fonte présentant les sections en double et simple T, ou creux à sections rectangulaires, carrées, elliptiques, etc.; mais il est probable que toutes ces formes sont bien inférieures au cercle.

D'après M. Love, dans la flexion des piliers, la flèche correspondante à la charge de rupture n'atteint jamais le demi-diamètre du pilier; sa conclusion est que, au moment où le pilier atteint son maximum de résistance, aucune partie de sa section n'est encore soumise à un effort de traction, contrairement à l'hypothèse généralement admise.

Revenons maintenant à l'examen des formules (85) et (86), qui donnent les charges P de rupture en kilogrammes pour les colonnes pleines, dont L et D sont le diamètre et la hauteur en *centimètres*, R étant la résistance maximum à la rupture par *centimètre carré*, et S, la section de la colonne, en *centimètres carrés*, également.

Par exemple, si l'on voulait savoir quelle peut être la charge de rupture d'une colonne en fonte, pleine, dans laquelle L = 3^m, D = 0^m,15; alors $\frac{L}{D} = \frac{300^c}{15} = 20$, S = 176^{cq},71; et l'on aurait

$$P = \frac{8000 \times 176,71}{1,45 + 0,00337 \times \overline{20}^2} = 505218 \text{ kil.}$$

Lorsqu'il s'agit d'appliquer ces formules à la construction, il faut évidemment y remplacer la charge de rupture par la charge de sécurité, que l'on peut prendre égale au *sixième* de la charge de rupture pour la fonte, et au *cinquième* pour le fer ; de sorte que les formules précédentes deviennent respectivement.

$$(87) \qquad P' = \frac{1333 \times S}{1,45 + 0,00337 \left(\frac{L}{D}\right)^2}$$

et

$$(88) \qquad P' = \frac{800 \times S}{1,55 + 0,0005 \left(\frac{L}{D}\right)^2}.$$

Si nous avions affaire à une colonne en fonte creuse, dont la hauteur étant L, les diamètres respectifs seraient D et d, nous aurions

$$(89) \qquad P' = \left(\frac{S}{1,45 + 0,00337\left(\frac{L}{D}\right)^2} - \frac{s}{1,45 + 0,00337\left(\frac{L}{d}\right)^2}\right) 1333^{\text{kil}},$$

expression un peu longue à calculer, peut-être, mais n'offrant, du reste, rien de difficile.

On pourrait abréger notablement les opérations en construisant, une fois pour toutes, à l'échelle convenable, la parabole

$$y = 1,45 + 0,00337 \left(\frac{L}{D}\right)^2,$$

qui représente le dénominateur de la formule (85), de sorte que, dans le cas d'une colonne creuse, l'expression cherchée prendrait la forme

$$(90) \qquad P' = \left(\frac{S}{Y} - \frac{s}{y}\right) 1333 \text{ kil};$$

Y et y étant les ordonnées qui représentent respectivement les dénominateurs correspondants aux sections S et s, ou aux diamètres D et d.

Mais on peut simplifier encore davantage ces calculs en suivant une autre marche.

Supposons deux séries de piliers de 1 centimètre carré de section, l'une en fonte, l'autre en fer, et admettons que l'on ait déterminé, par les formules précédentes, les charges de rupture et de sécurité, inscrites dans le tableau ci-après, en regard des valeurs de $\frac{L}{D}$ qui leur correspondent :

Rapports $\frac{L}{D}$.	10	20	30	40	50	60	70	80	90	
	kil.	kil.	kil.	kil.	kil.	kil.	kil.	kil.	kil.	
Charges de rupture par cent. carré.	4476	2859	1784	1168	810	588	445	350	277	Fonte
	2500	2285	2000	1702	1428	1194	1000	842	714	Fer
Charges de sécurité par cent. carré.	746	476	297	195	135	98	74	58	46	Fonte
	500	457	400	340	285	239	200	168	143	Fer

Il n'y a plus, alors, qu'à porter les valeurs de $\frac{L}{D}$ en abscisses, et les charges de sécurité en ordonnées, à une échelle convenable, pour obtenir les courbes représentées fig. 210, pl. 16.

On peut chercher quel est le rapport $\frac{L}{D}$ qui correspond à l'égalité des coefficients de sécurité par centimètre carré, pour le fer et la fonte ; cela est facile, il ne s'agit que de poser

$$\frac{1333}{1,45 + 0,00337 \left(\frac{L}{D}\right)^2} = \frac{800}{1,55 + 0,0005 \left(\frac{L}{D}\right)^2}$$

qu'on peut écrire, en chassant les dénominateurs,

$$1333 \left\{ 1,55 + 0,0005 \left(\frac{L}{D}\right)^2 \right\} = 800 \left\{ 1,45 + 0,00337 \left(\frac{L}{D}\right)^2 \right\}$$

ou, en effectuant,

$$2066,15 \times 0,6665 \left(\frac{L}{D}\right)^2 = 1160 \times 2,696 \left(\frac{L}{D}\right)^2,$$

c'est-à-dire

$$\left(\frac{L}{D}\right)^2 \times (2,696 - 0,6665) - 906,15 = 0$$

ou, en réduisant,

$$2,0295 \times \left(\frac{L}{D}\right)^2 = 906,15 ;$$

et, enfin,
$$\left(\frac{L}{D}\right)^2 = \frac{906{,}15}{2{,}0295},$$
$$\frac{L}{D} = \sqrt{\frac{906{,}15}{2{,}0295}} = 21{,}14,$$

aleur qui correspond à une charge de sécurité de 451 kilogr. par centimètre carré, comme on peut le voir sur la figure.

C'est à l'aide de la courbe correspondant aux colonnes en fonte que nous avons établi les tableaux III et IV, relatifs aux colonnes pleines et creuses, qui peuvent servir très commodément de base aux calculs.

Exemples numériques. — Tout d'abord, supposons qu'il s'agisse de calculer la *colonne pleine* qui supporte en son milieu le poitrail étudié (p. 45). Nous avons, pour l'effort exercé sur cette colonne,

$$Q = \frac{5}{4} pl = \frac{5}{4} \times 32500^k = 40625^k.$$

Admettons que la colonne doive être de 4 m. 90 c. de hauteur; le tableau n° III nous donne la charge 45,056 kil., correspondant à une colonne de 15 cent. de diamètre et de 5 mètres de hauteur; le chiffre ci-dessus est un peu fort.

Cherchons donc à obtenir une approximation plus grande; prenons ainsi pour la colonne le diamètre $14^c,5$ au lieu de 15 cent.; nous devons compter qu'elle doit, de plus, supporter son propre poids, soit environ 625 kil.; de sorte que l'on a pour poids total à considérer

$$Q + 625^k = 40625^k + 625^k = 41250^k.$$

Dans le cas actuel,
$$D = 14^c,5, \; L = 490^c, \quad \text{d'où} \quad \frac{L}{D} = \frac{490}{14{,}5} = 33{,}1.$$

Nous mènerons alors l'ordonnée correspondant à l'abscisse 33,1 de la courbe, et nous trouvons ainsi graphiquement 258 kil. pour charge de sécurité par centimètre carré (fig. 210).

La colonne ayant une section de 165 centimètres carrés environ, pourra donc supporter

$$P' = 165 \times 258 = 42570 \text{ kil.}$$

en toute sécurité ; et ce chiffre est aussi approché que possible de celui qui nous est nécessaire.

Il est évident que, pour donner plus d'exactitude au coefficient de résistance, il sera nécessaire de construire la courbe à une assez grande échelle ; celle de $0^m,001$ par kilogramme de charge est suffisante et très commode.

Pour une colonne en fer, on opérerait semblablement à l'aide de la courbe correspondante; et l'on pourrait dresser de même des tableaux.

Si la colonne est creuse, on fait deux opérations pour chacune des colonnes partielles ; on soustrait les deux résultats l'un de l'autre et la différence exprime la résistance de la colonne en question.

Comme exemple de *colonne creuse*, supposons qu'on veuille calculer la résistance de la bielle de la page 83.

Nous admettons que la longueur libre de cette pièce entre les boulons d'assemblage soit, en nombres ronds, de $1^m,20$. D'après ce qui précède, nous la regarderons comme équivalente aux 9/20 ou aux 0,45 d'une colonne cylindrique creuse ayant le même diamètre intérieur $d = 0^m,056$ et un diamètre extérieur d', donné par l'aire 832 millimètres carrés de la section en croix (fig. 211).

Dans ces conditions, nous avons

$$0,000832 = \frac{\pi}{4}(d^2 - d'^2);$$

d'où $\left(\frac{4}{\pi} = 1,273\right)$

$$d'^2 = d^2 - 1,273 \times 0,000832,$$

et

$$d' = \sqrt{0,056^2 - 1,273 \times 0,000832} = \sqrt{0,00207686} = 0,04557.$$

Nous avons, par suite, en opérant à l'aide de la table graphique ci-dessus indiquée :

Col. ext. $\frac{\lambda}{d} = \frac{120}{5,6} = 21,42$ | Coeff. de séc. 448 kil. | Sect. $24^{c/q},63$

Col. int. $\frac{\lambda}{d'} = \frac{120}{4,6} = 26,08$ | d° 358 — | d° 16,31.

Il vient alors, pour la résistance de la colonne creuse,

$$448 \times 24,63 - 358 \times 16,31 = 11034 - 5839 = 5195 \text{ kil.}$$

La bielle devra donc pouvoir supporter avec sécurité

$$5195 \times 0,45 = 2338 \text{ kil.},$$

chiffre supérieur aux 1630 kil. qui sont requis par le calcul de la ferme ; comme nous avons négligé la valeur des congés qui réunissent les nervures au noyau central, ainsi que l'augmentation de section donnée par le renflement du milieu (qui, du reste, ne paraît pas avoir une influence bien marquée sur la résistance), nous pouvons regarder les dimensions de la bielle comme plus que suffisantes.

En effet, les quatre nervures donnent une surface de 0,000832 millimètres carrés ou $0,2653\ d^2$, tandis qu'en réalité l'ensemble de la section représente au moins $0,28\ d^2$; il en résulterait que l'aire véritable est 878 millimètres carrés, et que la compression par millimètre carré est seulement égale à

$$\frac{1630}{878} = 1^k,85.$$

Détails de construction. — Pour terminer nous dirons quelques mots sur la construction des colonnes.

En général, celles en fonte ne s'exécutent pas exactement cylindriques ; on leur donne presque toujours un léger *fruit* pour faciliter la fabrication et rendre le fût plus gracieux à l'œil.

Dans les travaux de bâtiments on distingue les colonnes ordinaires en colonnes à chapiteaux à consoles (fig. 212 et 213), et colonnes à chapiteaux carrés (fig. 214 et 215).

Les premières s'emploient généralement pour soutenir les poitrails larges des façades, les secondes pour ceux des murs de refend ; elles se font à un ou deux étages. Elles portent, à chaque extrémité, un goujon venu de fonte, destiné à arrêter, en bas, la semelle en fer plat sur laquelle est posée la colonne, et, en haut, le chapeau aa (fig. 212), semelle à talons, de 16 à 22 millim. d'épaisseur, destinée à maintenir en place le poitrail qui vient reposer sur la pièce.

Indépendamment de ces deux catégories, qui sont de fabrication courante, on exécute fréquemment sur modèles des colonnes pleines ou creuses, à chapiteaux ornés, munies souvent de consoles auxiliaires, destinées à soutenir les retombées des fermes ; lorsque ces colonnes sont creuses, on les utilise comme tuyaux d'écoulement pour les eaux pluviales.

L'épaisseur des colonnes varie avec la résistance qu'on veut leur donner ; mais la pratique indique des limites au-dessous desquelles on ne peut guère descendre ; ainsi les hauteurs des colonnes étant, respectivement,

$$h = 2 \text{ à } 3^m \qquad 3 \text{ à } 4^m \qquad 4 \text{ à } 6^m \qquad 6 \text{ à } 8^m,$$

les épaisseurs minimum seraient, à peu près,

$$e = 12^{m/m} \qquad 15^{m/m} \qquad 20^{m/m} \qquad 25^{m/m}.$$

Dans certains cas, on a fait des colonnes à section polygonale extérieure et à noyau intérieur cylindrique; mais ces dispositions coûteuses n'offrent pas d'avantages marqués sur les colonnes rondes (fig. 216 et 217).

Quant aux dispositions architecturales, il n'y a pas de règles bien fixes; en général, les colonnes en fonte devant être lourdement chargées, reçoivent des formes rustiques, comme celles des ordres dorique et toscan; pour des fûts plus élancés et devant être moins résistants, les ordres ionique et corinthien seraient préférables.

Il peut arriver qu'on ait à établir des colonnes peu commodes à fondre d'un seul morceau, soit par suite de leur fort diamètre, soit à cause de leur grande longueur; on les construit alors en plusieurs parties assemblées.

Si les pièces doivent être noyées dans de la maçonnerie ou revêtues d'une chemise en plâtre ou stuc ornementé, on peut parfaitement les assembler, comme les tuyaux, à l'aide de boulons traversant les brides tournées que l'on réserve à leurs extrémités (fig. 218 et 219).

Lorsque les colonnes doivent rester apparentes, la saillie des brides sur le pourtour ferait mauvais effet; il vaut mieux employer la disposition des fig. 220 et 221. Chacun des tronçons est terminé par des saillies rectangulaires A, A', recevant la retombée des poutres du plancher, au niveau inférieur duquel se fait le joint; la plaque inférieure A' est munie de nervures qui la consolident en formant une espèce de chapiteau.

Pour éviter le dressage de toute la surface A ou A', tout en faisant un joint *sérieux*, on ménage des *portées d'assemblage p, p*, qui sont seules rabotées. La partie C de la colonne, en contact avec les poutres, peut être ronde ou carrée; si elle est carrée et que le fût n'ait pas à donner d'écoulement à l'eau, on peut relier les deux poutres contiguës par les mêmes boulons, qui traversent la colonne de part en part; si, au contraire la partie C est ronde, l'assemblage des colonnes et du plancher ne s'opère que par les boulons traversant les parties A A', et la liaison de l'ensemble est moins parfaite. La fig. 221 représente la coupe faite suivant la ligne $xyzv$ de la fig. 220.

Dans les grosses colonnes de la salle du nouvel Opéra, l'assemblage des divers tronçons a été opéré à l'aide de bouchons coniques, serrés dans les joints au moyen d'un système de boulons et platines assez compliqué; les quatre colonnes de chaque groupe étaient réunies ensuite à l'aide de frettes ou colliers en fer plat.

Les colonnes en fer sont moins employées que les précédentes; pour les petits diamètres, sur le fût en fer plein ou creux, on ajoute, à l'aide de vis, une base et un chapiteau en fonte.

Dans les travaux plus importants, on a, quelquefois, construit des colonnes en tôle et cornières, analogues à la bielle représentée (fig. 122). On a encore établi, par exemple à la Manutention du quai de Billy, des piliers en fer à section quadrangulaire, composées de pièces rivées, comme l'indiquent les fig. 222 et 223.

Au chemin de fer du Midi, on a utilisé, de même, des rails Barlow, provenant des voies, assemblés deux à deux, au moyen de petites fourrures interposées (fig. 224).

On pourrait évidemment se servir encore de fers en Ω et de fers Zorès en ⊓, ou mieux de pièces en double I et de sections carrées ou rectangulaires, assemblées à rivure (fig. 225 et 226).

Toutes ces dispositions ne peuvent guère se calculer exactement; en proposant de les charger, d'après les expériences de M. Hodgkinson (qui ont donné 2,500 kil. par centimètre carré pour l'écrasement de piliers rectangulaires en tôle et cornières), à raison de 600 kil. par centimètre carré, comme pour la traction, on dépasse notablement les chiffres donnés plus haut pour la compression du fer.

En général, les colonnes en fer exigent une main-d'œuvre qui les rend plus coûteuses que celles en fonte; de plus, dans les fortes dimensions, il est difficile de leur donner un aspect tant soit peu satisfaisant à l'œil; l'emploi en est donc à peu près limité aux constructions simples, telles que magasins, halles, etc.

NOTES

I. — Sur les flèches des pièces appuyées à leurs extrémités et des pièces encastrées (Voir pages 18 et 40).

On conçoit parfaitement que l'extension longitudinale des fibres dans les solides fléchis dépendra, à la fois, de leur nature et de leurs dimensions transversales, ainsi que de l'intensité et du mode d'application des forces qui les sollicitent.

Supposons, pour commencer, que la pièce, appuyée aux deux extrémités, soit chargée d'un poids P en son milieu C. Le moment fléchissant en un point quelconque, répondant à l'abscisse x, étant $\frac{Px}{2}$, la flèche résultant de l'extension des fibres devra être, à la fois, proportionnelle à ce moment et à l'abscisse x, ou sera directement proportionnelle à $\frac{Px^2}{2}$. On pourra la représenter par l'ordonnée y d'une parabole du deuxième degré Amc (fig. 227), dont x serait l'abscisse. La somme de toutes ces flèches partielles, c'est-à-dire, la flèche totale, sera donc exprimée par l'aire du triangle curviligne ACc ; or au milieu C, $x = \frac{l}{2}$, par conséquent, $y = \frac{Pl^2}{8}$, l'aire en question est alors égale à 1/3 AacC ou à

$$\frac{l}{6} \times \frac{Pl^2}{8} = \frac{Pl^3}{48}$$

Mais, d'un autre côté, il est évident que la flèche totale doit être inversement proportionnelle au moment d'inertie I de la section et au module d'élasticité E de la substance qui la compose ; par conséquent, la relation définitive cherchée sera de la forme

$$Y = \frac{Pl^3}{48\ EI}.$$

Maintenant, si nous supposons la pièce chargée uniformément par unité de longueur, le moment en un point quelconque sera $\frac{px}{2}(l-x)$, et la flèche en ce point devra être proportionnelle à $\frac{px^2}{2}(l-x) = \frac{plx^2}{2} - \frac{px^3}{2}$. Le premier terme étant toujours représenté par une parabole du deuxième degré, telle que Amc, le second le sera par une parabole cubique A$m'c'$ (fig. 227) ; et, d'après ce que nous venons de dire plus haut, la différence entre les aires de ces deux triangles curvilignes donnera la flèche réelle cherchée.

Le moment fléchissant est aussi maximum pour $x = \frac{l}{2}$, nous avons alors : pour la première aire qui est encore le *tiers* du rectangle AacC

$$AcC = \frac{1}{3}\frac{l}{2} \times \frac{pl^3}{8} = \frac{pl^4}{48};$$

pour la deuxième aire qui est le *quart* du rectangle A$a'c'$C (note V)

$$Ac'C = \frac{1}{4}\frac{l}{2} \times \frac{pl^3}{16} = \frac{pl^4}{128}.$$

La différence entre ces deux aires sera donc

$$\frac{pl^4}{48} - \frac{pl^4}{128} = \left(\frac{2}{3} - \frac{1}{4}\right)\frac{pl^4}{32} = \frac{5}{12}\frac{pl^4}{32} = \frac{5pl^4}{384},$$

de sorte que, dans ce cas, la flèche totale Y′ au milieu deviendrait

$$Y' = \frac{5pl^4}{384\ EI}.$$

Admettant que les pièces soient encastrées à un bout et chargées à l'autre, au lieu d'être appuyées, on obtiendra des résultats

12

analogues. En effet, on peut parfaitement, à cause de la symétrie autour du milieu C de la pièce posée sur deux appuis, considérer ce point comme un encastrement central, et les réactions des appuis comme des forces agissant aux extrémités de la pièce pour la fléchir.

Pour en revenir aux flèches, la charge P étant appliquée à l'extrémité de la longueur l, l'ordonnée totale serait $Y_0 = \dfrac{Pl^3}{3\,EI}$, tandis que, dans le cas d'un poids pl uniformément réparti, elle serait seulement $Y_1 = \dfrac{pl^4}{8\,EI}$; ces deux quantités sont donc dans le rapport de 8 à 3, tandis que pour les pièces appuyées, on a

$$\frac{Y}{Y'} = \frac{1/48}{5/384} = \frac{8}{5}.$$

Comme application, considérons une pièce à section transversale symétrique, dont la hauteur soit égale à 1/32 de la portée, proportion assez usuelle pour les solives des planchers; en la supposant chargée d'un poids uniformément réparti, nous savons que

$$Y' = \frac{5}{384}\,\frac{pl^4}{EI};$$

mais, à cause de $\dfrac{RI}{n} = \dfrac{pl^2}{8}$, nous obtenons

$$Y' = \frac{5}{48}\,\frac{RIl^2}{n\,EI} = \frac{5}{48}\,\frac{Rl^2}{nE}.$$

Si nous faisons à la fois, dans cette équation, $R = 10{,}000{,}000$ kil. et $E = 20{,}000{,}000{,}000$ kil. nous avons $\dfrac{R}{E} = \dfrac{1}{2000}$, et $n = \dfrac{l}{64}$; par suite, la valeur définitive de la flèche devient

$$Y' = \frac{5}{48}\,\frac{l^2}{2000\,\dfrac{l}{64}} = \frac{5l^2}{1500\,l} = \frac{l}{300}.$$

Ce qui revient à une flèche de 0,00333 par mètre, comme il a été déjà dit.

II. — **Sur les valeurs de $\frac{I}{n}$ des sections en T simple et en ⊔.** (Voir les pages 21, 25 et 26).

Admettons qu'on veuille déterminer la valeur de n, applicable à la première section, par la relation $n = \frac{\Sigma M}{\Sigma S}$, et que les notations de la fig. 12 soient respectivement remplacées : b par h, b' par h', a par b, a' par b'.

La surface (1) a pour moment, par rapport à l'horizontale supérieure prise pour axe, $bh' \times \frac{h'}{2}$; la surface (2) a pour moment, par rapport à la même ligne,

$$b'(h-h') \times \left(\frac{h-h'}{2} + h'\right) = b'(h-h')\left(\frac{h+h'}{2}\right);$$

de sorte que l'on a

$$\Sigma M = bh' \times \frac{h'}{2} + b'(h-h')\left(\frac{h+h'}{2}\right)$$

et

$$\Sigma S = bh' + b'(h-h');$$

ou, en réduisant,

$$\frac{\Sigma M}{\Sigma S} = \frac{1}{2} \frac{bh'^2 + b'h^2 - b'h'^2}{bh' + b'h - b'h'} = n,$$

qui est la formule que l'on trouve habituellement dans les livres et qui concorde parfaitement, sauf les notations, avec

$$n = gG + \frac{b'}{2}.$$

En effet, supposons que les nervures du T n'aient pas la même épaisseur : il faut remplacer dans la valeur de gG : $g'A'$ par $S_1 = ab'$, gA par $S_2 = a'(b-b') = a'b - a'b'$.

Dès lors, il vient

$$gG = \frac{(a'b - a'b')\frac{b}{2}}{a'b - a'b' + ab'},$$

car gg' est toujours égal à $\frac{b}{2}$; ensuite on a

$$n = gG + \frac{b'}{2} = \frac{\frac{a'b^2}{2} - \frac{a'b'b}{2}}{a'b - a'b' + ab'} + \frac{b'}{2};$$

ou, toutes réductions faites,

$$n = \frac{1}{2} \frac{a'b^2 - a'b'^2 + ab'^2}{a'b - a'b' + ab'},$$

résultat identique.

On trouve également, dans les ouvrages techniques,

$$\frac{I}{n} = \frac{1}{3} \left\{ \frac{bn^3 - (b - b')(n - h')^3 + b'(h - n)^3}{h - n} \right\}$$

tandis qu'avec les notations que nous avons adoptées (en préparant les cotes, comme dans le cas d'une pièce en tôle et cornières symétrique), nous obtenons simplement l'expression

$$(36) \qquad \frac{I}{n} = \frac{an^3 - a_1 n_1^3 + a'n'^3}{3n'}$$

égale à la précédente et se gravant mieux dans la mémoire, si l'on examine la disposition des surfaces partielles, dont les unes sont à retrancher, les autres à ajouter, pour obtenir la surface définitive.

Passons à la forme en ⊔. Quand ce fer a son âme verticale, la formule (33), relative au double I, lui est parfaitement applicable; mais quand il est placé horizontalement, il n'en est plus de même.

Dans ce cas, il faut chercher la position du centre de gravité, comme l'indique la fig. 228, par la composition des deux semelles avec l'âme, et, une fois le point G obtenu, on emploiera la formule (36).

On voit qu'en effet, si l'on déplaçait les deux nervures de l'⊔ de façon à les amener dans le milieu de l'âme horizontale, on constituerait un fer à ⊤ simple, dont la nervure verticale aurait a' pour épaisseur; la valeur de $\frac{I}{n}$ sera donc donnée par l'équation précédente.

III. — **Sur la valeur de $\dfrac{I}{n}$ des sections triangulaire, trapézoïdale et de leurs dérivées** (Voir pages 24 et 27).

Regardons le triangle ABC, de la fig. 9, comme formé par la juxtaposition d'un certain nombre de petits parallélogrammes verticaux infiniment petits, dont les moments d'inertie, par rapport à AC, seront représentés par

$$\frac{1}{3}\alpha\beta^3 \dotsb \frac{1}{3}\alpha\beta'^3 \dotsb \frac{1}{3}\alpha b^3.$$

(Leur largeur α étant une fraction infiniment petite de AC).

Supposons que l'on construise une figure analogue à la fig. 15, dans laquelle ON représentera AC, divisé en un très grand nombre d'intervalles infiniment petits égaux à α, les ordonnées étant les valeurs successives de $1/3\ \beta^3$, $1/3\ \beta'^3$..... $1/3\ b^3$. A mesure que l'on fera croître indéfiniment le nombre des intervalles α, le sommet des ordonnées se rapprochera de plus en plus d'une courbe OP, qui sera, dans le cas actuel, une parabole cubique (Note V); à la limite, le moment d'inertie total du triangle ABC sera représenté par l'aire ONP, qui est le *quart* du rectangle OMPN, c'est-à-dire que

$$I' = \frac{1}{4}\,a \times \frac{1}{3}\,b^3 = \frac{1}{12}\,ab^3.$$

Si le parallélogramme de la fig. 9 devient un losange, dont une diagonale b est verticale, tandis que l'autre a reste horizontale, on obtient, d'après la formule précédente :

(a) $$I = \frac{ab^3}{48};$$

d'où, puisque $n = \dfrac{b}{2}$,

$$\frac{I}{n} = \frac{ab^2}{24}.$$

Arrivons à la section trapézoïdale.

Supposons le trapèze absolument quelconque de la fig. 10; posons $AC = a$, $DB = A$, et appelons b la hauteur, a' et a'', les projections des côtés AD et CB sur la base inférieure, choisie comme axe primitif d'inertie.

Le moment total de la surface est égal à celui du rectangle central qui a pour valeur $\frac{1}{3} ab^3$, augmenté de ceux des triangles latéraux, qui sont représentés par $\frac{1}{12} a'b^3$ et $\frac{1}{12} a''b^3$.

Ajoutant ces trois quantités, il vient

$$I' = b^3 \left\{ \frac{1}{3} a + \frac{1}{12} (a' + a'') \right\} = \frac{b^3}{12} (4a + a' + a'');$$

comme $a + a' + a'' = A$, il reste

(b) $$I' = \frac{b^3}{12} (A + 3a).$$

Remarquons tout de suite que l'on peut mettre cette relation sous la forme

$$I' = \frac{Ab^3}{12} + \frac{3ab^3}{12};$$

or, le premier terme du second membre est le moment du triangle DCB par rapport à sa base, donc $\frac{3ab^3}{12} = \frac{ab^3}{4}$ représentera le moment du triangle ACD, par rapport à l'axe DB passant par son sommet.

Appliquons la formule (b) à l'hexagone régulier; considérons-en seulement la moitié. Alors $a = c$, $A = 2c$, $b = \frac{c}{2} \sqrt{3}$, en appelant c le côté du polygone.

Dans ces conditions, on a

$$I' = \frac{c^3}{8} \times \frac{3\sqrt{3}}{12} (2c + 3c) = \frac{5}{32} c^4 \sqrt{3};$$

pour la surface entière, on doublerait le résultat, c'est-à-dire que

(c) $$I = \frac{5}{16} c^4 \sqrt{3}.$$

On opérerait de même pour l'octogone régulier, etc.

Pour avoir le moment d'inertie du trapèze par rapport à l'axe neutre, il faut déterminer d'abord celui-ci, soit graphiquement, soit par le calcul. D'après ce qui a été dit (page 20), il faut que

$$\frac{g\text{G}}{\text{G}g'} = \frac{\text{DB}}{\text{AC}};$$

soit x la projection de $g\text{G}$ sur la verticale, celle de $\text{G}g'$ sera $\frac{b}{3} - x$, et l'on aura également

$$\frac{x}{\frac{b}{3} - x} = \frac{\text{A}}{a}.$$

Chassons les dénominateurs, on en tire

$$x = \frac{b\text{A}}{3\,(\text{A} + a)}.$$

Par suite, la distance verticale de b à la petite base sera

$$n' = \frac{1}{3} b + x = \frac{b}{3} + \frac{b\text{A}}{3\,(\text{A} + a)} = \frac{b\,(2\,\text{A} + a)}{3\,(\text{A} + a)};$$

donc

$$n = \frac{b\,(2\,a + \text{A})}{3\,(\text{A} + a)}.$$

Ceci posé, le moment que nous cherchons se déduit de celui trouvé plus haut, à l'aide de la relation

$$\text{I} = \text{I}' - \Omega n^2$$

qui lie ces deux moments rapportés à des axes parallèles, en fonction de la surface Ω de la section, et de la distance n entre les deux axes considérés (Voir page 139).

Prenons un exemple numérique, celui d'un fer Zorès de $0^\text{m},18$, à sommet tronqué (fig. 226).

On voit que l'aire réelle, comprise entre le contour polygonal et la base XY que nous prenons toujours pour premier axe d'inertie, est égale à la différence de deux trapèzes, dont les dimensions sont inscrites sur la figure ; plus deux petits trapèzes latéraux que, pour simplifier, nous regarderons comme des rectangles.

En appliquant les formules précédentes, on trouve

$$I' = \frac{b^3}{12}(A + 3a) - \frac{b'^3}{12}(A' + 3a') + \frac{1}{3}a''b''^3$$

ou

$$I' = \frac{1}{12}\{b^3(A + 3a) - b'^3(A' + 3a') + 4a''b''^3\},$$

pour moment total par rapport à la base.

Par le choix du fer de 180 $^{m/m}$ de hauteur, nous devons introduire dans l'équation ci-dessus les données suivantes :

$$a = 0^m,055 \qquad A = 0^m,114 \qquad b = 0^m,180$$
$$a' = 0^m,046 \qquad A' = 0^m,100 \qquad b' = 0^m,166$$
$$\frac{a''}{2} = 0^m,043 \qquad\qquad\qquad\qquad b'' = 0^m,011.$$

On a, par suite,

$$I' = \frac{1}{12}\{\overline{0,18}^3(0,114 + 0,165) - \overline{0,166}^3(0,100 + 0,138) + 0,344 \times \overline{0,011}^3\} ;$$

effectuant,

$$I' = \frac{1}{12}(0,001627128 - 0,00108868245 + 0,00000045786) ;$$

ou, en fin de compte,

$$I' = 0,0000449086.$$

On détermine alors, soit par le calcul, soit par un procédé graphique analogue à ceux indiqués aux pages 21 et 121, la position du centre de gravité ; dans le cas actuel, l'épure faite avec soin donne,

$$n' = 0^m,098 \quad \text{et} \quad n = 0^m,082.$$

On obtient donc, en nombres ronds,

$$I = 0,0000449086 - 0,004124 \times \overline{0,082}^2 = 0,000017179 ;$$

soit, en définitive,

$$\frac{1}{n} = \frac{0{,}000017179}{0{,}098} = 0{,}0001753.$$

Si le fer Zorès était à sommet arrondi ou conique, on le transformerait en fer à sommet tronqué, et l'on opérerait comme ci-dessus.

IV. — Sur la simplification des formules applicables aux charpentes à la Polonceau, à deux bielles (Voir pages 86 et 98).

Examinons rapidement ce que deviennent les formules données dans le quatrième paragraphe du chap. V, lorsqu'on y fait successivement $\alpha = 22°30'$, $\alpha = 26°33'54''$, et enfin $\alpha = 30°$, limites qui comprennent les inclinaisons les plus usitées aujourd'hui pour les couvertures soit en zinc, soit en tuiles à emboîtement.

Reportons-nous à la fig. 95, nous avons toujours $Cc = \frac{BF}{2}$, relation qu'on peut écrire

$$\lambda \cos\alpha + h - h' = \frac{h}{2}, \text{ d'où } \lambda = \frac{h' - \frac{h}{2}}{\cos\alpha}$$

posons $h' = mh$, il vient

$$\lambda = h \frac{\left(m - \frac{1}{2}\right)}{\cos\alpha} = l\,\text{tg}\alpha \left(m - \frac{1}{2}\right)$$

en remplaçant h par sa valeur $l \sin\alpha$. Introduisons cette valeur de λ dans l'équation $\text{tg}\beta = \frac{2\lambda}{l}$, nous obtenons

(d) $\qquad\qquad \text{tg}\beta = \text{tg}\alpha\,(2m - 1),$

formule tout à fait générale qui lie les deux angles α et β, en fonction seulement de $m = \frac{h'}{h}$.

Pour $m = 4/5$, c'est-à-dire en admettant le surélèvement égal à $1/5$ de h, l'équation (d) nous donne

$$\operatorname{tg}\beta = 3/5 \operatorname{tg}\alpha.$$

Si nous supposons d'abord $\alpha = 22°30'$, nous avons en chiffres ronds :

$\operatorname{tg}\alpha = 0,4142$	$\operatorname{tg}\beta = 0,2485$
$\sin\alpha = 0,38268$	$\sin\beta = 0,2412$
$\cos\alpha = 0,92387$	$\cos\beta = 0,9704$.

Remplaçons ces différentes valeurs dans les formules connues qui deviennent :

(43) $\qquad T = \dfrac{plb}{2h} = 1,509\, pl \qquad$ (A)

(51) $\qquad T' = \dfrac{13}{16}\dfrac{pl\cos\alpha}{\sin\beta} = 3,112\, pl \qquad$ (B)

(52') $\qquad T'' = \dfrac{7}{16}\dfrac{pl\cos\alpha}{\sin\beta} = 1,675\, pl. \qquad$ (C)

Si nous appliquions ces formules à un comble de 18 mètres de portée, supposé chargé à raison de 2880 kil. par demi-ferme, nous obtiendrions comparativement les résultats ci-après :

(43)	$T = 4346$ kil.	(A)	$T = 4346$ kil.
(51)	$T' = 8962$	(B)	$T' = 8963$
(52')	$T'' = 4825$	(C)	$T'' = 4824$.

On voit combien les chiffres obtenus en second lieu sont voisins des premiers.

Passons maintenant à l'inclinaison $\alpha = 26°33'54''$, nous avons :

$\operatorname{tg}\alpha = 0,500$	$\operatorname{tg}\beta = 0,300$
$\sin\alpha = \dfrac{1}{2,236}$	$\sin\beta = 0,2874$
$\cos\alpha = \dfrac{1}{1,118} = 2\sin\alpha$	$\cos\beta = 0,958$.

NOTES   187

En mettant ces valeurs dans les formules générales, celles-ci deviennent :

(43) $$T = \frac{plb}{2h'} = 1{,}250\ pl \qquad (A')$$

(51) $$T' = \frac{13}{16} \frac{pl\cos\alpha}{\sin\beta} = 2{,}529\ pl \qquad (B')$$

(52') $$T'' = \frac{7}{13} T' = 1{,}362\ pl. \qquad (C').$$

Si nous reprenons le même exemple numérique que ci-dessus, c'est-à-dire, si nous faisons $b = 9^m$, et $pl = 2880$ kil., les tensions ont pour valeurs comparatives :

(43)	T = 3600 kil.		(A')	T = 3600 kil.
(51)	T' = 7285		(B')	T' = 7284
(52')	T'' = 3923		(C')	T'' = 3923.

Arrivons enfin à la dernière inclinaison prévue, c'est-à-dire $\alpha = 30^0$, nous avons alors

$$\operatorname{tg}\alpha = 0{,}57735 = \frac{1}{\sqrt{3}}$$
$$\sin\alpha = 0{,}500$$
$$\cos\alpha = 0{,}866$$

$$\operatorname{tg}\beta = 0{,}3464$$
$$\sin\beta = 0{,}3273$$
$$\cos\beta = 0{,}945;$$

par suite, les formules deviennent

(43) $$T = \frac{plb}{2h'} = 1{,}082\ pl \qquad (A'')$$

(51) $$T' = \frac{13}{16} \frac{pl\cos\alpha}{\sin\beta} = 2{,}150\ pl \qquad (B'')$$

(52') $$T'' = \frac{7}{13} T' = 1{,}157\ pl. \qquad (C'')$$

En prenant toujours 9 mètres pour portée de la ferme et 2880^k pour charge, nous obtenons

(43) T = 3117 kil.   (A″) T = 3116 kil.
(51) T′ = 6192   (B″) T′ = 6192
(52′) T″= 3333   (C″) T″ = 3332.

Tous ces résultats montrent nettement les avantages des formules simplifiées.

Quant à la comparaison entre ces demi-fermes de même portée b et également chargées du poids pl, les formules, ainsi que les résultats numériques, font voir que les tensions diminuent à mesure que la hauteur du comble augmente; ce que l'on pouvait prévoir à priori.

Pour la flexion de l'arbalétrier, elle reste la même dans les trois profils de fermes; la compression de la bielle diminue avec l'augmentation de l'angle, puisqu'elle est fonction de cos α.

Sous le rapport de la force longitudinale N qui tend à comprimer l'arbalétrier en son milieu, la relation générale

$$(54) \quad N = T\cos\alpha + T''\cos\beta + \frac{pl}{2} \sin\alpha,$$

devient successivement, pour les trois inclinaisons ci-dessus,

$$N = 3,211\, pl\ (D),\quad N = 2,646\, pl\ (D'),\quad N = 2,284\, pl\ (D''),$$

expressions qui, avec la valeur de pl adoptée, nous donnent

(D) N = 9248 kil.   (D′) N = 7620 kil.   (D″) N = 6569 kil.

Les formules précédentes permettent donc de déterminer les diverses tensions qui sollicitent un comble, en fonction de la charge répartie sur l'arbalétrier, sans avoir besoin d'effectuer le tracé de la charpente.

On pourrait évidemment, en allant plus loin dans cette voie, établir des tables numériques ou graphiques qui, pour une inclinaison déterminée, donneraient rapidement les tensions des différentes parties.

La fig. 230, pl. 17, est la traduction géométrique des calculs précédents et d'autres analogues; elle représente, à l'échelle de 50 m/m par unité, les valeurs de T, T', T" et N, pour *trois types différents* de fermes, savoir : les fermes à *tirant surélevé* au *cinquième* ($m = \frac{4}{5}$ ou 0,80) en *traits pleins*, les fermes à *surélèvement nul* ($m = 1$), et les fermes à *tirant surélevé* au *dixième* ($m = \frac{9}{10}$ ou 0,90) en *traits pointillés* différents. Dans cette table, α varie de 20 à 30°, c'est-à-dire de la pente de $0^m,364$ à celle de $0^m,577$ par mètre.

Comme exemple cherchons les tensions dans la ferme étudiée plus haut, p. 79; on a $pl = 2880$ k., $b = 8^m,00$, $h = 3^m,75$; on tire de là

$$tg\ \alpha = \frac{3,75}{8,00}, \text{ d'où } \alpha = 25°6'53''.$$

Évaluons sur l'horizontale, où sont inscrits les angles, la valeur $\alpha = 25°7'$, en chiffres ronds ; et, par le point déterminé m, élevons une verticale qui vient rencontrer en quatre points a, b, c, d, les courbes représentatives des tensions.

On trouve que la distance du premier point a à l'axe des abscisses est $66^{m/m},5$ environ ; de sorte que la valeur numérique de T, pour la ferme en question, est

$$T = 2880 \times 2 \times \frac{66,5}{100} = 1,33 \times 2880 = 3830^k,40$$

(la valeur exacte calculée est 3840 kil.)

L'ordonnée du deuxième point b est 73 millimètres, la valeur de T" sera donc

$$T'' = 2880 \times \frac{73}{50} = 1,46 \times 2880 = 4204^k,80$$

(la valeur réelle calculée est 4213 kil.) ; de même pour T' et N.

On voit que l'approximation obtenue est bien suffisante pour la pratique; l'épure faite à une plus grande échelle donnerait, naturellement, des résultats plus exacts. Pour les surélèvements différents de ceux marqués sur la figure, on pourrait s'en servir encore, en faisant une sorte d'interpolation.

En examinant la table graphique qui nous occupe, on voit que si, pour $m = \frac{h'}{h} = 0,80$, T" est supérieur à T, pour $m = 0,90$, au contraire, T" est inférieur à T ; de sorte qu'il doit exister une valeur intermédiaire qui rendrait égales les deux tensions que nous considérons.

Si nous faisons $T = T''$, dans la formule (52), il vient

$$T \sin \beta = T \sin \alpha - \frac{3}{16} pl \cos \alpha,$$

d'où

$$\sin \beta = \sin \alpha - \frac{3/16 \, pl \cos \alpha}{T} = \sin \alpha - \frac{3/16 \, pl \cos \alpha}{\dfrac{pl \cos \alpha}{2m \sin \alpha}};$$

c'est-à-dire

$$\sin \beta = \sin \alpha - \frac{3}{8} m \sin \alpha = \sin \alpha \left(1 - \frac{3}{8} m \right) \quad (e).$$

Cette valeur de m, pour les pentes ordinaires de couverture, est très voisine du rapport $\frac{5}{6} = 0,8333$ (qui correspond à $\alpha = 18° 56' 40''$ et à $T = T'' = 1,748 pl$).

Nous pouvons déterminer graphiquement la valeur du surélèvement en question ; par exemple, pour $\alpha = 20°$, on a :

m étant égal à 0,80, $T'' = 1,926 pl$, $T = 1,717 pl$;
d°   0,90, $T'' = 1,236 pl$, $T = 1,526 pl$,
d°   1,00, $T''' = 0,858 pl$, $T = 1,374 pl$.

Prenons comme axe des abscisses (fig. 231) une horizontale relevée à la hauteur 1, à partir de laquelle nous porterons sur les ordonnées convenables, les excès 0,926, 0,717, 0,236, 0,526, etc., des tensions précitées ; nous obtiendrons, en faisant passer des courbes par ces points, une intersection en O, répondant à une abscisse de 0,830 et à une ordonnée de 0,650. Si nous introduisons cette valeur de m dans les équations (a) et (b), nous voyons qu'elle est un peu faible, et qu'elle devrait être en réalité de 0,8325.

On trouve de même pour $\alpha = 22° 30'$, $m = 0,830$; pour $\alpha = 26° 33' 54''$, $m = 0,825$; pour $\alpha = 30°$, $m = 0,820$, en chiffres ronds. En réunissant ces différents points par une courbe, qui est très aplatie (fig. 232), on constate qu'elle vient couper l'axe horizontal (supposé relevé à la cote 0,800) dans le voisinage de 40° ; c'est-à-dire, que pour cette inclinaison, m étant égal à 0,80, T et T'' sont très voisins de l'égalité.

Dans ces conditions, on a pour $\alpha = 22°30'$:

(α) $T = T'' = 1,454 pl$,   (β) $T' = 2,848 pl$,   (δ) $N = 2,937 pl$;

pour $\alpha = 26° 33'54''$:

(α') $T = 1,212 pl$,   (β') $T' = 2,353 pl$,   (δ') $N = 2,459 pl$;

pour $\alpha = 30°$:

(α'') $T = 1,056 pl$,   (β'') $T' = 2,032 pl$,   (δ'') $N = 2,154 pl$.

Il y a généralement économie à faire, lorsque les circonstances le permettent, les tensions T et T'' égales.

V. — Sur le cercle, la parabole et le moment fléchissant (Voir p. 95 et 125).

Le remplacement du cercle par la parabole semble, à première vue, plutôt une complication qu'une simplification ; en réalité, si le cercle est facile à exécuter, au bureau, avec le compas, il ne l'est plus autant, à l'atelier, où il faut calculer ses ordonnées comme pour tout autre courbe.

La parabole, au contraire, peut être obtenue sans calcul, au moyen de simples lignes droites qui occupent, sur l'épure, une surface bien inférieure à celle que nécessiterait le tracé du cercle à l'aide du rayon, avantage précieux dans le cas où l'on dispose d'un espace restreint.

Supposons, par exemple, qu'il s'agisse d'obtenir les ordonnées d'un arc de cercle dont la flèche f est de $0^m,613$ et la demi-corde b de $3^m,750$ (fig. 103) ; commençons par chercher le rayon au moyen de la formule bien connue

$$r = \frac{f^2 + b^2}{2f} = \frac{\overline{3,75}^2 + \overline{0,613}^2}{2 \times 0,613};$$

qui donne, tous calculs faits,

$$r = 11^m,777.$$

Un arc de cercle de $11^m,78$ de rayon ne peut guère être tracé au compas, non plus qu'au cordeau, avec exactitude ; nous calculerons alors les ordonnées par la relation

$$y = \sqrt{r^2 - x^2} - r - f,$$

qui les donne à partir du milieu de l'arc ; les abscisses seront supposées équidistantes, de $0^m,50$ en $0^m,50$, et mesurées sur la corde.

Nous aurons, pour le 1er point à $0^m,50$ du sommet,

$$y = \sqrt{11,78^2 - 0,50^2} - 11,78 - 0,613;$$

effectuant, on a

$$y = \sqrt{138,7684 - 0,25} - 11,167 = 0^m,602.$$

Ces calculs s'opèrent encore assez facilement ; dans la valeur d'y, il n'y a que x à faire varier sous le radical, le terme soustractif ne changeant pas ; néanmoins, il faut extraire une racine carrée, ce qui demande toujours un peu de temps ; on obtient ainsi les valeurs suivantes :

$$\begin{array}{ccccccc} & 1 & 2 & 3 & 4 & 5 & 6 \\ y = & 0,602 - & 0,570 - & 0,517 - & 0,442 - & 0,344 - & 0,224 - 0 \\ x = & 0,50 - & 1,00 - & 1,50 - & 2,00 - & 2,50 - & 3,00 - 3,75; \end{array}$$

tandis que la parabole aurait pour équation $y' = \dfrac{fx^2}{b^2}$ qui, avec les données actuelles, revient à

$$y' = \frac{0,613}{3,75^2} \times x^2 = 0,0436 x^2,$$

formule d'un calcul plus simple que celle du cercle et qui nous donne, pour les mêmes abscisses x, les ordonnées y' par rapport à la tangente au sommet, et, par soustraction, les ordonnées y à la corde, en nombres ronds :

$$\begin{array}{ccccccc} & 1 & 2 & 3 & 4 & 5 & 6 \\ y' = & 0,0109 - & 0,0436 - & 0,0981 - & 0,1744 - & 0,2725 - & 0,3924 - 0,613 \\ y = & 0,602 - & 0,569 - & 0,515 - & 0,439 - & 0,340 - & 0,221 - 0. \end{array}$$

On voit qu'elles diffèrent bien peu de celles trouvées pour le cercle.

Ayant obtenu les trois premières ordonnées de la parabole, supposées équidistantes, on pourrait avoir les autres, soit par le calcul, soit par un tracé, à l'aide des *différences ;* mais il est plus rapide, et tout aussi satisfaisant pour la pratique, d'opérer graphiquement.

Parmi les divers procédés permettant de tracer un arc de parabole, à l'aide de la corde et de la flèche, nous indiquerons les suivants :

Admettons (fig. 233) que AB soit la demi-corde et BC la flèche, on forme le rectangle ABCa, on divise les côtés Aa et **AB** en un même nombre de parties égales, quatre, par exemple ; on mène Ca_1, Ca_2, Ca_3.... l'intersection de ces lignes avec les verticales élevées en b_1, b_2, b_3.... donne les points c_1, c_2, c_3 de la courbe Ac_3 c_2 c_1 C. L'autre moitié s'obtiendrait en opérant symétriquement.

On calculerait très simplement, en fonction de la flèche, les ordonnées à la corde des points que nous venons d'obtenir ; pour le point c_3, par exemple, répondant à l'abscisse $\frac{3b}{4}$, à partir de point B, les triangles rectangles semblables aa_3C et cc_3C donnent

$$\frac{cc_3}{aa_3} = \frac{c\text{C}}{a\text{C}} \quad \text{ou} \quad cc_3 = aa_3 \times \frac{c\text{C}}{a\text{C}} = \frac{3f}{4} \times \frac{3b}{4b} = \frac{9}{16} f,$$

par conséquent, $y_3 = f - cc_3 = \frac{7}{16} f$; on trouverait aussi facilement par ce procédé qu'à l'aide de la formule (p. 192),

$$y_2 = \frac{12}{16} f = \frac{3}{4} f \quad \text{et} \quad y_1 = \frac{15}{16} f.$$

En supposant la demi-corde divisée en 10 parties égales, on obtiendrait pour les ordonnées les valeurs suvantes :

$y_1 = 0{,}99 f \mid y_2 = 0{,}96 f \mid y_3 = 0{,}91 f \mid y_4 = 0{,}84 f \mid y_5 = 0{,}75 f$

$y_6 = 0{,}64 f \mid y_7 = 0{,}51 f \mid y_8 = 0{,}36 f \mid y_9 = 0{,}19 f \mid y_{10} = 0.$

On peut effectuer le tracé de la parabole d'une autre manière : AB étant la demi-corde et BC la flèche données (fig. 234), on reporte BC en CE, et l'on joint AE, la droite AE est tangente à la parabole en A. Menant CD' parallèle à AB, la droite CD' est tangente au sommet de la parabole ; traçons par D' une parallèle à BC, puis la corde AC, le milieu G' de la portion D'F' de la verticale sera un point de la courbe, répondant à l'abscisse $\frac{b}{2}$. Si par le point G', on mène G'D'', parallèle à AC, cette ligne sera tangente à la courbe au point considéré ; traçant alors une nouvelle corde G'A et une nouvelle parallèle D''F''' à BC, le milieu G'' de cette droite est encore un point de la courbe, répondant à l'abscisse $\frac{3b}{4}$, etc.

On détermine aisément le point intermédiaire entre C et G' ; prolongeons la tangente G'D'' jusqu'à sa rencontre en D avec CD', puis menons G'C, le point G de la courbe est au milieu de la ligne DF, répondant à l'abscisse $\frac{b}{4}$.

La courbe étant ainsi tracée, en partant de la corde et de la flèche, au moyen des tangentes, on peut avoir besoin d'en connaître le foyer et la directrice. Nous savons que, dans les paraboles ordinaires, la sous-normale est constante et égale au *paramètre*, c'est-à-dire à la distance du foyer à la directrice. Elevons, par exemple, au point A (fig. 234) la perpendiculaire AN à la tangente AE, BN sera la sous-normale constante en question ; maintenant, au point D', menons à la même tangente la perpendiculaire D'f, qui vient rencontrer l'axe de la parabole au point f. Les deux triangles rectangles D'Cf et ABN sont semblables et donnent

$$\frac{D'C}{AB} = \frac{Cf}{BN}.$$

Or, $D'C = \frac{AB}{2}$, donc Cf doit être la moitié de BN, de sorte que le point f est précisément le foyer cherché ; puisque C est le sommet de la courbe, pour avoir la directrice dd', il s'agit simplement de reporter Cf en Cd.

Ayant obtenu ainsi autant de points qu'on en désire, par les points trouvés on fait passer une règle flexible au moyen de laquelle on trace la parabole ; artifice dont on est également obligé de se servir, quand la courbe a été établie à l'aide d'ordonnées calculées, de façon à lui donner plus de régularité.

La division de la demi-corde en 10 parties égales, dont nous avons parlé plus haut, permet de vérifier facilement le rapport d'une aire parabolique au rectangle de même base et de même hauteur. En effet, chacune des ordonnées impaires serait la hauteur moyenne de chacun des 5 trapèzes mixtilignes en lesquels la courbe pourrait être divisée ; le 1ᵉʳ trapèze aurait pour mesure $y_1 \times \dfrac{b}{5}$, le 2ᵉ $y_3 \times \dfrac{b}{5}$ ....., le dernier étant un triangle $y_9 \times \dfrac{b}{5}$.

La surface totale serait donc,

$$A = \frac{b}{5}(y_1 + y_3 + y_5 + y_7 + y_9) = \frac{bf}{5}(0,99 + 0,91 + 0,75 + 0,51 + 0,19)$$

$$A = \frac{bf}{5} \times 3,35 = 0,67 \; bf;$$

c'est-à-dire que l'aire du triangle curviligne $Ac_2 CB$ (fig. 233) est les 2/3 de l'aire du rectangle $AaCB$, et, par conséquent, l'aire $Ac_2 Ca$ en est le *tiers*. En supposant la parabole cubique, on s'assurerait que l'aire $Ac_2 Ca$ est le *quart* du rectangle de même base et de même hauteur (fig. 235).

On peut tracer de même cette parabole cubique rapportée à son axe et à sa tangente au sommet, connaissant la demi-corde AB et la flèche BC. Ainsi, l'on partage Aa en 16 parties égales, et l'on prend $aa_1 = 1$, $aa_2 = 4$, $aa_3 = 9$; on joint Ca_1, Ca_2, Ca_3, et la rencontre avec les verticales élevées par les points correspondants de AB, divisé en 4 parties égales, donne

$$y' = \frac{1}{64} f, \quad y'' = \frac{f}{8}, \quad y''' = \frac{27}{64} f.$$

L'équation générale de la courbe est

$$y' = mx^3 = \frac{fx^3}{b^3}.$$

Nous avons dû insister sur ces tracés de paraboles, parce que dans les poutres droites chargées de poids uniformément répartis, la variation du moment fléchissant aux différents points peut se représenter par une parabole du 2ᵉ degré à axe vertical, dont le paramètre dépend seulement de la valeur de la charge p.

En effet, nous avons vu que le moment fléchissant, dans une pièce ainsi chargée et posée sur deux appuis, était donné par la relation

$$(16) \qquad \mu = \frac{px}{2}(l-x).$$

Si, au lieu de prendre le point d'appui A pour origine, comme on l'a toujours fait jusqu'ici, on rapporte la courbe à sa tangente tt' au sommet, et à son axe Mm (fig. 236), on arrive à exprimer son équation d'une façon plus simple.

D'après la figure, on a $\mu + \mu' = \frac{pl^2}{8}$, ou $\mu' = \frac{pl^2}{8} - \mu$, qu'on peut écrire

$$\mu' = \frac{pl^2}{8} - \frac{px}{2}(l-x).$$

Posons $x = \frac{l}{2} + x'$, il vient

$$\mu' = \frac{pl^2}{8} - \frac{p}{2}\left(\frac{l}{2} + x'\right)\left(l - \frac{l}{2} - x'\right) = \frac{pl^2}{8} - \frac{p}{2}\left(\frac{l}{2} + x'\right)\left(\frac{l}{2} - x'\right)$$

$$\mu' = \frac{pl^2}{8} - \frac{p}{2}\left(\frac{l^2}{4} - x'^2\right) = \frac{pl^2}{8} - \frac{pl^2}{8} + \frac{px'^2}{2} = \frac{px'^2}{2},$$

équation parabolique qui ne dépend plus que de la charge uniformément répartie p.

L'emploi des courbes pour représenter les moments fléchissants est extrêmement précieux pour les poutres à plusieurs travées; dans les calculs de ponts métalliques on en fait constamment usage; le contour courbe AMbM'c.... de la fig. 237 représente la valeur du moment fléchissant dans la moitié d'une pièce à trois travées égales, supportant p kilog. par mètre courant, comme celle dont nous avons parlé dans le chapitre 1er, paragraphe 5.

Lorsqu'une ferme est soumise à l'action de plusieurs charges différentes, il peut être commode de considérer d'abord séparément les effets de chacune d'elles, puis de les ajouter ensemble pour obtenir la résultante. Il y a surtout avantage à employer cette méthode de superposition quand une pièce, chargée d'un poids uniformément réparti, est soumise, en outre, à l'action de plusieurs autres charges discontinues; nous allons en donner un exemple, à propos du calcul de la poutrelle (p. 128), en supposant qu'on veuille examiner le cas particulier où les roues de voiture agiraient sur elle comme le montre en ponctué la fig. 170.

Appliquons à chacun de ces poids distincts de 3000 kilog. la formule

$$(13) \qquad \frac{RI}{n} = \frac{Pl'l''}{l},$$

qui donne, pour la première roue à gauche, $\frac{RI}{n} = 2405$ km, et pour la deuxième, $\frac{RI}{n} = 1878$ km, en nombres ronds.

Prenons (fig. 238), sur AB $= 3^m,68$, AC $= 1^m,18$, DB $= 0^m,80$; aux points C et D, élevons des perpendiculaires CE, DF égales, à une certaine échelle, à 2405 km et à 1878 km, et joignons les points E, F aux extrémités A et B.

Les contours triangulaires ainsi formés représenteront graphiquement la valeur des moments fléchissants dus aux poids des deux roues. De même, à la susdite échelle, la parabole AMB sera la représentation du moment produit par la charge uniformément répartie pl.

Ceci fait, on ajoutera ensemble les trois ordonnées répondant à la même abscisse et l'on obtiendra de cette façon le polygone définitif des moments fléchissants AE'M'F'B.

Ainsi, au point dont l'abscisse est x par rapport au point A, nous avons dans le premier triangle une ordonnée mr, à laquelle nous devons ajouter mq dans le deuxième, plus mp dans la parabole; ce qui nous donne l'ordonnée totale ms du polygone final.

Dans le cas actuel, l'ordonnée maximum est CE', dont la valeur exacte calculée est 3479^{km}; il en résulte que, pour cette hypothèse tout à fait défavorable à la poutrelle, celle-ci peut travailler jusqu'à

$$\frac{34790}{5565} = 6^k,25 \text{ par millimètre carré.}$$

VI. — Sur l'effort tranchant (Voir pages 36 et 126).

Il est très facile de se rendre compte de la valeur de l'effort tranchant aux différentes sections d'un solide. En effet, on pourrait appliquer la formule générale

$$(5) \qquad F = F_n - px:$$

Admettons d'abord qu'il s'agisse du cas simple d'une pièce posée sur deux appuis, et uniformément chargée par mètre courant ; nous avons $F_n = Q_0$; pour $x = o$, $F = Q_0$, pour $x = \dfrac{l}{2}$, $F = o$, puisque $Q_0 = \dfrac{pl}{2}$.

Donc, pour une pièce à deux appuis, chargée uniformément, l'effort tranchant, maximum sur les appuis, diminue lorsqu'on se dirige vers le centre de la travée, où il devient nul. C'est là un fait général, *l'effort tranchant offre toujours ses plus grandes valeurs sur les appuis, et s'annule au point de plus grande flexion*, que ce point soit, ou non, au milieu de la travée et la charge répartie ou distincte.

Cela permet d'obtenir sa valeur facilement en un point quelconque ; élevons, par exemple, au point A (fig. 236) la perpendiculaire AF_0, représentant, à l'échelle convenue, l'effort tranchant sur cet appui ; joignons F_0 au point m, correspondant au maximum, la droite $F_0\,m$ est l'image de la variation de l'effort tranchant dans le cours de la travée, et pour obtenir sur le dessin sa valeur en un point quelconque, il suffit de mener à la distance x de l'appui, une verticale qui nous donnera à l'échelle le résultat cherché.

Si, au contraire, on prend les abscisses à partir du point m, on a, d'une façon générale $F = px'$, de sorte que si l'on fait $x' = 1^m$, on a $F = p$, d'où un moyen commode de tracer la droite $m\,F_0$, le point m étant connu.

De cette manière, on peut déterminer rapidement les efforts tranchants sur les appuis, en multipliant le poids dont la travée est uniformément chargée par l'abscisse répondant au moment fléchissant maximum.

Ainsi, considérons la poutre à trois travées égales de la fig. 237 ; nous savons que, dans la première travée, l'abscisse du point de plus grande flexion est égale à $0,4\,l$; l'effort tranchant sur l'appui extrême A est donc

$$F_0 = Q_0 = 0,4\,pl,$$

valeur déjà connue (p. 14). Près de l'appui B, nous obtiendrions, dans cette travée, l'abscisse étant, par le fait, $x = 0,6\,l$, un effort

$$F'_1 = 0,6\,pl.$$

Dans la travée suivante, l'abscisse répondant au moment maximum est $\frac{l}{2}$ ou $0,5\,l$, nous avons donc, à droite de l'appui B, un autre effort tranchant

$$F_1 = 0,5\,pl\,;$$

et la réaction Q_1 de l'appui est égale à la somme de ces deux efforts

$$Q_1 = F_1 + F'_1 = 1,1\,pl.$$

De même, de l'autre côté de la travée milieu.

Les droites $A'mB'_1$, $B'm'C'_1$ etc., qui nous occupent, sont ici parallèles, puisque la charge uniformément répartie p est la même pour toutes les travées; si celles-ci, étant égales ou non, venaient à être différemment chargées, les droites en question seraient naturellement d'inclinaisons différentes.

Dans le cas où la pièce, outre la charge uniformément distribuée sur sa longueur, supporterait, en un ou plusieurs points, des charges distinctes, les résultats seraient analogues.

Lorsqu'il s'agit de calculer des fermes un peu importantes, on ne peut plus négliger les efforts tranchants comme on le fait dans les travaux de bâtiments ; aussi dans les calculs de ponts, a-t-on l'habitude de scinder la résistance des poutres en deux parties bien distinctes : on admet pour simplifier les opérations, que la résistance des semelles et cornières a pour objet de s'opposer au moment fléchissant, tandis que l'âme doit résister à l'effort tranchant.

Dans les poutres pleines, rien n'est plus facile que de calculer la résistance de l'âme dans ces conditions, il n'y a qu'à appliquer purement et simplement la formule

$$(1) \qquad F = \Omega R'', \quad \text{d'où} \quad \Omega = \frac{F}{R''};$$

Ω étant la section de l'âme et R'' sa résistance au cisaillement, généralement supposée égale à 3 kil. par millimètre carré seulement, pour de grandes tôles.

Quand la poutre est en treillis, voici comment on peut obtenir le résultat cherché : Appelons F l'effort tranchant en un point quelconque de la poutre, la direction verticale de cet effort coupe les barres du treillis suivant une section de largeur l' et d'épaisseur e (fig. 239); la résistance totale des N barres rencontrées doit être égale, *au moins*, à l'effort de cisaillement, c'est-à-dire qu'on doit avoir

$$(E) \qquad F = R_1 N e l' = \frac{R_1 N e l}{\sin\alpha},$$

en appelant R_1 la résistance à laquelle on peut soumettre avec sécurité le métal dans un sens oblique à la direction de ses fibres, l la largeur normale de la barre, et α son angle avec la verticale.

Maintenant, l'effort φ de compression ou de traction dans le sens de chacune des N barres rencontrées est donné par l'équation

$$N\varphi\cos\alpha = F, \qquad \text{d'où} \qquad \varphi = \frac{F}{N\cos\alpha};$$

en remplaçant F par sa valeur, il vient

$$\varphi = \frac{R_1 N e l}{N \sin\alpha \cos\alpha} = \frac{R_1 e l}{\sin\alpha \cos\alpha}.$$

Mais, d'un autre côté, R étant la résistance du fer à l'effort longitudinal, on doit avoir aussi

$$\varphi = R e l, \qquad \text{d'où} \qquad R = \frac{R_1}{\sin\alpha \cos\alpha}.$$

En supposant $\alpha = 45°$, qui est l'inclinaison la plus usitée, $\sin\alpha = \cos\alpha = \frac{\sqrt{2}}{2}$, de sorte qu'il vient, en définitive,

$$R_1 = \frac{1}{2} R;$$

c'est-à-dire qu'ici la résistance suivant la verticale doit être seulement la *moitié* de celle dans le sens longitudinal des barres.

Si l'on considère la partie gauche de la figure, les barres dans le sens de la force φ sont comprimées, et celles dans le sens de φ' sont tirées, tandis que c'est le contraire pour l'autre côté ; comme le fer résiste un peu moins bien à la compression qu'à la traction, tout en conservant les barres tirées en fer plat, on emploie souvent du fer en ⊔ ou de la cornière pour les barres comprimées, qui ont ainsi plus de roideur (fig. 63 et 64).

Nous résumons, dans la fig. 240, les différents cas simples de pièces droites étudiées dans le chapitre Ier, en mettant en regard de la représentation graphique les valeurs numériques des moments fléchissants et des efforts tranchants.

VII. — Sur les charges réparties proportionnellement aux ordonnées d'une droite (Voir pages 58 et 162).

Cette répartition est analogue à celle qu'on rencontre dans le calcul des aiguilles de barrages et des entretoises de portes d'écluses ; elle se présente lorsque plusieurs fermes concourantes couvrent un espace rond ou polygonal, comme dans les combles de cirques, salles de spectacle, panoramas, etc.

Admettons, pour commencer, que la pièce supportant la charge en question soit horizontale, alors la pression qui s'exerce sur elle sera proportionnelle à l'aire d'un triangle ABC, de hauteur $AC = a$, et de longueur $AB = l$, dont le centre de gravité G est à une distance de A égale au tiers de l (fig. 241).

Si nous appelons F_0 la réaction de l'appui, nous avons, en prenant les moments par rapport à l'autre extrémité B,

$$F_0 l = P \times \frac{2}{3} l,$$

d'où

$$F_0 = \frac{2}{3} P \quad \text{et} \quad F'_0 = \frac{1}{3} P;$$

P étant le poids total agissant sur la pièce représenté par l'aire du triangle ABC.

En nommant x la distance d'une section quelconque au point B, les poids étant entre eux comme les carrés des longueurs, le poids du triangle dont x est la base doit être $\frac{Px^2}{l^2}$, puisqu'il est P, pour $x = l$; de sorte que le moment fléchissant dans la section considérée sera égal au moment de ce poids, diminué du moment de la réaction en B, c'est-à-dire

(F) $$\mu = \frac{Px^3}{3l^2} - \frac{Px}{3} = \frac{Px}{3}\left(\frac{x^2}{l^2} - 1\right).$$

Cette valeur devient maximum, quand on a

$$\frac{Px^2}{l^2} - \frac{P}{3} = 0, \text{ ou } x^2 = \frac{l^2}{3}, \text{ c'est-à-dire } x = \frac{l}{\sqrt{3}}.$$

Appliquons la méthode précédente au calcul des poutres du plancher de la salle du nouvel Opéra, qui sont inclinées à l'horizon, en conservant à l la valeur de la distance horizontale entre le nu des piles et l'arête extérieure de la ceinture polygonale sur laquelle viennent s'assembler les 16 fermes rayonnantes, auxquelles, pour simplifier, nous attribuons la même longueur.

Nous supposons, en conséquence, chacune de celles-ci, comme étant sollicitée par l'action des poids des deux demi-trapèzes contigus, hachés sur la fig. 80, à raison de 800 kil. par mètre carré de surface; les bases a et a' de ces demi-trapèzes étant respectivement $2^m,035$ et $0^m,168$; la longueur l, définie plus haut, $9^m,57$; la distance verticale BH égale à $1^m,50$, de sorte que la pente de la semelle inférieure des poutres est de $0^m,15674$ par mètre.

Nous avons, par suite, à considérer une charge répartie proportionnellement à l'aire du triangle ABC, plus une charge uniforme représentée par le parallélogramme CBDE (fig. 242); nous allons superposer les efforts dus à ces deux charges, de la façon indiquée à la fin de la note V.

Nous obtenons, pour le poids proportionnel au triangle ABC,

$$P = 2\left(\frac{1,867}{3} \times 9,57 \times 800\right) = 14294 \text{ kil.};$$

pour la charge uniformément distribuée (parallélogramme CBDE),

$$P = 2\,(0,168 \times 9,57 \times 800) = 2572 \text{ kil.}$$

Le moment dû à la charge P sera représenté par l'équation

(F) $$\mu = \frac{Px}{3}\left(\frac{x^2}{l^2} - 1\right),$$

répondant à la courbe parabolique du troisième degré AMB (fig. 243); il sera maximum en M, pour une abscisse $x = \dfrac{l}{\sqrt{3}} = 5^m,525$, où sa valeur sera

$$\mu_M = \frac{Pl}{3\sqrt{3}}\left(\frac{l^2}{3l^2} - 1\right) = -\frac{2\,Pl}{9\sqrt{3}} = -17551^{km}.$$

Le moment fléchissant dû à la charge uniforme P' serait donné par la variante de la formule (16')

(G) $$\mu' = -\frac{P'x}{2l}(l - x),$$

répondant à la parabole ordinaire AmB de la même figure; le moment maximum correspondant à $x = \dfrac{9^m,57}{2}$ serait

$$\mu'_m = -\frac{P'l}{8} = -\frac{2572 \times 9,57}{8} = -3076^{km},75\,;$$

tandis que le moment correspondant à $x = \dfrac{l}{\sqrt{3}}$ serait seulement

$$\mu'_M = -\frac{P}{2\sqrt{3}}\left(\frac{l\sqrt{3} - l}{\sqrt{3}}\right) = -\frac{P'l}{6} \times 0{,}732 = -3002^{km},91.$$

De sorte que l'on a

$$\mu_M + \mu'_M = -(17551 + 3003) = -20554^{km};$$

mais, dans l'équation (F), si l'on fait $x = \dfrac{l}{2}$, il vient

$$\mu_m = \frac{Pl}{6}\left(\frac{l^2}{4l^2} - 1\right) = \frac{Pl}{6}\left(\frac{1}{4} - 1\right) = -\frac{Pl}{8} = -17099^{km};$$

d'où, en additionnant,

$$\mu_m + \mu'_m = -(17099 + 3077) = -20176^{km},$$

valeur précisément égale à celle du moment maximum, dans l'hypothèse où le poids total P + P', soit 16866 kil., est uniformément réparti sur toute la longueur AB (parabole pointillée AM″B).

Le maximum définitif se trouve compris entre ces maximum partiels, et la courbe réelle des moments AM'B s'obtiendra en cumulant les deux ordonnées, répondant à la même abscisse, dans les paraboles ci-dessus. On trouve graphiquement que le plus grand moment fléchissant est environ 20560^{km}, et répond à une abscisse $X = 5^m,40$, à partir de l'extrémité B ; il suffit, pour cela, de mener (fig. 244) une série de cordes inclinées parallèlement à AB, de prendre les milieux P', Q', etc., de ces cordes, et de les joindre par une courbe dont l'intersection avec celle des moments détermine le point M', répondant au maximum. Le calcul direct donne 20563^{km},52 pour $X = 5^m,424$.

On peut simplifier la construction de l'équation (F), en considérant séparément la parabole cubique $\dfrac{Px^3}{3l^2}$ et la droite $\dfrac{Px}{3}$, qui, pour $x = l$, donnent ensemble $y = \dfrac{Pl}{3} = 45598^{km}$.

Ayant représenté cette valeur par AF (fig. 242) à une échelle convenable, et tiré BF, on trace la parabole Bb_1 b_2 F, comme il est indiqué (p. 195) ; on porte ensuite, sur les verticales correspondantes, les différences des ordonnées $b_1 b'_1$, $b_2 b'_2$, etc. de B_1 en B'_1, de B_2 en B'_2.. et l'on obtient ainsi la courbe AMB, dont les ordonnées ont dû être ici réduites à la *moitié* de leur valeur dans la fig. 243.

On combine ensuite les courbes AMB et AmB comme il a été dit plus haut.

VIII. — Sur une table graphique des valeurs de $\dfrac{I}{n}$ (page 55).

Le calcul des moments d'inertie, pour les poutres en tôle et cornières est toujours laborieux, puisque l'on est obligé d'y procéder par la *méthode de fausse position*. Pour abréger, il faut recourir à des tables contenant, toutes calculées, un certain nombre de valeur de $\dfrac{1}{n}$; mais, généralement, ces valeurs ne sont pas assez rapprochées pour être immédiatement applicables au cas particulier que l'on a en vue.

Nous proposons de remplacer les tables par une épure correspondant à un certain nombre de profils de *poutres pleines*, pour des hauteurs variant de $0^m,20$ à $1^m,00$, qui est à peu près le maximum appliqué dans les bâtiments, et des $\frac{I}{n}$ supérieurs à 0,00010 (fig. 245).

Notre tracé, à petite échelle, ne comprend que six sections (A, B, C, D, E, F) dont les dimensions sont inscrites dans le tableau de la planche 20; sur un dessin plus grand, on en intercalerait davantage, ce que chacun pourra faire, au fur et à mesure de ses besoins.

Les échelles des ordonnées $\left(\text{valeurs de } \frac{I}{n}\right)$ et des abscisses (hauteurs des poutres) sont logarithmiques, de façon qu'il n'y a que des lignes droites à tracer sur l'épure, au lieu de courbes paraboliques; l'interpolation est peut-être moins simple, mais cela n'a pas d'importance réelle, puisque l'on est généralement obligé d'altérer un peu les dimensions obtenues, comme on va le voir dans un instant.

Prenons un exemple pour faire bien saisir la façon d'employer cette table.

Supposons qu'à la suite des calculs préliminaires, on doive attribuer à la poutre une valeur de $\frac{I}{n}$ égale à 0,00491; l'horizontale qui passe par le point 0,0050 coupe les droites représentatives des sections en 5 points, b, c, d, e, f qui nous donnent des valeurs répondant à la question, et qui sont :

b ($h = 0,975$, $\frac{I}{n} = 0,0051248$, calculé)

c ($h = 0,864$, $\frac{I}{n} = \ldots\ldots\ldots$)

d ($h = 0,708$, $\frac{I}{n} = 0,0050682$, calculé)

e ($h = 0,615$, $\frac{I}{n} = 0,0051106$, calculé)

f ($h = 0,535$, $\frac{I}{n} = \ldots\ldots$).

Généralement, la ferme la plus haute est la plus avantageuse, étant la moins lourde; néanmoins, on peut être obligé de modifier légèrement les dimensions trouvées sur l'épure, soit parce que la hauteur maximum de la poutre est imposée d'avance, soit pour rester dans les épaisseurs pratiques données par les forges.

Ainsi, par exemple, la poutre précédente de $0^m,615$ comporterait une âme de 587×9 que l'on réduira à $580^{m/m}$ qui rentre mieux dans les dimensions du commerce; on n'aura plus alors que $0^m,608$ de hauteur, et la valeur de $\dfrac{I}{n}$ sera seulement $0,0050418$. Comme le moment fléchissant auquel elle doit résister est égal à 45000^{km}, il en résulte que la fibre la plus fatiguée de la section ne travaille qu'à

$$\frac{450000}{50418} = 8^k,92.$$

Le poids par mètre courant, établi d'après les chiffres du petit tableau précité, serait

Cornières et semelles . . . . . $132^k,32$
Ame $0,701 \times 58$ . . . . $40,66$
Total . . . . $172^k,98.$

La poutre de la page 55 pesant $185^k,21$, on choisira, entre ces deux échantillons, le plus convenable d'après les données particulières du projet.

La ligne en traits mixtes de la fig. 245 représente les poutres pleines dont les proportions sont indiquées à la page 39.

OBSERVATIONS SUR LES TABLEAUX SUIVANTS.

Pour les deux premiers tableaux, les charges sont supposées *uniformément réparties* sur toute la longueur des solides, qui sont regardés comme simplement *appuyés* à leurs extrémités, et à une travée. *Le coefficient R est pris égal à 10,000,000 kilogr.*; il est évident que si on voulait faire R = 6000000 = 8000000 kil., etc., il n'y aurait qu'à multiplier les chiffres des tableaux par 0,6, 0,8....

De la formule (16), $\frac{Rl}{n} = \frac{pl^2}{8}$, nous avons tiré

$$pl = \frac{8Rl}{nl};$$

ce qui nous a donné les valeurs diverses de pl, en faisant successivement, dans le deuxième membre, $l = 2, 3, 4, 5^m$, etc....

Si les poids, au lieu d'être uniformément répartis, étaient *appliqués au milieu* des pièces toujours simplement appuyées à leurs extrémités, il faudrait prendre la *moitié* des résultats inscrits aux tableaux.

Si, au contraire, les pièces, supposées chargées uniformément, étaient *encastrées* à leurs deux extrémités, au lieu d'être appuyées seulement, on multiplierait les chiffres des tableaux par $^3/_2$, rapport des dénominateurs 12 et 8 des formules (11) et (16).

Pour montrer comment on peut se servir de ces tableaux, supposons d'abord les solives des travées B et B' de la page 57; elles sont au nombre de 12 et chargées chacune d'un poids réparti de 1616 kil. Le tableau nous fait voir qu'un fer à I de 18 c., ayant 4 m. de longueur libre, peut porter 2238 kil., en travaillant à 10 kil. par millimètre carré; comme nous n'avons ici que 1616 kil., le coefficient R sera

$$\frac{1616 \times 10}{2238} = 7^k,22.$$

De même, si l'on avait affaire à une poutre.

Supposons que des calculs préalables nous aient conduit à une valeur de $\frac{I}{n}$ égale à 0,0045 pour R = 9 kil.; la hauteur ne devant pas dépasser 0^m,65 à 0^m,70.

Nous trouvons, dans le tableau n° II, la poutre de 0^m,666, qui nous paraît réunir, à peu près, les conditions voulues, mais qui ne donne qu'un $\frac{I}{n}$ de 0,0025397; il faudra combler la différence, soit 0,0019603, par des semelles additionnelles que l'on calculera en posant, d'après la formule (75),

$$abe = 0,0019603.$$

On en tire

$$c = \frac{0,0019603}{0,20 \times 0,666} = 0^m,0147,$$

soit 0^m,015, en chiffres ronds; de sorte que la hauteur définitive sera 0^m,666 + 2 × 0,015 = 0^m,696.

Comme vérification, le calcul de la poutre de 0^m,696 donne $\frac{I}{n} = 0,0044295$.

Cette section travaillera donc au taux très acceptable de

$$R = \frac{9 \times 4500}{4429,5} = 9^k,14.$$

Pour le tableau n° IV, relatif aux colonnes creuses en fonte, nous devrons faire observer que les épaisseurs ont été uniformément prises égales à $1/10^e$ du diamètre extérieur; ainsi la colonne de 15 cent. a 15$^{m/m}$ d'épaisseur, de sorte que son diamètre intérieur est 0,15 − 2 × 0,015 = 0^m,12. Nous avons voulu seulement, par là, donner une base à nos calculs; il est évident que l'épaisseur doit varier avec la charge à supporter, lorsque le diamètre est fixé d'avance.

Le poids du mètre cube de fonte a été compté à 7207 kilogr.; le poids des colonnes représentant seulement le poids du fût, il faudra tenir compte, par aperçu, dans chaque cas particulier, du chapiteau et de la base.

Quant aux tableaux V et VI du poids des fers plats, ronds et carrés, le poids du mètre cube de fer a été pris égal à 7788 kilogr. ; le poids du fer carré peut s'obtenir en multipliant ce nombre par le carré du côté, et celui du fer rond en multipliant le carré du diamètre par 6117 kil.

Les chiffres du tableau VII pour les cornières ont été relevés sur les albums des forges ; par suite, il sera facile d'établir le poids, par mètre courant, d'un échantillon quelconque de poutre en tôle et cornières.

I. — Tableau des charges que peuvent supporter divers échantillons de fers à double I ($R = 10000000$ kilog.).

NATURE et PROVENANCE des fers		HAUTEURS TOTALES	ÉCARTEMENTS intérieurs des SEMELLES	LARGEURS des SEMELLES	ÉPAISSEURS de l'AME	AIRES de la SECTION transversale	POIDS par MÈTRE c¹	VALEURS DE $\frac{I}{n}$	CHARGES UNIFORMÉMENT RÉPARTIES SUR LES PORTÉES DE									
									2ᵐ,00	2ᵐ,50	3ᵐ,00	3ᵐ,50	4ᵐ,00	4ᵐ,50	5ᵐ,00	5ᵐ,50	7ᵐ,00	8ᵐ,00
		m/m	m/m	m/m	m/m	m/mq	kil.		kil.	kil.	kil.	kil.	kil.	kil.	kil.	kil.	kil.	kil.
FERS ORDINAIRES A AILES ÉTROITES	FORGÉS de la PROVENANCE Châtillon et Commentry	80	67	41	3	784	6,25	0,00001801	796	637	531	455	398	»	»	»	»	»
		100	88	43	5	950	9	0,00002650	1140	912	760	651	570	506	456	»	»	»
		120	108	45	5	1080	11	0,00003801	1520	1216	1013	868	760	675	608	507	»	»
		140	126	47	6	1414	14	0,00005591	2236	1788	1490	1276	1118	993	894	745	639	559
		160	146	60	8	1840	15	0,00007512	3004	2403	2001	1716	1502	1335	1201	1000	858	751
		180	162	55	8	2286	20	0,00011197	4478	3580	2984	2557	2238	1989	1790	1492	1278	1120
		200	182	62	8	2572	22	0,00014204	5680	4544	3786	3245	2840	2524	2272	1893	1622	1420
		220	200	64	9	2800	25	0,00017687	7072	5657	4714	4041	3536	3143	2828	2357	2020	1760
		260	235	69	10	4015	31,50	0,00028600	11440	9152	7626	6540	5720	5084	4576	3813	3270	2860
FERS A LARGES AILES	CHATILLON ET COMMENTRY PROVENANCE	100	85	60	4	1240	10	0,00001268	1707	1356	1130	975	854	758	683	569	»	»
		120	99	70	7	2163	16	0,00003310	3324	2640	2216	1899	1662	1480	1330	1108	950	831
		140	116	80	8	2648	17	0,00012754	5102	4081	3401	2915	2551	2268	2041	1701	1458	1275
		160	138	90	8	2864	22	0,00014539	5835	4748	3957	3391	2968	2638	2374	1958	1695	1484
		180	155	100	8	3740	29	0,00023557	9463	7570	6308	5406	4731	4206	3785	3154	2703	2366
		200	175	110	10	4500	38	0,00028671	11450	9174	7645	6553	5734	5096	4587	3822	3276	2867
		220	193	93	9	4302	33,6	0,00029795	11918	9531	7945	6810	5959	5297	4767	3973	3405	2980
		260	230	117	9	5580	42	0,00047586	19034	15227	12690	10876	9517	8460	7613	6345	5438	4759
		235	210	95	11	4605	35	0,00032269	12908	10326	8605	7378	6454	5737	5163	4303	3688	3227
		250	217	115	11	6182	45	0,00044934	17982	14385	11988	10275	8991	7992	7193	5900	5130	4493
		260	228	130	12	6806	52	0,00060813	22725	18180	15150	12986	11362	10100	9090	7575	6103	5681
		300	264	120	12	7480	63	0,00080006	37810	22271	18560	16000	13920	12373	11136	9280	7954	6961
		350	310	140	15	10250	80	0,00108506	43402	34722	28935	24801	21701	19289	17361	14468	12401	10851
		400	360	142	(18) (15)	11350	90	0,00136273	54511	43608	36340	31149	27255	24227	21804	18170	15573	13628

II. — Tableau des charges que peuvent supporter divers profils de poutres en tôle et cornières (R = 10000000 kilog.).

HAUTEURS des POUTRES	DIMENSIONS de l'AME	DIMENSIONS des SEMELLES	DIMENSIONS des CORNIÈRES	POIDS par MÈTRE C¹	VALEURS DE $\frac{I}{N}$	CHARGES RÉPARTIES UNIFORMÉMENT SUR LES PORTÉES DE								
						5ᵐ,00	5ᵐ,50	6ᵐ,00	6ᵐ,50	7ᵐ,00	7ᵐ,50	8ᵐ,00	8ᵐ,50	9ᵐ,00	9ᵐ,50	10ᵐ,00	12ᵐ,00	15ᵐ,00
mèt.	m/m	m/m	m/m	kil.		kil.	kil.	kil.	kil.	kil.	kil.	kil.	kil.	kil.	kil.	kil.	kil.	kil.
0,200	200 × 6	»	80×60/8	32,34	0,00023720	4116	3742	3430	3166	2940	2744	2573	»	»	»	»	»	»
0,220	220 × 6	»	60×60/8	39,26	0,00033530	5306	4878	4472	4126	3823	3577	3334	3137	2961	2803	»	»	»
0,230	200 × 10	180 × 10	70×70/8	81,02	0,00073672	11780	10712	9823	9061	8420	7850	7387	6934	6540	6191	5894	4911	3929
0,238	200 × 5	150 × 19	60×60/8	68,60	0,00067382	10781	9801	8984	8293	7701	7194	6738	6312	5960	5637	5390	4493	3597
0,240	240 × 6	»	80×70/8	38,21	0,00037070	6039	5508	5040	4664	4326	4038	3787	3564	3366	3186	3030	2525	2020
0,250	250 × 7	»	70×70/8	51,03	0,00039907	7995	7266	6662	6150	5711	5330	4997	4703	4442	4210	3997	3331	2665
0,258	225 × 7	130×13,8	60×68/8	89,46	0,00074247	11870	10799	9809	9138	8465	7920	7436	6988	6600	6240	5940	4950	3960
0,260	250 × 7	»	65×65/8	49,54	0,00040067	8011	7282	6676	6162	5722	5340	5007	4712	4450	4003	4238	3338	2670
0,270	230 × 9	100 × 10	70×70/8	61,00	0,00075176	12310	11220	10290	9400	8770	8232	7718	7264	6860	6474	6145	5145	4116
0,280	260 × 9	180 × 10	60×60/8	66,21	0,00087210	13054	12685	11638	10783	9997	9302	8723	8208	7752	6877	5814	4631	»
0,290	230 × 6	180 × 20	70×70/8	89,52	0,00125132	16421	16746	15352	14170	13158	12261	11543	10830	10230	9690	9210	7676	6140
0,300	300 × 6	»	80×80/8	57,42	0,00061912	10006	9151	8388	7743	7100	6710	6291	5922	5592	5033	4194	3358	»
0,302	270 × 12	200 × 15	60×60/8	131,07	0,00161490	25838	23480	21352	19670	18151	17226	16149	15108	14354	12910	10766	8613	»
0,320	320 × 6	»	80×80/8	45,95	0,00064127	8991	8174	7493	6910	6422	5903	5620	5299	4995	4406	3745	2997	»
0,322	300 × 10	200 × 11	70×70/8	102,83	0,00141773	22683	20821	18903	17419	16203	15123	14177	13333	12602	11942	9453	7361	»
0,340	320 × 8	180 × 10	60×60/8	79,90	0,00110562	17690	16082	14742	13608	12636	11793	11036	10405	9820	8852	7311	5407	»
0,350	350 × 6	»	70×70/8	52,43	0,00077851	12468	11280	10340	9513	8863	8212	7755	7299	6892	6203	5170	4136	»
0,390	320 × 10	190 × 15	80×80/9	125,31	0,00180554	28875	26078	24727	22023	21195	19782	18345	17148	16015	15036	13304	9091	»
0,360	310 × 8	100 × 10	60×60/8	77,18	0,00110380	19101	17384	15917	14693	13613	12735	11936	11236	10612	9550	7959	6303	»
0,370	350 × 8	180 × 10	70×70/8	73,04	0,00126623	20312	18468	16927	15623	14509	13541	12695	11910	11293	10150	8501	6790	»
0,380	320 × 15	155 × 30	80×80/11	157,01	0,00235210	55431	34312	31361	28919	26801	25099	23521	22137	20906	18617	15087	12515	»
0,390	350 × 8	200 × 20	80×80/10	121,52	0,00213007	34308	31099	28506	26315	24435	22806	21361	20123	19003	11103	14294	11403	»
0,400	400 × 7	»	80×80/10	67,01	0,00113727	18196	16342	15184	13997	12208	12131	11373	10704	10100	9098	7582	6056	»
0,420	370 × 8	200 × 15	80×80/10	125,70	0,00221912	35490	32264	29575	27300	25350	23660	22181	20876	19710	17745	14780	11830	»
0,432	400 × 10	220 × 14	90×90/14	111,53	0,00255491	40877	37161	34064	31444	29196	27251	25518	24015	22700	20138	17032	13620	»
0,436	400 × 8	200 × 19	90×90/11	130,76	0,00251164	40080	36872	33804	31283	29030	27113	25413	23823	22304	20335	16940	13540	»
0,450	450 × 8	200 × 18	80×80/8	112,17	0,00229180	36718	33389	30590	28243	26220	24478	22940	21590	20399	18390	13299	12239	»
0,460	430 × 8	150 × 10	90×90/10	71,04	0,00136670	21868	19890	18224	16822	15620	14578	13608	12864	12150	10934	9117	7288	»
0,465	450 × 9	150 × 10	80×80/8	73,77	0,00145598	23136	21033	19280	17700	16325	13521	14460	13609	17835	11506	9640	7712	»
0,472	450 × 7	200 × 11	60×60/8	68,61	0,00187920	29966	27233	24963	23042	21397	19970	18722	17621	16642	14878	12481	9985	»

II (suite). — Tableau des charges que peuvent supporter divers profils de poutres en tôle et cornières (R = 10000000 kilog.) RÉPARTIES UNIFORMÉMENT SUR LES PORTÉES DE

HAUTEUR des POUTRES	DIMENSIONS de l'AME	DIMENSIONS des SEMELLES	DIMENSIONS des CORNIÈRES	POIDS par MÈTRE c¹	VALEURS DE $\frac{\mathrm{I}}{\mathrm{h}}$	CHARGES											
						5m,00	5m,50	6m,00	6m,50	7m,00	7m,50	8m,00	8m,50	9m,00	10m,00	12m,00	15m,00
méd.	m/m	m/m	m/m	m/m		kil.	kil.	kil.	kil.	kil.	kil.	kil.	kil.	kil.	kil.	kil.	kil.
0,105	450 × 10	200 × 10	60 × 60 / 8	112,10	0,00257297	41166	37523	34307	31668	29105	27155	25730	21216	22871	17155	13722
0,500	500 × 10	»	90 × 90 / 9	93,35	0,00192430	30700	27091	25036	23685	21905	20527	19243	18112	17106	15395	12829	10263
0,600	400 × 10	250 × 10	80 × 80 / 10	129,32	0,00270081	43300	39372	36091	33315	30935	28873	27068	25476	24060	21651	18043	14436
0,511	500 × 7	200 × 7	70 × 70 / 5	86,46	0,00192019	31200	28150	26023	24079	22537	20066	19062	18111	17389	15630	13042	10433
0,528	500 × 11	300 × 14	100 × 100 / 9	136,25	0,00423130	67700	61516	56417	52076	48356	45134	42313	30024	37611	33850	28209	22567
0,532	500 × 12	300 × 16	100 × 100 / 10	198,80	0,00455843	72887	66251	60739	56067	52052	48591	45554	42875	40103	36442	30370	24290
0,510	500 × 10	250 × 20	80 × 80 / 11	172,62	0,00428073	68500	62353	57157	52760	48993	45726	42868	40316	38104	34291	28570	22865
0,550	520 × 10	300 × 13	100 × 100 / 8	178,50	0,00454307	72704	66094	60580	55916	51931	48469	45440	42767	40391	36352	30293	21233
0,568	550 × 8	230 × 9	70 × 70 / 6	102,51	0,00256044	40967	37242	31132	31513	29262	27312	25604	24090	22760	20484	17070	13656
0,600	500 × 12	300 × 20	100 × 100 / 12	213,70	0,00506700	93863	85340	78236	72210	67059	62509	58077	55225	52157	40912	39118	31294
0,630	600 × 10	250 × 10	80 × 80 / 10	131,67	0,00359743	55559	52936	47906	44276	41115	38373	35894	33860	31977	28770	23983	19186
0,611	600 × 14	300 × 22	100 × 100 / 11	236,72	0,00602733	100237	99307	91031	81020	78012	72875	68373	64257	60687	51619	45510	36412
0,665	650 × 7	200 × 8	60 × 60 / 8	88,36	0,00253070	40833	36041	33863	31238	29025	27050	25307	23903	22515	20310	16931	13545
0,680	620 × 15	350 × 30	100 × 100 / 12	303,90	0,00961913	152206	138100	126022	117158	101790	101537	95191	89562	84611	78183	61461	50740
0,690	650 × 10	300 × 20	75 × 75 / 9	144,47	0,00435010	67843	61875	56636	52166	48459	45220	42302	30806	37691	33921	28268	22614
0,700	700 × 10	»	80 × 80 / 8	100,52	0,00236291	41000	37272	34166	31536	29265	27334	25624	24117	22777	20500	17083	13667
0,730	700 × 15	400 × 15	100 × 100 / 13	241,22	0,00770550	123078	112002	103273	95329	88520	81019	77455	72800	68819	61906	51637	41309
0,750	720 × 10	300 × 13	80 × 80 / 10	172,18	0,00482003	91230	85083	78442	72900	67322	62834	58907	55412	52361	47125	30271	31417
0,760	700 × 13	400 × 30	100 × 100 / 12	331,66	0,01181963	189119	171926	157190	145176	135085	126079	118199	111240	105066	94539	78800	63040
0,750	700 × 13	300 × 40	80 × 80 / 11	151,14	0,00360660	81540	74132	67935	62727	58247	54306	50936	47908	45303	40773	33970	27182
0,780	700 × 13	400 × 40	100 × 100 / 12	306,00	0,01455057	232904	211777	194129	179196	166390	155302	155507	137032	129418	116417	97063	77657
0,800	800 × 11	»	75 × 75 / 9	93,04	0,00201951	46072	41894	38303	35440	32900	30715	28795	27101	25505	23038	19191	13357
0,800	750 × 12	400 × 25	100 × 100 / 11	301,85	0,01105003	186840	169982	155817	143831	133557	124653	116862	109908	103878	93450	77909	62327
0,850	800 × 10	300 × 25	80 × 80 / 10	225,13	0,00091704	143305	131187	120254	111004	103075	96204	90191	81085	80170	72153	60127	48102
0,900	850 × 15	400 × 25	100 × 100 / 14	337,06	0,01301504	221530	201391	181009	170408	158222	147687	138486	130312	123072	110765	92304	73843
0,050	850 × 10	»	80 × 80 / 9	120,00	0,00308012	65356	59913	54463	50213	46683	43610	40847	38411	36309	32670	27232	21785
1,000	950 × 10	300 × 25	100 × 100 / 8	270,01	0,01270267	203912	185166	169370	156341	145174	135165	127021	119567	112913	101621	84685	67740
1,050	1000 × 10	300 × 30	100 × 100 / 9	286,00	0,01136005	229003	200000	191507	176850	161218	153270	143691	135236	127725	114942	95799	76635
1,100	1050 × 10	350 × 25	100 × 100 / 9	307,06	0,01800203	284432	231303	212021	195717	181180	169622	159020	149666	141381	127316	106014	84811
1,200	1140 × 12	400 × 30	100 × 100 / 12	379,45	0,02136310	343011	313046	287509	265393	246430	230007	215632	202848	191073	172506	143755	115004

III. — Tableau de résistance des colonnes pleines en fonte.

DIAMÈ-TRES	POIDS par MÈT. Ct	HAUTEURS						
		3m,00	3m,50	4m,00	4m,50	5m,00	5m,50	6m,00
mèt.	kil.	kil.	kil.	kil.	kil.	kil.	kil.	kil.
0,08	36,25	10800	8450	6750	5475	4525	»	»
0,10	56,50	23166	18642	15210	12480	10530	8892	7644
0,12	81,50	42262	35030	28928	24408	20566	17628	15255
0,15	127,35	83776	72160	61248	52272	45056	39248	34320
0,18	183,35	143510	125984	108966	94996	83820	73060	65024
0,20	226,40	187284	169560	149464	133136	117436	104876	93258
0,25	353,75	338100	311640	284200	258230	233240	212170	193060
0,30	509,55	526676	491376	461724	427836	398890	360766	336056

IV. — Tableau de résistance des colonnes creuses en fonte.

DIAMÈTRES EXTÉRIEURS	DIAMÈTRES INTÉRIEURS	POIDS par MÈT. Ct	HAUTEURS						
			3m,00	3m,50	4m,00	4m,50	5m,00	5m,50	6m,00
m.	m.	kil.	kil.	kil.	kil.	kil.	kil.	kil.	kil.
0,10	0,08	20,25	12366	10192	8460	7005	6005	»	»
0,12	0,096	29,35	22030	18830	15824	13572	11566	9996	8739
0,15	0,12	45,85	41514	37130	32320	27864	24490	21620	19065
0,18	0,144	72,45	69476	62804	55506	49474	44616	39802	35540
0,20	0,16	81,50	87774	81924	74290	67409	60955	55631	49842
0,25	0,20	127,35	150816	142080	134736	125094	115804	107294	99802
0,30	0,24	173,80	221124	211136	206344	197316	192326	173186	167008

TABLEAUX

V. — Tableau du poids des fers plats larges.

ÉPAISSEURS	LARGEURS EN MILLIMÈTRES											
	100	120	150	180	200	220	250	280	300	320	350
m/m	kil.	kil.	kil.	kil.	kil.	kil.	kil.	kil.	kil.	kil.	kil.
2	1,557	1,869	2,336	2,804	3,115	3,426	3,894	4,361	4,673	4,984	5,452
3	2,336	2,804	3,505	4,205	4,673	5,140	5,841	6,542	7,009	7,476	8,178
4	3,115	3,738	4,673	5,607	6,230	6,853	7,788	8,722	9,346	9,968	10,903
5	3,894	4,673	5,841	7,009	7,788	8,567	9,735	10,903	11,682	12,461	13,629
6	4,673	5,607	7,009	8,411	9,346	10,280	11,682	13,084	14,018	14,952	16,355
7	5,452	6,542	8,178	9,812	10,903	11,993	13,627	15,264	16,355	17,445	19,081
8	6,230	7,476	9,346	11,214	12,461	13,706	15,576	17,445	18,691	19,936	21,806
9	7,009	8,411	10,514	12,616	14,018	15,420	17,523	19,625	21,028	22,429	24,531
10	7,788	9,346	11,682	14,018	15,576	17,134	19,470	21,806	23,364	24,922	27,258
11	8,567	10,280	12,850	15,420	17,134	18,847	21,417	23,986	25,700	27,413	29,984
12	9,346	11,214	14,018	16,822	18,691	20,560	23,364	26,168	28,037	29,905	32,709
15	11,682	14,018	17,523	21,027	23,364	25,700	29,205	32,709	35,046	37,383	40,887
18	14,018	16,822	21,027	25,232	28,037	30,840	35,046	39,251	42,055	44,858	49,064
20	15,576	18,691	23,364	28,037	31,152	34,267	38,940	43,613	46,728	49,844	54,516
25	19,470	23,364	29,205	35,046	38,940	42,834	48,675	54,516	58,410	62,305	68,145
30	23,364	28,037	35,046	42,055	46,728	51,400	58,410	65,418	70,092	74,766	81,775
35	27,258	32,709	40,887	49,064	54,516	59,967	68,145	76,322	81,775	87,227	95,403
40	31,152	37,382	46,728	56,074	62,305	68,534	77,880	87,227	93,456	99,688	109,032
45	35,046	42,055	52,569	63,083	70,092	77,101	87,615	98,128	105,138	112,149	122,661
50	38,940	46,728	58,410	70,092	77,880	85,668	97,350	109,032	116,820	124,610	136,290

V (suite). — Tableau du poids des fers plats.

ÉPAISSEURS	LARGEURS EN MILLIMÈTRES									
	380	400	420	450	480	500	520	550	580	600	620
m/m	kil.	kil.	kil.	kil.	kil.	kil.	kil.	kil.	kil.	kil.	kil.
2	5,919	6,230	6,542	7,009	7,476	7,788	8,099	8,567	9,034	9,346	9,657
3	8,878	9,346	9,813	10,514	11,214	11,682	12,149	12,850	13,551	14,018	14,485
4	11,838	12,461	13,084	14,018	14,952	15,576	16,199	17,134	18,068	18,691	19,314
5	14,797	15,576	16,355	17,523	18,691	19,470	20,248	21,416	22,585	23,364	24,142
6	17,756	18,691	19,626	21,028	22,429	23,364	24,298	25,700	27,102	28,037	28,971
7	20,716	21,806	22,897	24,531	26,167	27,258	28,348	29,983	31,619	32,709	33,799
8	23,676	24,922	26,168	28,037	29,905	31,152	32,398	34,267	36,136	37,382	38,628
9	26,635	28,037	29,439	31,541	33,644	35,046	36,447	38,550	40,653	42,055	43,457
10	29,594	31,152	32,710	35,046	37,382	38,940	40,497	42,834	45,170	46,728	48,285
11	32,553	34,267	35,981	38,550	41,120	42,834	44,545	47,116	49,687	51,400	52,113
12	35,512	37,381	39,252	42,056	44,858	46,728	48,597	51,400	54,205	56,074	57,942
15	44,391	46,728	49,065	52,569	56,074	58,410	60,746	64,251	67,755	70,092	72,428
18	52,270	56,074	58,878	63,083	67,288	70,092	72,895	77,101	81,306	84,110	86,914
20	59,188	62,304	65,420	70,092	74,764	77,880	80,995	85,668	90,340	93,456	96,571
25	73,986	77,880	81,775	87,615	93,456	97,350	101,244	107,085	112,925	116,820	120,714
30	88,782	93,456	98,130	105,138	112,149	116,820	121,492	128,502	135,510	140,185	144,856
35	103,579	109,032	114,485	122,661	130,840	136,290	141,740	149,919	158,096	163,550	168,999
40	118,376	124,608	130,840	140,185	149,529	155,760	161,990	171,336	180,681	186,913	193,142
45	133,174	140,185	147,195	157,707	168,220	175,230	182,238	192,753	203,266	210,276	217,285
50	147,972	155,760	163,550	175,230	186,913	194,700	202,487	214,170	225,852	233,640	241,427

V (fin). — Tableau des fers plats.

ÉPAISSEURS	LARGEURS EN MILLIMÈTRES										
	650	680	700	720	750	780	800	850	900	950	1000
m/m	kil.	kil.	kil.	kil.	kil.	kil.	kil.	kil.	kil.	kil.	kil.
2	10,124	10,592	10,903	11,214	11,682	12,149	12,461	13,239	14,018	14,797	15,576
3	15,187	15,887	16,355	16,822	17,523	18,224	18,691	19,860	21,027	22,195	23,364
4	20,248	21,184	21,806	22,429	23,364	24,298	24,922	26,479	28,037	29,594	31,152
5	25,311	26,479	27,258	28,037	29,205	30,373	31,152	33,099	35,046	36,993	38,940
6	30,373	31,774	32,709	33,644	35,046	36,447	37,382	39,719	42,055	44,391	46,728
7	35,435	37,071	38,161	39,251	40,887	42,522	43,613	46,338	49,064	51,790	54,516
8	40,497	42,367	43,613	44,859	46,728	48,597	49,844	52,958	56,074	59,188	62,305
9	45,559	47,663	49,064	50,466	52,569	54,671	56,074	59,578	63,083	66,587	70,092
10	50,622	52,958	54,516	56,074	58,410	60,746	62,305	66,198	70,092	73,986	77,880
11	55,684	58,253	59,967	61,681	64,251	66,820	68,534	72,819	77,101	81,384	85,668
12	60,746	63,549	65,418	67,288	70,092	72,895	74,764	79,438	84,110	88,782	93,456
15	75,933	79,438	81,775	84,110	87,615	91,119	93,456	99,297	105,138	110,979	116,820
18	91,120	95,325	98,128	100,932	105,138	109,343	112,148	119,156	126,166	133,174	140,185
20	101,244	105,916	109,032	112,149	116,820	121,492	124,610	132,396	140,185	147,972	155,760
25	126,555	132,396	136,290	140,185	146,025	151,866	155,760	165,495	175,230	184,965	194,700
30	151,866	158,876	163,550	168,220	175,230	182,238	186,913	198,594	210,276	221,958	233,640
35	177,176	185,354	190,806	196,259	204,435	212,611	218,066	231,693	245,322	258,951	272,580
40	202,487	211,832	218,064	224,298	233,640	242,984	249,220	264,792	280,369	295,944	311,520
45	227,798	238,312	245,322	252,334	262,815	273,358	280,369	297,891	315,415	332,937	350,460
50	253,109	264,792	272,580	280,369	292,050	303,732	311,520	330,990	350,460	369,930	389,400

VI. — Tableau du poids des fers ronds et carrés.

DIAMÈTRES ou équarrissages	FERS RONDS	FERS CARRÉS	DIAMÈTRES ou équarrissages	FERS RONDS	FERS CARRÉS
m/m	kil.	kil.	m/m	kil.	kil.
5	0,152	0,195	26	4,134	5,264
6	0,220	0,280	27	4,459	5,677
7	0,299	0,382	28	4,796	6,106
8	0,391	0,498	29	5,144	6,549
9	0,493	0,631	30	5,505	7,009
10	0,611	0,779	31	5,878	7,484
11	0,740	0,942	32	6,264	7,975
12	0,880	1,121	33	6,660	8,481
13	1,034	1,316	34	7,070	9,003
14	1,199	1,526	35	7,493	9,540
15	1,376	1,752	36	7,928	10,093
16	1,565	1,993	37	8,375	10,663
17	1,767	2,250	38	8,832	11,245
18	1,982	2,523	39	9,302	11,844
19	2,208	2,811	40	9,788	12,461
20	2,447	3,115	41	10,286	13,093
21	2,697	3,434	42	10,788	13,738
22	2,960	3,769	43	11,310	14,400
23	3,236	4,120	44	11,846	15,077
24	3,523	4,485	45	12,390	15,770
25	3,823	4,867	46	12,944	16,479

VI (suite). — Tableau du poids des fers ronds et carrés.

DIAMÈTRES ou équarrissages	FERS RONDS	FERS CARRÉS	DIAMÈTRES ou équarrissages	FERS RONDS	FERS CARRÉS
m/m	kil.	kil.	m/m	kil.	kil.
47	13,512	17,204	65	25,843	32,904
48	14,096	17,944	70	29,973	38,161
49	14,668	18,700	75	34,405	43,807
50	15,288	19,470	80	39,152	49,844
51	15,911	20,269	85	44,193	56,268
52	16,537	21,056	90	49,563	63,083
53	17,139	21,833	95	55,203	70,287
54	17,835	22,708	100	61,163	77,880
55	18,510	23,558	120	88,112	112,148
60	22,028	28,037	150	137,620	175,230

VII. — Tableau du poids des cornières égales les plus usitées.

DIMENSIONS	POIDS du MÈTRE	DIMENSIONS	POIDS du MÈTRE	DIMENSIONS	POIDS du MÈTRE
m/m	kil.	m/m	kil.	m/m	kil.
$\frac{50 \times 50}{6}$	4,56	$\frac{65 \times 65}{10}$	9,50	$\frac{85 \times 85}{11}$	12,90
$\frac{50 \times 50}{8,5}$	6,30	$\frac{70 \times 70}{9}$	9,35	$\frac{85 \times 85}{15}$	17,80
$\frac{55 \times 55}{7}$	5,60	$\frac{70 \times 70}{12}$	12,00	$\frac{90 \times 90}{11}$	14,00
$\frac{55 \times 55}{9}$	7,00	$\frac{75 \times 75}{10}$	11,00	$\frac{90 \times 90}{15}$	19,00
$\frac{60 \times 60}{8}$	7,00	$\frac{75 \times 75}{13}$	14,00	$\frac{100 \times 100}{12}$	17,00
$\frac{60 \times 60}{10}$	8,80	$\frac{80 \times 80}{10}$	11,50	$\frac{100 \times 100}{16}$	23,00
$\frac{65 \times 65}{8}$	8,40	$\frac{80 \times 80}{14}$	16,90	$\frac{120 \times 120}{13}$	23,00

BIBLIOGRAPHIE

des Constructions métalliques et de la résistance des matériaux.

Albaret. — *Calcul des arcs métalliques,* in-8° pl., Dunod (Annales des Ponts et Chaussées), 1861.
Albaret. — *Études sur les poutres droites à plusieurs appuis,* in-8° pl., Dunod (Ann. des P. et Ch.), 1866.
Baltard et **Callet.** — *Monographie des Halles Centrales de Paris* 35 pl. in-fol. et texte, Morel, 1863.
Barrault et **Bridel.** — *Le Palais de l'Industrie et ses annexes* (description, cotes, poids, etc.) 30 pl. et texte in-fol., Baudry.
Bélanger. — *Théorie de la résistance, de la torsion et de la flexion plane des solides,* in-8° pl., Mallet-Bachelier, 1862.
Boileau. — *La Halle-Basilique,* in-4° pl., Lacroix, 1881.
Bonnin. — *Étude sur les ponts métalliques,* in-fol. pl. Evreux, 1875.
Boudsot. — *Considérations théoriques sur l'établissement des ponts suspendus, ponts en métal, etc.,* in-4° pl., Dalmont, 1853.
Bourdais. — *Traité de la résistance des matériaux,* in-8° pl., Mallet-Bachelier, 1859.
Brame. — *Note sur les ponts en tôle du chemin de fer de Ceinture,* in-8° pl., Dalmont (Ann. des P. et Ch.), 1853.
Bresse. — *Cours de mécanique appliquée* (1re partie: Résistance des matériaux), in-8° fig., Mallet-Bachelier, 1859, 1866, 1880.
Bresse. — *Cours de mécanique appliquée* (3e partie: Calculs des moments de flexion dans une poutre à plusieurs travées solidaires), in-8°, Atlas in-fol., 1865.
Bresse. — *Recherches sur la flexion des pièces courbes,* in-4° planch. Mallet-Bachelier, 1854.
Bride. — *Vignole du serrurier,* in-4° obl., 32 p. et 48 pl.
Brune. — *Cours de construction* (Ecole des Beaux-Arts) aut. in-4° fig., Dunod.
Cartier. — *Album et calculs de résistance, fers marchands et spéciaux,* in-fol. (autogr.), Lacroix.
Chassinat. — *Cours de construction : Résistance des matériaux* (Ecole d'appl. de l'Artillerie et du Génie) in-4° aut., 1866 et 1874.

Chéry. — *Constructions en bois et fer*, grand in-8° et atlas, Ducher, 1877.
Clarinval. — *Leçons sur la résistance des matériaux*, in-8°, pl. et fig., Dumaine, 1861.
Claudel. — *Formules, tables et renseignements pratiques, aide-mémoire des Ingénieurs et Architectes*, 2 vol. in-8°, fig. et pl., Dunod, 1872 et 1877.
Clausel. — *Étude sur le rivetage*, in-4°, lith. fig., Gauthier-Villars, 1882.
Collignon. — *Cours de mécanique appliquée* (1re partie: *Résistance des matériaux*), in-8°, fig. et pl., Dunod, 1869 et 1877.
Collignon. — *Théorie élémentaire des poutres droites, ponts métalliques, combles*, etc., in-8°, atlas in 4°, Dunod, 1865.
Comolli. — *Ponts de l'Amérique du Nord*, in-4°, atlas in-fol., Lefèvre, 1879.
Contamin. — *Cours de mécanique appliquée* (Ecole Centrale), in-4° lith. et in-8°, Dejey, 1878.
Cordier. — *Équilibre stable des charpentes en fer*, in-4°, fig., Dunod, 1872.
Cottrau. — *Album de 36 ponts métalliques*, 30 pl. in-fol., Lacroix, 1868.
Courtin. — *La résistance des matériaux, mise à la portée de toutes les personnes*, etc., in-8°, fig., Baudry, 1873.
Culmann. — *Traité de statique graphique* (trad. franç.) in-8° et atlas, Dunod, 1880.
Dallot. — *Ponts métalliques : description du pont de l'Escaut à Audenarde*, in-8° et pl., Lacroix (Soc. des Ing. Civ.), 1862.
Damourette. — *Résistance de la fonte de fer à la compression*, in-8° pl., Dalmont, 1858.
Darcel. — *Mémoire sur divers problèmes relatifs aux arcs et fermes métalliques surbaissés*, in-8° fig., Dunod (Ann. des P. et Ch.), 1862.
Debauve. — *Traité des ponts et viaducs en bois et en métal*, gr. in-8°, atlas in-4°, Dunod, 1874.
Denfer. — *Album de serrurerie*, in-4°, Gauthier-Villars, 1872.
Des Biars. — *Planchers, poitrails et linteaux en fer laminé*, in-8°, Lille, 1874.
Eck. — *Traité de construction : Application générale du fer, de la fonte, de la tôle*, etc., 2 vol. in-f° et atlas, nouv. éd., Dunod, 1870.
Eiffel. — *Mémoire à l'appui du projet du pont du Douro*, in-4° aut. et 6 pl. gr. aigle.
Emy et Barré. — *Traité de charpenterie en bois et fer*, 3 vol. in-4°, atlas in-f°, nouv. éd., Dunod, 1869-70.
Fabré. — *Théorie des charpentes*, gr. in-8° pl., Paris, 1851.
Fairbairn. — *De l'application de la fonte, du fer et de la tôle dans les constructions, suivi des recherches de E. Hogdkinson*, in-8°, fig. et pl., Dalmont, 1856.

Forest. — *Recueil pratique de moments d'inertie*, in-8°, Dejey, 1877.

Gaudard. — *Études comparatives de divers systèmes de ponts en fer*, gr. in-8°, atlas in-4°, Lacroix, 1865.

Gaudard. — *Théorie des arches de ponts en métal et en bois*, gr. in-8°, pl., Lacroix (Ann. du Génie civ.), 1872.

Gouilly. — *Calcul de la résistance des matériaux*, in-8°, pl., Lacroix, 1864.

Grimard. — *Tabliers métalliques dallés*, in-8°, pl., Agen, 1869.

Guettier. — *De l'emploi pratique et raisonné de la fonte de fer dans les constructions*, in-8°, atlas in-4°, Lacroix, 1861.

Hamal. — *Aide-mémoire de l'Ingénieur-Constructeur*, gr. in-8°, fig., Liège, 1882.

Huléwicz. — *Tables numériques des moments d'inertie*, in-8°, Baudry, 1879.

Joly (C.) et **Jolly** (fils). — *Études sur les planchers et poutres en fer*, in-8°, atlas in-f° obl., Dunod, 1863.

Kool. — *Description du pont à treillis près Maestricht*, in-4°, pl. in-f°, Baudry.

Laissle et **Schuebler.** — *Calcul et construction des ponts métalliques*, 2 vol. in-8°, fig., Dejey, 1875.

Lefort. — *Sur les bases des calculs de stabilité des ponts métalliques*, in-4°, pl., Gauthier-Villars, 1876.

Legrand. — *Les ponts de Billancourt en 1862*, in-4°, pl., in-f°, Baudry, 1865.

Lévy (M.). — *La statique graphique et ses applications aux constructions*, gr. in-8°, atlas, Gauthier-Villars, 1874.

Leygue. — *Calcul de la résistance des tabliers métalliques pour chemins de fer*, in-8°, fig., Dunod.

Liger. — *Pans de bois et pans de fer*, in-8°, Morel, 1868.

Linglin. — *Traité élémentaire de la résistance des matériaux*, 2 vol. in-8°, fig., Baudry, 1880.

Love (G.-H.). — *Des diverses résistances et autres propriétés de la fonte, du fer et de l'acier*, gr. in-8°, fig., Lacroix, 1859.

Love. — *Mémoire sur la résistance du fer et de la fonte*, in-8° (Soc. des Ing. civ.), Dalmont, 1852.

Madamet. — *Résistance des matériaux*, in-8° fig., Gauthier-Villars, 1881.

Malgonne. — *Le Serrurier-Constructeur*, in-4° fig. (aut.), Caudrillier, 1865.

Mantion. — *Étude de la partie métallique du pont sur le canal Saint-Denis*, in-4° aut. et in-8°, pl., Dunod (Ann. des P. et Ch.), 1861.

Marchat. — *Traité de la résistance des matériaux, appliquée à la construction des ponts*, in-8°, pl.

Martin (G.). — *Le pont d'El-Kantara à Constantine*, in-8°, pl., 1865.

Mary. — *Cours de routes et ponts* (École Centrale), in-4° lith., atlas in-f°, Dejey, 1873.

Mastaing (de). — *Cours de mécanique appliquée à la résistance des matériaux* (Éc. Cent.), in-4° lith. et in-8°, fig., Dejey, 1874.

Molinos et **Pronnier**. — *Traité théorique et pratique des ponts métalliques*, in-4°, atlas in-f°, Morel, 1857.

Mongé. — *Cours pratique de constructions en fer*, in-4°, pl., Lacroix, 1861.

Morin (A.). — *Leçons de mécanique pratique: Résistance des matériaux*, 2 vol in-8° pl., Hachette, 1862.

Morin. — *Aide-mémoire de mécanique pratique*, in-8°, fig., Hachette, 1863 et 1871.

Muller-Breslau et **Seyrig**. — *Éléments de statique graphique*, in-8° et atlas in-4°, Baudry, 1886.

Navier et **Saint-Venant**. — *Application de la mécanique à la construction*; 1re partie: *Résistance des solides*, 2 vol. in-8°, fig., Dunod, 1864.

Nordling. — *Mémoire sur les piles métalliques des grands viaducs*, in-8° pl., Dunod (Ann. des P. et Ch), 1864-1871.

Perrodil (G. de). — *Résistance des voûtes et arcs métalliques*, in-8° pl. et tableaux, Gauthier-Villars, 1879.

Piarron de Mondésir. — *Calcul des ponts métalliques*, in-4°, pl., Dunod, 1860.

Portet. — *Traité élémentaire des ponts suspendus*, in-8°, pl., Montpellier, 1862.

Ramée (D.). — *L'architecture et la construction pratiques*, petit in-8°, fig., F. Didot, 1871 et 1878.

Regnauld. — *Traité pratique de la construction des ponts et viaducs métalliques*, in-8° et atlas in-4°, Dunod, 1870.

Renaudot. — *Calcul et contrôle des poutres droites*, in-8°, pl., Dunod (Ann. des P. et Ch.), 1867.

Résal. — *Traité de mécanique générale*, tome V: *Résistance des matériaux, construction en bois, maçonnerie, etc.*, in-8° fig., Gauthier-Villars, 1880.

Résal. — *Traité de mécanique générale*, tome VI: *Voûtes, ponts en bois, planchers et combles en fer, ponts suspendus, etc.* in-8°, fig., 1881.

Reuleaux. — *Le Constructeur* (trad. Debize), gr. in-8°, fig., Savy, 1873 et 1879.

Reynaud. — *Traité d'architecture, comprenant l'art de bâtir et les édifices*, 2 vol. in-4°, atlas in-f°, Dunod, 1860-1863.

Richard (T.). — *Aide-mémoire général et alphabétique des ingénieurs*, 2 vol. in-8° et atlas, Dumaine, 1854.

Riche. — *Tables des moments de rupture des poutres en double I*, in-8°, Dunod, 1870.

Schwaeblé et Darru. — *Emploi des fers Zorès dans la construction des planchers*, in-4°, pl.

Sergent. — *Traité pratique de la résistance des matériaux*, gr. in-8°, atlas, 1878.

Silvain. — *Carnet du Serrurier-Constructeur*, in-12, fig., Chaix, 1879.

Tresca. — *Cours de mécanique appliquée* (Ec. Cent.), in-4°, lith. fig., Dejey, 1873.

Vigreux et **Raux.** — *Théorie et pratique de l'art de l'ingénieur*, in-8°, fig. et pl., Lacroix (par livraisons), depuis 1867.

Vuigner et **Fleur-St-Denis.** — *Le pont sur le Rhin à Kehl, détails pratiques*, etc., in-4° et atlas, Dunod, 1861.

Wenderley. — *Cours de constructions* (1er volume : le fer dans les constructions), in-8° fig., Bernard, 1881.

Winckler. — *Traité de construction des ponts : théorie des ponts ; les poutres droites*, etc., in-8°, fig. et pl., Lacroix, 1877.

Yvert. — *Notice sur les ponts tubulaires en tôle*, avec intr., par E. Flachat, in-8°, atlas in-f°, Dalmont, 1851.

Zorès. — *Recueil de fers spéciaux, expériences faites sur leurs résistances et leurs applications dans les constructions*, in-f°, 1853.

Zorès. — *Album des profils, dispositions, armatures des fers spéciaux et leurs applications aux constructions*, etc., in-f°, 1863.

PUBLICATIONS PÉRIODIQUES

Annales de la Construction, de C. A. Oppermann, gr. in-4°, pl. (paraît depuis 1855), Dunod et Baudry, édit.
Annales des Ponts et Chaussées, in-8° et pl., Dunod.
Annales des Travaux publics (publiées par le *Journal des Travaux publics*) gr. in-4°, pl., (depuis 1880).
Annales du Conservatoire des Arts-et-Métiers, in-8°, pl., (depuis 1860), Dunod et Lacroix.
Annales du Génie Civil, gr. in-8° (depuis 1862), Lacroix.
Annales industrielles, gr. in-4° (depuis 1869), Ducher.
Annuaires de la Société des anciens Élèves des Écoles d'Arts-et-Métiers, in-8° (depuis 1848), Lacroix et Dejey.
Ingénieur (l'), in-4° (a paru de 1852 à 1858), V. Masson.
Mémoires et Comptes rendus de la Société des Ingénieurs Civils, grand in-8° (depuis 1848), Lacroix.
Moniteur des Architectes, gr. in-4°, A. Lévy.
Propagateur des travaux en fer, de C. A. Oppermann, gr. in-4° (a paru de 1867 à 1869), Dunod.
Revue générale de l'Architecture et des Travaux publics, de C. Daly, gr. in-4° (depuis 1840), Ducher.
Revue générale des Chemins de fer, gr. in-4° (depuis 1878), Dunod.

TABLE DES MATIÈRES

	Pages
Avant-propos.	V
CHAPITRE PREMIER. — Généralités et formules applicables aux cas les plus simples des poutres droites.	1
CHAPITRE II. — Détermination des centres de gravité et des valeurs de $\frac{I}{n}$ pour les principales sections employées	19
CHAPITRE III. — Assemblages ou moyens pratiques de réaliser la réunion des pièces métalliques	29
CHAPITRE IV. — Poitrails et planchers	43
CHAPITRE V. — Charpentes droites et courbes, marquises, serres, etc..	62
CHAPITRE VI. — Ponts et passerelles à poutres droites et courbes	110
CHAPITRE VII. — Chaudières, réservoirs, portes d'écluses, etc..	157
CHAPITRE VIII. — Résistance des colonnes en fonte et en fer .	166
NOTES I. — Sur les flèches des pièces appuyées et encastrées .	176
— II. — Sur les valeurs de $\frac{I}{n}$ des sections en T simple et en ⊔	179
— III. — Sur les valeurs de $\frac{I}{n}$ des sections triangulaire, trapézoïdale et de leurs dérivées	181
— IV. — Sur la simplification des formules applicables aux combles à la Polonceau	185
— V. — Sur le cercle, la parabole et le moment fléchissant	191
— VI. — Sur l'effort tranchant	198
— VII. — Sur les charges réparties proportionnellement aux ordonnées d'une droite.	201
— VIII. — Sur une table graphique des valeurs de $\frac{I}{n}$ . . .	204
Observations sur les tableaux suivants.	207

TABLE DES MATIÈRES

		Pages
TABLEAUX I.	— Charges que peuvent supporter divers échantillons de fers à double I	210
— II.	— Charges que peuvent supporter divers profils de poutres en tôle et cornières.	212
— III.	— Résistance des colonnes en fonte pleines . . .	216
— IV.	— Résistance des colonnes en fonte creuses. . .	216
— V.	— Poids des fers plats larges.	217
— VI.	— Poids des fers ronds et carrés.	220
— VII.	— Poids des cornières égales les plus usitées . .	221

Bibliographie des constructions métalliques 223

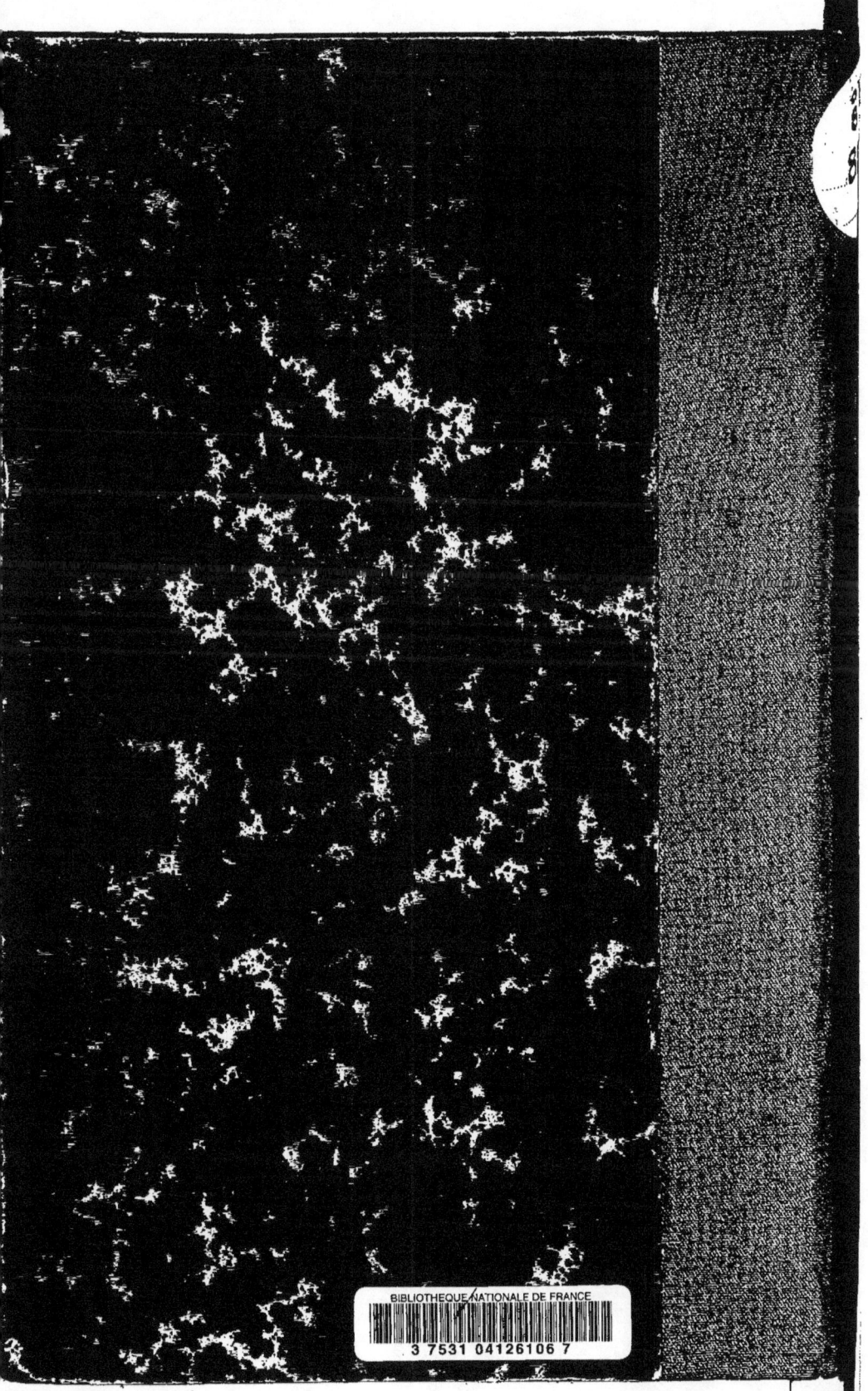

www.ingramcontent.com/pod-product-compliance
Lightning Source LLC
Chambersburg PA
CBHW071906160426
43198CB00011B/1198